LA *BUNDESWEHR*

DE LA PERTINENCE DES RÉFORMES
À L'AUNE DES OPÉRATIONS EXTÉRIEURES

Collection « Inter-National »

dirigée par Denis Rolland,
Joëlle Chassin et Françoise Dekowski

Cette collection a pour vocation de présenter les études les plus récentes sur les institutions, les politiques publiques et les forces politiques et culturelles à l'œuvre aujourd'hui. Au croisement des disciplines juridiques, des sciences politiques, des relations internationales, de l'histoire et de l'anthropologie, elle se propose, dans une perspective pluridisciplinaire, d'éclairer les enjeux de la scène mondiale et européenne.

Série Premières Synthèses – jeunes chercheurs (dernières parutions) :

Marine BOURGEOIS, *Gérer au quotidien l'attribution des logements sociaux. Enquête ethnographique dans un organisme HLM*, 2013. Concours Sciences-Po 2011-2012.
Camille BOULLENOIS, *La révolution culturelle chinoise sous le regard des Français (1966-1971)*, 2013. Concours Sciences-Po 2011-2012.
Victoire DEWAEGENEIRE, *La photographie humanitaire en question. Entre éthique du photographe et loi du tapage médiatique*, 2013. Concours Sciences-Po 2011-2012.
Stéphanie TRILLE, *La coopération territoriale en Europe. L'exemple de la frontière franco-espagnole*, 2013. Concours Sciences-Po 2011-2012.
R. FATHI, Représentations muséales du corps combattant de 1914-18. *L'*Australian War Memorial *de Canberra et l'Historial de la Grande Guerre de Péronne*, 2013. Concours Sciences-Po 2011-2012.
Flore LEMOINE-GOUÉDARD, *Le Mexique et l'Europe : droits de l'homme et coopération*, 2013.
Clara BAMBERGER, *Femmes et médias : une image partiale et partielle*, 2012. Concours Sciences-Po 2011-2012.
Fanny PARENT, *Le feng-shui en France. Aménagement de l'espace, aménagement de soi*, 2012. Concours Sciences-Po 2011-2012.
Louis-Marie BUREAU, *La pensée de Fethullah Gülen. Aux sources de l'islamisme modéré*, 2012.
Damien LARROUQUÉ, *Le plan Ceibal en Uruguay. Un exemple de bonne gouvernance ?* , 2012. Concours Sciences-Po 2011-2012.
Benjamin BORD, *Du bouclier antimissile aux nouvelles relations américano-russes (2000-2011)*, 2012. Concours Sciences-Po 2011-2012.
Édouard BOINET, *Hydropolitique du Nil, Du conflit à la coopération ?*, 2012.
Milena DIECKHOFF, *L'individu dans les relations internationales, Le cas du médiateur Martti Ahtisaari*, 2012.
Odile TANKERE, *La conservation du mobilier archéologique : un enjeu scientifique, culturel et social*, 2012. Concours Sciences-Po 2011-2012.
Barbara ATLAN, *Politiques, affichez-vous !*, 2012. Concours Sciences-Po 2011-2012.
Louis LE BRIS, *Le Western. Grandeur ou décadence d'un mythe ?*, 2012.
Marie NEIHOUSER, *La défense des intérêts régionaux en Europe*, 2011.
Aurélien LLORCA, *La France face à la cocaïne. Dispositif et action extérieurs*, 2010.

Laurent BORZILLO

LA *BUNDESWEHR*

DE LA PERTINENCE DES RÉFORMES À L'AUNE DES OPÉRATIONS EXTÉRIEURES

Préface de Jean-Charles Jauffret

L'Harmattan

5-7, rue de l'École-Polytechnique ; 75005 Paris
http://www.harmattan.fr
diffusion.harmattan@wanadoo.fr
harmattan1@wanadoo.fr
ISBN : 978-2-343-02192-8
EAN : 9782343021928

PREFACE

Ancien élève du lycée Saint-Charles de Marseille, à 24 ans Laurent Borzillo est l'archétype d'un diplômé de Sciences Po Aix promis à un bel avenir. Sorti major de la 5e et dernière année (promotion Victor Hugo) de l'Institut d'études politiques d'Aix en juin 2012, il est aussi diplômé (promotion capitaine Valéry Tholy), mention très bien, du master de recherches que je dirige dans cet établissement de prestige fondé en 1956 : « Histoire militaire comparée, géostratégie, défense et sécurité ».

Représentant l'élite de notre « Bonne Maison" au sein de la filière « relations européennes et internationales », il a effectué des séjours très formateurs auprès de l'Institut de recherche en histoire militaire de la *Bundeswehr*, mais aussi à la Fondation Konrad Adenauer à Dakar. Lors de sa 3e année d'études, à savoir neuf mois passés à l'étranger, il a exercé les fonctions d'assistant parlementaire auprès du Député Klaus Hagemann du *Bundestag*. En découla une première reconnaissance de ses capacités de synthèse et d'analyse, propres d'un iepien. Ses capacités sortirent renforcées par la suite lors de son affectation temporaire au ministère français de la Défense, en tant que chargé d'études.

Passionné d'histoire militaire et de géopolitique, jeune auditeur de l'IHEDN (Institut des hautes études de défense nationale) ayant effectué en mars 2013 un stage de commandement à l'École de l'Air à Salon-de-Provence, cet hyperactif très cultivé, à l'écriture rigoureuse, mais toujours souriant et à l'écoute des autres, est à l'origine, au printemps 2013 de la société « des Diadoques », qui regroupe les anciens diplômés de mon master de recherches dont l'origine remonte au DEA (diplôme d'études approfondies) d'histoire militaire, fondé en 1968 par mon maître le professeur André Martel.

Laurent Borzillo est un chercheur passionné. En 2011, sous ma direction, dans le cadre des mémoires de la quatrième année des Instituts d'études politiques (M1), il présentait avec brio une première recherche relative à l'action et au rôle des fondations politiques allemandes en Afghanistan dans le cadre de la politique extérieure de la République fédérale d'Allemagne.

Un an plus tard (M2), sous la direction du Dr Dorota Richard, au sein de mon master de recherches, il présentait un autre travail concis consacré à : *La Bundeswehr. De la pertinence des réformes à l'aune des opérations extérieures de la dernière décennie*. Ce travail lui valut le prix spécial de l'IHEDN, mention « traité de l'Élysée ». Il reçut la récompense suprême au sein de Sciences Po Aix pour ce mémoire : le prix du master de recherche, toutes formations confondues. En est issue cette heureuse publication aux Éditions L'Harmattan qui ont une tradition d'encouragement, dont il faut les remercier, aux jeunes chercheurs. D'une façon déjà magistrale et critique, Laurent Borzillo analyse les capacités de projections de puissance des soldats allemands dont certains sont confrontés pour la première fois à l'expérience du combat. Point d'hagiographie dans ce travail présentant les déficiences en matériels et les tergiversations en matière de prises de décisions. On conçoit les difficultés de la mise en place de réformes qui souvent ne vont pas au bout de leur logique, ce qui traduit de la part de l'auteur une maturité rare.

En fait, à l'inverse des « déclinologues » qui ânonnent leurs litanies nombrilistes, Laurent représente cette jeunesse profondément européenne transcendant les frontières, celle d'une jeunesse qui gagne et marche résolument vers les moissons de demain. Et ce, en ayant intégré le village planétaire où les iepiens, par leur année de stage à l'étranger, ont déjà l'habitude d'évoluer. En toute logique, à la rentrée 2013, Laurent Borzillo s'engage dans une recherche fondamentale, celle d'un doctorat en cotutelle entre les universités de Montpellier et de Montréal relative aux projets de coopérations structurées en Europe occidentale post-1989. Que les vents soient avec toi, Laurent, dans « la Belle Province »...

Pr Jean-Charles Jauffret
Directeur du master de recherches « Histoire militaire comparée, géostratégie, défense et sécurité »
Sciences Po Aix, le 24 mai 2013

AVANT-PROPOS

Engagées sur de nombreux théâtres à travers le monde durant la dernière décennie, les forces armées allemandes ont dû s'extirper de leurs structures datant de la Guerre froide pour répondre aux nouveaux défis de l'environnement international actuel. Dans quelle mesure les interventions ont-elles pu influencer l'évolution de la *Bundeswehr* ? En outre quelle est la portée réelle de ces réformes ? Officiellement, les discours émis par les gouvernements successifs depuis dix ans mentionnent pour objectif une plus grande capacité à la projection de force et à la réalisation d'opérations. Le dessein est donc d'obtenir un outil militaire plus performant, procurant au gouvernement une plus grande palette de moyens et plus de marges de manœuvre face aux crises. L'utilisation sous-entendue par le perfectionnement de l'instrument est-elle pour autant effectuée une fois le processus de perfectionnement atteint ?

Afin de pouvoir humblement tenter de donner une réponse pertinente à ces interrogations, ce travail de recherche s'appuie sur une variété de sources, d'ouvrages et d'entretiens. Plus d'une trentaine de personnes ont ainsi eu la courtoisie de répondre à mes questions, me donnant la possibilité de croiser et d'opposer des points de vue. Cela fut extrêmement enrichissant durant cette période d'investigation. Près de quarante articles de revues spécialisées dont une vingtaine sur la thématique militaire ont servi de bases de réflexions à l'analyse à venir. Il me faut constater ma dépendance dans le cadre de ce travail aux articles très fournis de *Der Spiegel* et à un de ses journalistes, Matthias Gebauer tout comme mon assujettissement aux informations rendues publiques par le journaliste Nicolas Gros-Verheyde sur son blog *Bruxelles2*. Les deux cumulés atteignent le nombre de quatre-vingt-treize comptes-rendus. Plusieurs documents ministériels du *Blendlerblock* ont été mis à contribution tels les principes directeurs de la politique de défense de 2011. Les études exhaustives menées par des centres de recherches et des *Think Tanks* m'ont été d'un grand secours. Une vingtaine de celles-ci abreuvent la réflexion présente dans ce travail. Enfin, dix-sept ouvrages ont ancré l'analyse menée ici dans une démarche tentant de prendre appui tant sur des livres traitant en détail les politiques allemandes de défense et étrangères que sur d'autres abordant les problématiques géopolitiques dans leur globalité.

Les limites de ce travail résident, sans l'ombre d'un doute, dans son absence de chapitres détaillés sur les liens entre la *Bundeswehr* et la société allemande et sur ceux qu'elle entretient avec d'autres armées. Le manque de temps ayant provoqué l'abandon de ces sujets prometteurs, c'est donc avec regret qu'est confirmée leur absence dans ces pages. Le traitement des entretiens a certainement constitué l'obstacle majeur dans la réalisation de ce travail.

Divisé en sept chapitres, cet ouvrage s'arrête en particulier sur trois points clés, le comportement des hommes et des femmes de la *Bundeswehr* en Afghanistan, la nouvelle orientation de la *Bundeswehr* et bien évidemment l'affaire libyenne.

Le lecteur est prié de ne pas oublier que le travail d'analyse présent ne concerne que la *Bundeswehr*. Les difficultés ou écueils rencontrés par celle-ci lors de ses missions ou dans son fonctionnement ne doivent donc pas être inéluctablement perçus comme des caractéristiques spécifiques des forces armées allemandes. En effet, certains « dysfonctionnements » pourraient très probablement être reprochés à d'autres armées de par le monde, y compris celles de pays partenaires de l'Allemagne.

Mes très sincères remerciements vont à tous celles et ceux qui m'ont aidé d'une manière ou d'une autre au cours de mes recherches. Sans les nombreuses personnes qui ont eu l'amabilité de répondre à mes questions, plusieurs points n'auraient pu être traités. La majeure partie des personnes interrogées n'ayant pas souhaité être citées, je me contenterai à travers ces quelques lignes de leur faire part de ma profonde gratitude et sincère reconnaissance à leur égard.

Je remercie également l'Office Franco-Allemand de la Jeunesse et le CHERPA de l'IEP d'Aix-en-Provence pour le soutien financier dont j'ai pu bénéficier de leur part. Je demeure l'obligé du Dr Oliver Bange, du lieutenant-colonel Dr Helmut R. Hammerich ainsi que du personnel de la bibliothèque du centre d'histoire militaire de la *Bundeswehr* (*MGFA*[1]). Ils m'ont été d'un grand secours dans mes recherches durant mon séjour à Potsdam.

Je tiens à exprimer ma gratitude au Dr Dorota Richard, au colonel de réserve Éric Nicod et à Monsieur Pierre Langeron. Je leur suis très reconnaissant pour l'aide, les conseils et les encouragements qu'ils m'ont prodigués pour ce travail. Ma reconnaissance s'adresse en outre au professeur Jean-Charles Jauffret, mon ancien directeur de mémoire de diplôme et directeur de master. C'est en partie sur son insistance et ses exhortations que je me suis lancé dans l'étude de la *Bundeswehr*.

Enfin, je tiens à remercier mes proches et mes amis qui ont bien voulu accepter de lire avec une grande attention les pages ci-après. Il va sans dire que j'endosse l'entière responsabilité en cas d'éventuelles erreurs.

[1] *Militärgeschichtliches Forschungsamt*.

INTRODUCTION

L'engagement allemand en Afghanistan à partir de 2002, marque nettement une césure entre ce qui est convenu d'appeler la République de Bonn et celle de Berlin. Il s'inscrit d'une certaine manière cependant dans la suite logique de la participation allemande à l'opération *Allied Force* au Kosovo. L'Hindu Kush ainsi que les opérations auxquelles l'Allemagne a décidé de prendre part lors de la dernière décennie ont provoqué une profonde évolution au sein de la *Bundeswehr*. Elle a connu successivement en l'espace de neuf ans une transformation puis une nouvelle orientation, selon la terminologie officielle. Notre période d'analyse concernant le nouveau millénaire, l'analyse des opérations menées dans les Balkans à cette date et des missions les ayant précédées, peut paraître superfétatoire, en comparaison de l'apport de l'intervention en Afghanistan[1] pour les forces armées allemandes. Qui plus est, même si les opérations en ex-Yougoslavie de l'ultime décennie du XXe siècle furent les premières de l'Organisation du traité de l'Atlantique nord *Out of Area*, les missions ayant pris la suite, peuvent *de facto* ne plus être considérées ainsi, bien que se déroulant encore sur des territoires d'États non membres de l'OTAN. Ces États de l'ex-Yougoslavie ont en effet vocation désormais à intégrer à moyen terme l'Alliance atlantique et l'Union européenne. De fait, ces opérations dans les Balkans se distinguent des interventions menées au Moyen-Orient, en Afrique et en Asie par la *Bundeswehr*. Les missions dans cette région du sud-est de l'Europe au cours de la période analysée[2] relèvent plus du maintien de l'ordre, à l'inverse des autres opérations de la *Bundeswehr* à la même époque. Toutefois, plusieurs des enseignements pouvant être retirés de celles-ci se retrouvent lors de l'opération en Afghanistan. De plus, la première vague de réformes de l'armée allemande sous le gouvernement du chancelier Gerhard Schröder est plus issue des retours d'expérience de ces missions que de ceux de l'Afghanistan. Aussi, une étude en introduction de ce travail de recherche des diverses opérations accomplies par la *Bundeswehr* dans les Balkans nous semble pertinente.

---

[1] En termes d'expériences.
[2] Soit de 2001 à 2012.

1. Les opérations des années 1990 en ex-Yougoslavie

Première intervention de la *Bundeswehr* dans les Balkans, l'opération *Sharp Guard*[1], avait pour objectif de garantir l'application de l'embargo sur les armes ainsi que le respect des sanctions économiques décidées par le conseil de sécurité de l'ONU[2]. La contribution allemande fut assez limitée, du moins à ses débuts, à cause des restrictions pesant sur le contingent allemand. Aux dires d'un officier allemand[3], lors des premiers mois de cette opération, la marine allemande n'effectua aucune investigation ou fouille sur des navires suspects. Cette participation fut donc loin d'être conséquente. Jusqu'aux accords de Dayton, la République fédérale prit part également à l'opération *Deny Flight*, dont les objectifs étaient d'assurer une zone d'exclusion aérienne au-dessus du territoire bosniaque et de soutenir les forces de la FORPRONU[4]. Ce soutien s'effectua cependant depuis l'Italie[5]. À la suite des accords de Dayton, signés en décembre 1995, l'*IFOR*[6] succéda à la FORPRONU. La décision fut prise de doter cette nouvelle force internationale d'un effectif de 65 000[7] hommes. L'Allemagne prit alors l'engagement de fournir un contingent de 4 500 hommes. Néanmoins, il ne s'agissait que d'unités sanitaires ou en charge de logistique, et du génie. Leur base se trouvait en Croatie. Toutefois un an plus tard, lorsque la *SFOR*[8] fut créée, le mandat pour les troupes allemandes fut renouvelé en avance et le chancelier Helmut Kohl demanda à ce que la *Bundeswehr* prenne une part plus significative dans la chaîne de commandement. En 1998, compte tenu des exactions serbes au Kosovo, et malgré l'absence de résolution des Nations Unies, l'OTAN lança l'opération *Allied Force* contre le régime de Slobodan Milosevic. L'Allemagne prit part à cette campagne aérienne, qui reflétait par ailleurs la volonté des belligérants occidentaux de ne pas déployer de troupes au sol, du moins dans un premier temps. Selon Hans Stark[9], le souvenir des rues de Mogadiscio en 1993 demeurait vivace pour

---

[1] Commencée le 15 juin 1993, elle s'acheva officiellement le 2 octobre 1996.

[2] Organisation des Nations unies.

[3] Borzillo Laurent, *La Bundeswehr, tome II : de la pertinence des réformes à l'aune des opérations extérieures de la dernière décennie. Annexes*, mémoire de recherche pour l'obtention du master 2 Histoire militaire, Institut d'études politiques d'Aix-en-Provence, sous la direction du Dr Dorota Richard, 2012, 163 p, pp. 72-76 : officier supérieur allemand, collaborateur au projet "*Einsatzarmee Bundeswehr*" au *MGFA*.

[4] Forces de Protection des Nations unies.

[5] Stark Hans, *la politique internationale de l'Allemagne. Une puissance malgré elle*, Presses universitaires du Septentrion, 2011, 324 p., p. 62.

[6] *Implementation Force.*

[7] Stark Hans, *op. cit.*, p. 45.

[8] *Stabilization Force.*

[9] Stark Hans, secrétaire général du Comité d'études des relations franco-allemandes et chercheur à l'Institut français des relations internationales.

nombre des membres de l'Alliance atlantique[1]. Toutefois, ainsi qu'il le souligne, sur les 38 000 sorties aériennes effectuées au cours de cette intervention la *Luftwaffe* n'en réalisa que cinq cents, soit à peine plus de 1,3 % du nombre total de sorties.

Que retenir de cette brève présentation des opérations antérieures à celle de la *KFOR*[2] ? Certes, il semble évident qu'excepté dans le cas de la *SFOR*[3], Berlin se soit constamment démené pour apporter son soutien, tout en restant éloigné des premières lignes. Ceci s'explique par les profondes réticences qui se firent entendre en Allemagne après la chute du Mur, sur les opérations *Out of Area* et les missions de maintien de la paix. La *Bundeswehr* – à l'exception de certaines interventions d'aide humanitaire – étant restée durant quarante ans sur le territoire national et n'ayant participé à aucune action de combat, l'attitude circonspecte des gouvernements allemands qui se reflète dans les formes d'engagement de la *Bundeswehr* et qui résulte du peu de soutien de la population allemande à ces opérations, est donc compréhensible et logique.

2. Eufor Althea

La situation s'améliorant en Bosnie-Herzégovine dès 1997, la *SFOR* renonça à la moitié des 65 000 soldats initialement engagés. La participation allemande se matérialisa à travers la présence régulière durant cette période de trois mille hommes[4]. Des *Liaisons and Observations Teams (LOTs)* furent instaurées, afin de nouer le contact avec la population et les acteurs locaux. L'accalmie des tensions engendra au fil des ans une réduction continue du contingent de l'OTAN. La *SFOR* prit fin en 2004, remplacée par une mission de l'Union européenne, Eufor Althea, bénéficiant des capacités de l'OTAN[5]. La plus grosse opération de la PESD[6] débuta avec 7 500 hommes, mais trois ans plus tard, ils ne furent plus que 2 500[7], et seulement 1 600[8] en 2011. Le contingent allemand quant à lui, parmi les trois plus importants en 2004 avec les Italiens et les Britanniques, de 1 000 hommes en 2004 passa à

---

[1] Stark Hans, *op. cit.*

[2] *Kosovo Force.*

[3] Mais cet argument peut être remis en cause, du fait de la situation stable de la région à cette époque.

[4] *Auslandseinsätze der Bundeswehr. Leitfragen, Entscheidungsspielräume und Lehren*, Stiftung Wissenschaft und Politik, Berlin, Mair Stefan, 2007, 109 p., pp. 97-99.

[5] Cette coopération étant rendue possible grâce aux accords dits de Berlin de 1999.

[6] Politique européenne de Sécurité et de défense.

[7] *Auslandseinsätze der Bundeswehr. Leitfragen,..., op. cit.*, pp. 95-98.

[8] *10 Jahre Einsatzführungskommando der Bundeswehr*, Bonn, Report-Verl, 2011, 120 p., p. 47.

235 hommes en 2007[1], puis à 130 en 2008[2]. Au 11 juillet 2012, seulement trois soldats sont comptabilisés[3] au sein d'Eufor Althea. Très tôt, cette mission s'apparenta à une mission de maintien de l'ordre plus qu'à une mission de maintien de la paix d'après Hans Stark[4]. Ses objectifs initiaux, qui consistaient à assurer la liberté de mouvement des forces et des organisations internationales, à contrôler le désarmement des ex-belligérants et à soutenir le tribunal pénal international pour l'ex-Yougoslavie, se résument désormais au soutien des autorités civiles, principalement dans la lutte contre la criminalité organisée. Cette dernière reste un important facteur d'instabilité, tout comme les tensions ethniques qui n'ont point disparu[5]. Le quartier général de Sarajevo s'occupe actuellement du suivi de la réforme du secteur de la sécurité en Bosnie-Herzégovine.

Dans un laps de temps relativement court, la mission put évoluer et mettre en particulier l'accent sur des tâches plus civiles. Cette évolution avait été préparée par le quartier général à Sarajevo dès 2004 et un processus de transformation en quatre phases fut démarré en 2006. Il s'agissait dans un premier temps de réduire la présence militaire, tout en augmentant les liens et réseaux tissés par les *LOTs,* afin de pouvoir à terme supprimer ces dernières et rendre aux autorités locales leur entière souveraineté et leur entière indépendance, ceci se matérialisant par le retrait de toutes les forces militaires internationales. Le succès rencontré dans la pacification du pays permit d'appliquer ce plan, toujours en cours, et d'instaurer un système flexible et réactif pour les forces armées internationales. L'illustration la plus parfaite de ceci est la création des bataillons *ORF* (*Operational Reserve Forces*) de l'OTAN, au nombre de trois à l'origine[6] : un composé de Britanniques, un d'Italiens et un germano-autrichien. Le bataillon britannique n'existant plus, les deux restants se relaient tous les six mois, se tenant prêts à une intervention tout en demeurant stationnés dans leur pays respectif. Ce système doit considérablement au travail effectué par les *LOTs*. Il est à noter qu'il semblerait qu'une utilisation plus poussée et antérieure de celles-ci aurait accéléré la stratégie de sortie des forces internationales[7].

---

[1] *Auslandseinsätze der Bundeswehr. Leitfragen,..., op. cit.*, pp. 95-98.

[2] Böckenförde Stephan, *Deutsche Sicherheitspolitik : Herausforderungen, Akteure und Prozesse,* Opladen, Budrich, 2009, 388 p.

[3] Site de la *Bundeswehr:* http://www.bundeswehr.de/portal/a/bwde/!ut/p/c4/04_SB8K8xLLM9MSSzPy8xBz9CP3I5EyrpHK9pPKUVL3UzLzixNSSKiirpKoqMSMnNU-_INtREQD2RLYK/

[4] Stark Hans, *op. cit.*, p. 201.

[5] Schlüter Rolf, "EUFOR - der deutsche Beitrag im elften Jahr nach Dayton" *Europäische Sicherheit : Politik, Streitkräfte, Wirtschaft, Technik*, n°6/2006, pp. 79-81.

[6] *Ibidem.*

[7] 10 Jahre Einsatzführungskommando der Bundeswehr, *op. cit.*, pp. 97-99

L'Allemagne en comptait quatre sur quarante-six en 2007[1]. En 2012, il n'en reste que vingt-trois et l'Allemagne n'y participe plus[2]. Le développement d'une mission de police de l'Union européenne, la MPUE, auquel l'Allemagne a pris part[3] a également favorisé ce processus. Cette dernière mission, commencée en 2003, s'est achevée le 30 juin 2012.

Le caractère plus stable de la mission de la *Bundeswehr* en Bosnie-Herzégovine dès le début des années 2000 s'en est ressenti sur le matériel distribué aux soldats en opération dans ce pays. En effet, à en croire Rolf Clement[4], les militaires de la *Bundeswehr* se plaignaient dès 2004 de ne plus recevoir le meilleur équipement disponible au sein des forces armées allemandes. Celui-ci était déjà réservé aux hommes en Afghanistan. Toutefois, Eufor Althea demeure une mission en cours, et l'attribution des *ORF*, en tant que force de réserve, révèle l'attitude prudente observée par les pays de l'Union européenne concernant l'évolution de la situation dans le pays. Pourtant, un certain optimisme transparaît au vu des effectifs actuels qui s'élèvent, selon le journaliste Nicolas Gros-Verheyde, à six-cent-cinquante hommes. Toutefois, cette baisse pourrait refléter également une volonté des États participants de limiter leurs dépenses, tant financières qu'en termes de ressources humaines. Cela expliquerait l'accord tacite des ambassadeurs du COPS de mai 2012 relatif à une mise à disposition des forces des groupements tactiques européens pour Eufor Althea[5]. Or, pour le premier semestre 2012, c'est le groupement tactique de Weimar, réunissant l'Allemagne, la France et la Pologne, qui est d'astreinte.

3. La KFOR

Entamée avant Eufor Althea, l'opération de l'OTAN au Kosovo dite KFOR, fait suite à *Allied Force* de 1999 et consista à assurer un environnement stable et sécurisé au Kosovo. Imitant les *LOTs,* des *Liaisons and Mentoring Teams* (*LMTs*) furent créées, l'Allemagne en assurant deux. Le gouvernement allemand attendit néanmoins quatre ans avant d'envoyer

---

[1] Willmann Anton, "Mission EUFOR "ALTHEA" : Beginn der Transformation", *Truppendienst Bundesheer : Ausbildung, Führung, Einsatz*, n°4/2007, pp. 350-352.

[2] Site internet d'Eufor Althea: http://www.euforbih.org/index.php?option=com_content&view=section&id=10&Itemid=141

[3] Böckenförde Stephan, *op. cit.*

[4] Clement Rolf, "Nur mit einem politischen Konzept machen Auslandseinsätze Sinn: der politische Rahmen fehlt", *Europäische Sicherheit: Politik, Streitkräfte, Wirtschaft, Technik*, n° 11/2001, pp. 36-37.

[5] Gros-Verheyde Nicolas, "Le battlegroup en renfort pour mission Althea en Bosnie", *Bruxelles2*, 18 mai 2012.

sur place le bataillon *Cimic*[1] 100 en mars 2003. Ainsi que le mentionne l'étude réalisée sur les opérations extérieures par la *Stiftung Wissenschaft und Politik* en 2007, la réussite des actions *Cimic* visant à améliorer les conditions de vie des populations que côtoie la *Bundeswehr,* passe par une collaboration flexible et une répartition raisonnable des fonctions[2] entre le ministère fédéral des Affaires étrangères, le ministère de la Coopération (*BMZ*) et les organisations telles que la *GTZ*[3]. La mise sur pied d'EULEX Kosovo en 2008, en charge de promouvoir l'État de droit contribue à une approche politique et sociétale visant à étouffer les germes de tout futur conflit au Kosovo. Épaulant les hommes de la *Bundeswehr*, cent policiers et vingt experts civils (juges, avocats...) allemands prenaient part à cette mission en 2009. Ils seraient quatre-vingts policiers et quarante-cinq experts civils actuellement[4]. Tout comme pour la Bosnie-Herzégovine, l'intention est de mettre fin aux opérations militaires en développant un environnement sécuritaire stable puis en étendant cette stabilité aux sphères politique, juridique, économique et sociétale.

Nonobstant cet objectif, le processus de réduction des effectifs des forces internationales n'a pu suivre le cours linéaire qu'avait emprunté celui mené en Bosnie-Herzégovine. Dans un premier temps, une réduction du nombre de soldats eut lieu, la *KFOR* passant de 50 000 à 16 000 en 2004. Cependant, les troubles du mois de mars de la même année eurent pour conséquence une augmentation vers la fin de celle-ci du nombre de troupes. Ainsi, en 2007, 17 000 militaires étaient dénombrés au sein de cette force de l'OTAN, dont 2 300 Allemands[5]. Un an plus tard, l'effectif tomba à 13 250 hommes. Toutefois, le contingent allemand augmenta, comptabilisant 2 730 hommes[6]. L'Allemagne fut, et est avec cette contribution, le pays mettant à disposition de la *KFOR* le plus de soldats. En 2012, la *KFOR* comptabilise 6 200 hommes, dont 1 200 de la *Bundeswehr,* qui reste le plus important contributeur. Eu égard à la période électorale ayant eu lieu du 6 au 20 mai 2012, et à l'instabilité de ces derniers mois, le *Bundestag* a le 25 mai dernier renouvelé le mandat de la *Bundeswehr* pour le Kosovo, autorisant le cas échéant un déploiement de 1 850 hommes[7].

Afin de parer à tout danger, la *KFOR* dispose néanmoins, tout comme Eufor Althea, du renfort potentiel des bataillons *ORF* susmentionnés. Ainsi

---

[1] *Civil-military co-operation*

[2] *Auslandseinsätze der Bundeswehr. Leitfragen,..., op. cit.*, p. 97.

[3] *Deutsche Gesellschaft für technische Zusammenarbeit.*

[4] Gros-Verheyde Nicolas, "L'Allemagne maintient son engagement au Kosovo. La réserve en alerte", *Bruxelles2*, 7 mai 2012.

[5] *Auslandseinsätze der Bundeswehr. Leitfragen,..., op. cit.*, p. 97.

[6] Böckenförde, *op. cit.*, p. 314.

[7] Schröder Alwin, "Bundeswehr bleibt ein Jahr länger im Kosovo", *Der Spiegel*, 25 mai 2012.

qu'indiqué auparavant, il n'existe plus que deux bataillons. Leur fonctionnement se fait par rotation. Lorsqu'un bataillon se trouve d'astreinte, une partie des unités le composant est qualifiée en *Ready* et une autre en *Standby*. Le premier groupe est opérationnel dans un laps de temps de sept jours, tandis que le second l'est dans un maximum de deux semaines. Ce système, ainsi que nous l'avons évoqué, permet un dispositif flexible fondé sur la réactivité par l'emploi de forces de réserve. Cependant, la précarité de la situation sécuritaire des derniers mois tend à révéler certaines failles. En effet, selon le commissaire parlementaire aux forces armées[1], Hellmut Königshaus, le bataillon *ORF* ne cessant d'être sollicité, certains hommes des régiments de défense NBC[2] de Bruchsal et du bataillon d'artillerie d'Immendigen se seraient retrouvés envoyés en opération pour la troisième fois en l'espace de dix-huit mois[3]. Il est à prendre en compte que le dossier politique du Kosovo demeure fondamentalement différent de celui de la Bosnie-Herzégovine, de par la récente déclaration d'indépendance de celui-ci en 2008 et la non-reconnaissance de celle-ci par la Serbie. Cela explique partiellement l'absence actuelle de réduction des effectifs et l'impact moindre des moyens civils-militaires mis en œuvre par l'Union européenne.

4. La Macédoine

Du fait des vagues de réfugiés kosovars arrivant en ancienne République yougoslave de Macédoine et fuyant la guerre au Kosovo, des troubles commencèrent à naître dans ce pays, orchestrés par des membres de l'*UCK*, réclamant plus de droit et d'autonomie pour la minorité albanaise de cet État en janvier 2001. Très vite des combats eurent lieu entre les combattants de l'*UCK* et l'armée macédonienne. Afin d'obvier toute escalade de la violence et ne pas revivre les événements des années 1990 et du Kosovo, la communauté internationale et l'Union européenne contraignirent les belligérants à signer un cessez-le-feu et à convenir rapidement d'un compromis. Le premier fut effectué en juillet 2001 tandis que le second se matérialisa par les accords-cadres d'Ohrid du mois suivant. Afin de garantir ceux-ci, trois opérations sous commandement de l'OTAN et une opération de la PESD se succédèrent entre 2001 et 2003[4]. L'Allemagne s'engagea fortement dans la résolution de ce conflit puisque sur les 3 500 hommes

---

[1] *Wehrbeauftragter des Deutschen Bundestages.*

[2] Nucléaire, bactériologique, chimique.

[3] Gebauer Matthias, "Wehrbeauftragter rügt Dauereinsatz", *Der Spiegel*, 1er mai 2012.

[4] Il s'agit de l'opération *Essential Harvest*, de l'opération *Amber Fox*, de l'opération *Allied Harmony et* d'Eufor *Concordia* ARYM.

d'*Essential Harvest,* elle en fournit cinq cents[1]. En outre, ces missions constituèrent un succès indéniable puisqu'au bout de deux ans, toutes les forces militaires étrangères quittèrent le pays, laissant derrière elles une situation stable. Dans le cas de la Macédoine, affirmer que la célérité de l'intervention et de l'utilisation de l'outil militaire a permis une résolution rapide de la crise n'est donc pas une hérésie. Ces opérations s'inscrivent d'ailleurs parfaitement dans le concept de prévention de crise que le gouvernement fédéral développa à la même époque[2].

5. Traits marquants

Que retenir de ces opérations de la *Bundeswehr* dans les Balkans ? Plusieurs traits émergent. Concernant les interventions des années 1990, tant au travers de l'absence d'action de la marine allemande[3], qu'au travers des unités de soutien opérant depuis un pays limitrophe du théâtre d'opérations, nous constatons une participation en retrait de la République fédérale. Néanmoins, ceci s'explique, ainsi que nous l'avons évoqué, par le peu de soutien de l'opinion publique allemande pour ces interventions de la *Bundeswehr.* L'intense débat juridique, conclu le 12 juillet 1994 par la cour constitutionnelle de Karlsruhe déclarant les opérations extérieures des forces armées allemandes conformes à la Loi fondamentale sous réserve d'un vote d'approbation du *Bundestag*, explique également ces formes de contribution. En outre, les demandes de participation aux structures de commandement de la *SFOR* du chancelier Helmut Kohl et le nombre élevé de soldats allemands prenant part aux opérations dans la deuxième moitié des années 1990 et au cours de la première décennie du XXIe siècle mettent fin à cette participation en retrait. Toutefois, la stabilité dont jouissent alors les régions dans lesquelles la *Bundeswehr* est déployée en nombre doit être prise en compte. Certes, elle se retrouve être régulièrement le premier contributeur en termes d'effectifs. Pour autant, elle ne se retrouve pas confrontée à des opérations de combat. Sa mission, tant en Bosnie-Herzégovine, au Kosovo ou encore en Macédoine, s'apparente plus à des opérations de police et de maintien de l'ordre, ainsi que Hans Stark le laisse entendre[4].

L'activation des *LOTs* et des *LMTs* ainsi que la réalisation d'actions civilo-militaires, consistant à ériger des infrastructures primaires, a permis de gagner la confiance des populations locales. Cela a facilité les missions de la *Bundeswehr* et diminué ainsi le risque d'une recrudescence des troubles[5].

---

[1] *Auslandseinsätze der Bundeswehr. Leitfragen,…, op. cit.*, p. 97.
[2] Voir *infra*, pp. 102-107.
[3] Une absence d'action qui n'eut lieu qu'au début de l'opération.
[4] Stark Hans, *op. cit.,* p. 201.
[5] *Auslandseinsätze der Bundeswehr. Leitfragen,…, op. cit.*, p. 96.

Ces équipes ont en effet servi d'outil de collecte de renseignements pour les forces armées allemandes. Les travaux effectués par celles-ci ont également contribué à l'instauration d'une stabilisation de la situation sécuritaire. La mise en place de mission de police de l'Union européenne a affirmé cette stabilisation, autorisant par ricochet une réduction des effectifs militaires. Le développement et le renforcement de la police locale ont pour conséquence une baisse du nombre de soldats, mais nécessitent que des policiers et non des militaires prennent en charge la formation des forces de l'ordre[1]. Ces missions en ex-Yougoslavie démontrent par ailleurs qu'une stratégie de sortie réussie, ou du moins qui ne rencontre qu'un nombre limité d'obstacles, nécessite une approche politique et l'instauration d'un environnement politique stabilisé[2]. Elles illustrent en outre le fait qu'une réelle stabilité, non précaire, n'est possible qu'au bout d'un long processus. L'étude de la *Stiftung Wissenschaft und Politik*, que nous avons régulièrement citée dans cette partie de notre analyse, mentionne cela : « *sans sécurité il n'y pas de développement économique. Mais il est tout aussi exact que, sans développement économique, il ne peut y avoir de stabilité politique ou juridique* »[3].

L'ultime enseignement que les opérations de la *Bundeswehr* dans les Balkans laissent indubitablement entrevoir est celui concernant la durée de ces interventions visant à restaurer une situation stable et à mettre fin aux crises. La *KFOR*, qui est toujours en cours, est dans sa treizième année de présence au Kosovo. Eufor Althea n'a certes que huit ans, mais elle ne fait que suivre la *SFOR* et l'*IFOR*, ce qui signifie une présence internationale en Bosnie-Herzégovine qui remonte à plus de seize ans. Les objectifs ne sont donc atteignables que sur le long terme, nécessitant pour les pays participants aux opérations de maintenir plusieurs années durant leurs troupes sur les théâtres d'opérations, ce qui peut engendrer certaines difficultés. Les seules exceptions à cette analyse sont les interventions dans l'ancienne République yougoslave de Macédoine. Mais elles eurent lieu bien avant que la crise n'atteigne un certain stade de violence.

---

[1] *Ibidem*.

[2] *Ibid.*

[3] *Ibid.*, p. 97. "*Ohne Sicherheit gibt es keine wirtschaftliche Entwicklung. Aber ebenso richtig ist, dass es ohne wirtschaftliche Entwicklung keine politische oder rechtliche Stabilität geben kann.*"

CHAPITRE I

L'ENGAGEMENT ALLEMAND AU PAYS DE L'INSOLENCE[1]

Les opérations menées par l'Allemagne durant la dernière décennie laissent à penser qu'elles s'inscrivent dans une volonté et un désir de Berlin de jouer un rôle mondial à la mesure de sa puissance économique. En comparaison des années 1990 et des opérations dans le Golfe persique, opérations auxquelles elle avait refusé de se joindre, les années 2000 sous les gouvernements Schröder et Merkel, voient l'Allemagne s'impliquer dans des missions de consolidation de la paix et de maintien de la sécurité, non plus fondamentalement en Europe, c'est-à-dire à proximité directe de ses frontières, mais en plein cœur de l'Asie, de l'Afrique, au large d'Israël et dans l'océan Indien près des côtes d'un pays dont les événements de 1993 marquent encore les esprits occidentaux. L'impact de ces opérations, ne serait-ce que dans l'opinion publique, a pu être constaté au cours de ces années lors du bombardement de deux camions-citernes à Kunduz en 2009 par exemple[2]. Pour l'armée de défense territoriale qu'était la *Bundeswehr* à la sortie de la Guerre froide, ces missions ont représenté et représentent toujours d'importants défis. Ayant souvent été considérée telle une armée d'aide au développement, l'étude de son adaptation au théâtre afghan peut permettre d'avaliser ou de réfuter cette théorie.

1. La décision d'intervenir en Afghanistan

Après les attentats du 11 septembre, les dirigeants allemands prirent la décision de soutenir politiquement les actions anti-terroristes des États-Unis engagées en vertu de l'article 51 de la charte des Nations Unies, mais également concrètement en y faisant participer la *Bundeswehr*. Ce faisant, cela impliquait d'engager celle-ci dans une mission se déroulant à des milliers de kilomètres de l'Allemagne, très nettement en dehors de l'*Area of the NATO.*

[1] Expression tirée de l'ouvrage de Michael Barry, *Le royaume de l'insolence, l'Afghanistan: 1504-2001*, Flammarion, 2002, 510 p.
[2] Voir *infra*, p. 30.

Début des opérations

Opération lancée au lendemain des attentats, *Enduring Freedom* consistait en la traque des terroristes en Afghanistan par des forces spéciales avec l'aide des potentats locaux. Une mission de ce type était tout sauf normale pour l'Allemagne, en ce début de nouveau millénaire. Aucune demande ni même aucun souhait américain ne semble avoir précédé cette décision de prendre part à cette opération[1]. Le 19 septembre selon *Der Spiegel*[2], alors que le chancelier interroge l'inspecteur général Harald Kujat sur les possibilités allemandes, celui-ci précisa que l'armée était capable de participer à des missions de reconnaissance, d'utiliser ses avions Tornado, ses drones, ses moyens de défense ABC ainsi que ses forces spéciales, les *KSK*[3]. En octobre 2001, malgré l'absence de demande des États-Unis le sous secrétaire d'État Michael Steiner se rendit en Oman, afin de préparer l'arrivée des *KSK.* Le 5 novembre, les États-Unis firent état de leur souhait de voir les *KSK* prendre part à l'*Operation Enduring Freedom.* Le lendemain, le cabinet fédéral approuva l'envoi d'une force de 3 900 hommes. Parmi ces derniers, 800 hommes des forces de défense ABC furent stationnés au Koweït. Ils y restèrent jusqu'en 2003. Au sein de cette force, 250 hommes appartenaient aux services de santé de l'armée, 450 aux troupes de soutien, et 500 aux forces aériennes. À cela se rajoute une composante maritime de 1 800 hommes ainsi que 100 soldats issus des *KSK*[4].

La mission principale de ces 3 900 hommes était de contribuer à la surveillance de l'espace maritime compris entre la Somalie et le Pakistan. À partir des bases à Djibouti et à Mombasa (Kenya)[5], ils assuraient la logistique des troupes occidentales présentes en Asie centrale dans le cadre de l'*Operation Enduring Freedom,* et devaient empêcher tout matériel d'être livré à des entités terroristes. Les forces maritimes allemandes reçurent la gestion de la zone nord (au large d'Oman). Au fil des années, l'effectif des forces allemandes diminua. Lors de la fin de l'*Operation Enduring Freedom* en juin 2010, ce qui resta des forces navales, soit une frégate et 250 hommes furent rattachés à l'opération Atalanta[6]. En ce qui concerne les *KSK*, elles se composaient de quarante combattants et de soixante hommes de soutien. Dès

---

[1] Beste Ralf, Demmer Ulrike *et al.*, "Ein Deutscher Krieg", *Der Spiegel*, n° 36, 5 sept. 2011, pp. 75-98.
[2] *Ibidem.*
[3] *Kommandospezialkräfte.*
[4] Stark Hans, *op. cit.*, pp. 120-121.
[5] *Ibidem*, pp. 88-96.
[6] Voir site Internet de la *Bundeswehr* sur les opérations extérieures: http://www.einsatz.bundeswehr.de/portal/a/einsatzbw/!ut/p/c4/04_SB8K8xLLM9MSSzy8Bz9CP3I5EyrpHK9pPKU1PjUzLzixJIqIDcxKT21ODkjJ74ODUPKpFaUpWql1aUmZqC4OsXZDsqAgBQaGH7/#par2

le 1er janvier 2001, elles furent déployées à Kandahar. Leur mission fut fructueuse selon Markus Wölfle, toutefois elles restèrent entièrement soumises aux ordres de l'armée américaine dans toutes leurs opérations[1]. Tout comme leurs homologues américaines et anglaises, elles semblent avoir développé des contacts avec les adversaires locaux des *talibans*, les formant et leur fournissant du matériel[2]. Une difficulté subsista néanmoins, à savoir le manque de procédure légale et de droits lors d'arrestation de *taliban*s par les *KSK*[3]. Jusqu'au changement de stratégie au tournant des années 2008-2009, elles demeurèrent les seules troupes allemandes engagées dans des opérations de combats terrestres contre *Al-Qaida* et les *taliban*s avec les forces alliées[4].

Le lancement de la Force internationale d'assistance et de sécurité[5] fut entériné par l'accord de Bonn du 5 décembre et par la résolution 1386 du conseil de sécurité de l'ONU du 20 décembre 2001. Sa mission, limitée jusqu'en octobre 2003 à Kaboul et à ses environs, consistait à soutenir les autorités politiques intérimaires afghanes. Par la résolution 1510[6] du conseil de sécurité de l'ONU, cette mission s'étendit sur l'ensemble du pays. À la même époque et sur les demandes de l'Allemagne, des Pays-Bas et du Canada[7], l'OTAN prit le commandement de la force. Auparavant, le commandement changeait tous les six mois entre les membres de la force qui acceptaient d'assurer ce dernier. Durant six mois au cours de l'année 2003, ce furent l'Allemagne et les Pays-Bas à travers le corps germano-néerlandais qui avaient assuré celui-ci. Or, fin 2003, aucun des membres de la force internationale n'avait aux dires de la *Stiftung Wissenschaft und Politik* la volonté politique ou les moyens financiers et logistiques pour reprendre la direction des opérations[8]. La participation de l'Allemagne et son rôle dans la mise en place de la FIAS sont sujets à controverse au regard des informations que *Der Spiegel* révèle dans son numéro du 5 septembre 2011[9]. Selon ce dernier, la FIAS ne faisait pas partie d'un plan de la Maison Blanche, corollaire de la destruction des camps d'entraînement d'Al-Qaïda

---

[1] Wölfle Markus, *Die Auslandseinsätze der Bundeswehr und ihre Auswirkungen auf die Rolle der Bundesrepublik Deutschland im internationalen System*, Bonn, Bernard & Graefe Verlag, 2005, 158 p., pp. 86-96.

[2] Korge Johannes, "Der geheime Krieg der Elitesoldaten", *Der Spiegel*, 11 août 2011.

[3] Wölfle Markus, *op. cit.*, p. 96.

[4] Meiers Franz Joseph, "La politique allemande de sécurité et de défense : Équilibrer durablement les attentes extérieures et les contraintes intérieures", *Note du Cerfa 41,* février *2007,* Comité d'études des relations franco-allemandes, 14 p., p. 8.

[5] FIAS.

[6] Adoptée le 23 octobre 2003.

[7] *Auslandseinsätze der Bundeswehr. Leitfragen,..., op. cit.*, p. 81.

[8] *Ibidem.*

[9] Beste Ralf, Demmer Ulrike *et al.*, "Ein Deutscher Krieg", *op. cit.*

et de la traque des terroristes. Ce serait le gouvernement fédéral allemand qui, de lui-même, aurait proposé une opération visant à installer une situation stable en Afghanistan avec l'instauration d'un climat sécuritaire calme, d'un développement économique et d'un régime tendant à la démocratie. L'accord de Bonn du 5 décembre 2001 accrédite le rôle majeur que l'Allemagne joua dans la mise en place de la FIAS, de par la ville dans laquelle la conférence eut lieu. En effet bien qu'assistant en retrait à la conférence, ce fut l'Allemagne, en tant que pays hôte de celle-ci, qui se chargea de son bon déroulement. Contrairement donc à l'*Operation Enduring Freedom,* où de son plein gré et sans véritable demande américaine, Berlin prit la décision de se joindre aux actions des forces armées des États-Unis, l'Allemagne semble être partiellement à l'origine de la FIAS. Or, outre le soutien des autorités intérimaires afghanes, elle a dès le début revendiqué comme objectif pour son action en Afghanistan, la reconstruction du pays ainsi que l'instauration d'un régime respectueux des droits de la femme, permettant l'éducation des filles et acceptant la pluralité politique[1]. Les propos de Markus Kaim[2] et l'article de *Der Spiegel* attestent de la véracité de cette hypothèse. Les propos du Dr Susanne Kastner[3] confirment également l'objectif de la reconstruction.

Entre absence d'analyse et objectifs chimériques

Néanmoins, si les informations rapportées par *Der Spiegel*[4] s'avèrent exactes, parler d'une stratégie claire pour l'Afghanistan de la part du gouvernement allemand, ainsi que le Dr Kastner le mentionne[5], n'est point crédible. En effet selon l'hebdomadaire, le chancelier estimait à l'époque que l'opération ne durerait qu'entre trois à cinq ans[6]. En outre le premier mandat pour la mission de la *Bundeswehr* rédigé par le cabinet fédéral et approuvé par le *Bundestag,* ne s'étendait que pour six mois et ne comptabilisait la participation que de 1 200 soldats allemands. Au regard des objectifs affichés, ne serait-ce que de celui relatif à l'instauration d'une situation sécuritaire stable et au vu des enseignements que les opérations en ex-Yougoslavie pouvaient dès les années 2001-2002 donner, un constat de

---

[1] Ceci semble avoir été effectué dans le but d'obtenir l'adhésion de l'opinion publique allemande à cette mission.

[2] Kaim Markus, "L'engagement militaire allemand en Afghanistan : conditions, évaluation, perspectives", *Note du Cerfa*, n°76, juillet 2010, Comité d'études des relations franco-allemandes, 23 p., p. 15.

[3] Borzillo Laurent, *La Bundeswehr,* tome II, *op. cit.,* pp. 25-28 : Kastner Susanne, députée *SPD* au *Bundestag,* présidente de la commission défense du *Bundestag,* entretien réalisé le 22 mars 2012.

[4] Beste Ralf, Demmer Ulrike *et al.*, "Ein Deutscher Krieg", *op. cit.*

[5] Borzillo Laurent, *La Bundeswehr,* tome II, *op. cit.,* pp. 25-28.

[6] Beste Ralf, Demmer Ulrike, *et al.*, "Ein Deutscher Krieg", *op. cit.*

paradoxe flagrant s'impose. En Bosnie-Herzégovine, afin de recréer un environnement sécuritaire stable, pour une population estimée en 1991 à plus de quatre millions trois cent mille et atteignant en 2001 trois millions trois cent mille habitants[1], une force armée initiale de 60 000 hommes avait été envoyée sur un territoire dont la superficie était de 51 197 km². En Afghanistan, la population en 2003 était estimée à presque vingt-quatre millions d'habitants[2] sur une superficie de 652 000 km². Or, en 2002[3], seulement 5 000 soldats étaient déployés et uniquement dans les alentours de Kaboul. Ce n'est qu'en 2008 que les effectifs présents initialement en Bosnie-Herzégovine furent égalés en Afghanistan. À cette date, plus de 50 000 soldats se trouvaient dans le pays[4]. C'est également ce nombre de soldats qui fut présent au Kosovo dès 1999, réparti sur 10 887 km² avec une population locale de près d'un million et demie d'individus. Autrement dit, alors que dans ces trois opérations le but principal était d'assurer une situation stable d'un point de vue sécuritaire, le rapport entre le nombre de soldats étrangers et le nombre d'habitants diffère considérablement. D'un soldat pour trente civils au Kosovo et d'un soldat pour soixante-quatre civils en Bosnie-Herzégovine, le nombre de troupes présentes en Afghanistan ne permet d'atteindre le rapport que d'un soldat pour 4 800 civils en 2002 et celui d'un soldat pour 480 civils en 2008. La comparaison entre ces trois opérations a toutefois ses limites. Nonobstant ceci, au regard du peu de soldats engagés, il est étonnant que le chancelier Gerhard Schröder ait pu croire que la FIAS pourrait avec de tels effectifs accomplir sa mission en l'espace de trois à cinq ans, ne serait-ce que son objectif de stabilisation de la situation sécuritaire. Cette estimation du temps nécessaire à la réussite de l'opération était également contradictoire avec les enseignements que la *SFOR* indiquait, puisque celle-ci en était dans sa sixième année en 2002 et qu'il était certain qu'elle durerait encore quelques années pour tous les experts. Il ne s'agit pas ici de prétendre que l'Allemagne et ses partenaires auraient dû envoyer plus de militaires, mais seulement de constater que compte tenu des effectifs, envisager une durée maximum de cinq ans pour l'opération était une aberration. Or selon un expert du *MGFA*, personne n'avait imaginé en 2001 que des soldats allemands seraient encore en Afghanistan dix ans plus tard.

---

[1] *Conseil de l'Europe, la protection des minorités nationales*, 20 février 2004 : http://www.coe.int/t/dghl/monitoring/minorities/3_fcnmdocs/PDF_1st_SR_BiH_fr.pdf

[2] Sellier Jean, Sellier André, *Atlas des peuples d'Orient, Moyen-Orient Caucase Asie* Centrale, Paris, la découverte, 2004, 206 p., p. 140.

[3] Site Internet des missions allemandes en France: http://www.allemagne.diplo.de/Vertretung/frankreich/fr/03-cidal/09-dossiers/afghanistan/01-objectifs-missions-seite.html

[4] Böckenförde Stephan, *op. cit.*, p. 314.

Autre aspect quelque peu déconcertant des objectifs que l'Allemagne se fixa dans son engagement en Afghanistan, l'idéal – poursuivi durant de nombreuses années, ou du moins revendiqué officiellement tel un des buts ultimes – relatif à la situation des droits de l'homme et plus particulièrement de la femme[1] met en évidence une absence de prise en compte de la culture des ethnies en Afghanistan. Ériger l'instauration d'un régime scrupuleusement respectueux des droits de l'homme en justification de l'engagement de la *Bundeswehr* revenait à oublier les rapports entre ethnies, fait de domination et de rivalité. La situation des femmes en Afghanistan[2] particulièrement difficile que dresse l'ONG *Human Right Watch* fin mars 2012, atteste du caractère illusoire de cet objectif dont nombre de dirigeants allemands se sont bercés plusieurs années durant. Les propos d'un officier français d'état-major confirment d'ailleurs l'échec dramatique, mais inéluctable dans ce domaine auquel les Allemands ont été confrontés au cours de la dernière décennie.

> « *Dans le stage, il y avait certains officiers allemands qui racontaient qu'il y avait des soldats qui avaient vu dans le cadre de patrouille de secteur des femmes se faire lapider, au nom de la loi islamique qui était appliquée. Ils ne pouvaient cependant rien faire pour s'opposer à cela. Cela est très difficile et ce sujet avait été soulevé devant le colonel qui commandait la PRT. Il avait alors révélé qu'effectivement il avait été au courant, mais que la seule chose qu'il pouvait faire, et qu'il avait faite immédiatement, c'était d'aller voir le chef de la police locale pour lui expliquer que c'était à proscrire. Mais il était bien conscient qu'il ne pouvait pas faire plus. Il n'était pas question que des militaires déboulent et arrêtent la lapidation*[3]. »

Ainsi que l'officier le mentionne, les soldats ne pouvaient intervenir, car il est fort probable que si cela avait été le cas, ils auraient été pris à partie et cela aurait déclenché de dangereux mouvements de protestation.

En se fixant ces objectifs peu réalistes et en axant sa mission sur le terme nébuleux de reconstruction[4], les dirigeants allemands semblent s'être enfermés dans une vision des missions de la *Bundeswehr* et d'une solution pour le développement du pays déconnectée de la réalité. En effet selon eux jusqu'à ce que la situation sécuritaire commence à se dégrader dans le *RC North,* la qualité[5] de celle-ci était due aux actions de reconstruction de la

---

[1] Kaim Markus, *op. cit.* ; Beste Ralf, Demmer Ulrike, *et al.*, "Ein Deutscher Krieg", *op. cit.*

[2] Gebauer Matthias, "Afghanistans Frauen leiden wie unter den Taliban", *Der Spiegel*, 28 mars 2012.

[3] Borzillo Laurent, *La Bundeswehr*, tome II, *op. cit.*, pp. 101-106 : source anonyme, officier de l'armée de l'air ayant participé à l'opération Artémis en République Démocratique du Congo, entretien réalisé en janvier 2012.

[4] *Wiederaufbau.*

[5] Meiers Franz Joseph, *op. cit.*, p. 9.

Bundeswehr et au choix allemand de joindre ces dernières à une politique générale mêlant des mesures de divers ministères en collaboration avec des ONG. Or cela revenait à faire l'impasse sur l'histoire récente de la région nord de l'Afghanistan, bastion des adversaires des *talibans* et de l'Alliance du Nord durant de nombreuses années et composée, certes de Pachtounes mais surtout de Tadjiks et d'Ouzbeks peu suspects de sympathies envers les *talibans*. En outre, selon Hans Stark[1], cette stabilité n'a été possible qu'au prix d'arrangements avec des seigneurs de guerres locaux et des producteurs d'opium. Selon Jean Franz Meyers, la croyance dans la justesse de la politique menée fut telle, que lorsqu'en 2006 plusieurs membres de l'OTAN réclamèrent de l'Allemagne l'envoi d'unités dans le sud du pays, où leurs troupes subissaient plusieurs pertes et rencontraient une importante résistance, Berlin refusa en prétextant parmi d'autres motifs[2] que les alliés devaient imiter la politique menée par l'Allemagne dans le Nord du pays au lieu d'envoyer plus d'hommes combattre l'insurrection.

Qui plus est, lorsque l'insurrection gagna le *RC North* les dirigeants allemands tombèrent apparemment dans une sorte de déni et refusèrent jusqu'en 2009[3] l'utilisation du terme de guerre. Dès 2006 pourtant, l'environnement sécuritaire s'aggrava dans le Nord du pays et un retour des *Taliban* dans le *RC North* fut évoqué dans un article de *Der Spiegel*[4]. Philipp Münch fait état pour la même année de tentatives de destruction complète de patrouilles allemandes[5]. Le lieutenant-colonel Jürgen Heiducoff, attaché militaire à l'ambassade allemande à Kaboul de 2006 à 2008, précise que ses estimations divergeaient de plus en plus au fil du temps du tableau idéal entrevu par la majorité des instances étatiques allemandes[6]. Malgré cette évolution, aucun changement de la part de Berlin ne fut toutefois effectué dans la définition de la mission de la *Bundeswehr.* Ainsi que le résume Hans Stark,

> « *la Bundeswehr joue [...] le rôle d'une agence de développement en uniforme, et doit éviter au maximum d'être entraînée dans des opérations de combat qui pourraient miner la confiance entre les soldats allemands et la population locale*[7] ».

---

[1] Stark Hans, *op. cit.,* p. 218.
[2] Meiers Franz Joseph, *op. cit.*, pp. 9-10.
[3] Böll Heinrich, "Guttenberg hält Bezeichnung "Krieg" für Treffend", *Der Spiegel*, 15 novembre 2009.
[4] Hammerstein Konstantin von, Hoyong Hans, *et al.*, "Das Afghanistan-Abenteuer", *Der Spiegel*, 20 novembre 2006.
[5] Münch Philipp, "Counterinsurgency in der Bundeswehr: Konzeption, Interpretation und Praxis", *S+F Sicherheit und Frieden*, n° 4/2010, pp. 211-216.
[6] Gross Heike, "Das ist auch euer Krieg !". Deutsche Soldaten berichten von ihren Einsätze, Francfort, S. Fischer Verlag GmbH, 2010, 207 p., p. 85.
[7] Stark Hans, *op. cit.*, p. 214.

La tâche principale des Allemands demeura « *d'établir des structures civiles politiques et sociétales dans le pays, et non d'engager le combat contre des insurgés dans des opérations d'attaque* »[1] selon Franz Joseph Meiers.

Ce refus de la réalité ressort également des propos de l'ancien inspecteur général de la *Bundeswehr*, le général Harald Kujat. Dans une interview à *Der Spiegel*, il explique que

> « *pendant trop longtemps nous n'avons pas accepté que l'adversaire combattît au sens militaire du terme et que nous devions combattre ainsi. [...] Nous sommes trop longtemps restés accrochés à l'argumentation selon laquelle il s'agissait d'une opération de stabilisation*[2] ».

Or, toujours selon le général Harald Kujat, ce déni a eu pour résultat l'absence de matériel adéquat au service des soldats pour faire face aux insurgés[3]. Si les dires du colonel Meyers sont véridiques[4], cette absence de prise de conscience de la réalité a également concerné le général de brigade Jürgen Weigt qui ignora en 2008 les demandes du colonel de véhicules blindés plus robustes pour ses hommes à Kunduz, peu de temps avant un attentat qui coûta la vie à deux soldats allemands. Or à l'époque de tels véhicules étaient stationnés à Mazar-i-charif.

Kunduz ou le rappel de la réalité

L'affaire du bombardement de Kunduz[5] de 2009 ainsi que l'aggravation continue de la situation dans le *RC North* fit cependant prendre conscience qu'un réexamen des objectifs de la *Bundeswehr* et des actions de la politique allemande était nécessaire. L'utilisation du mot « guerre » par le ministre de

---

[1] Meiers Franz Joseph, *op. cit.*, p. 8.

[2] Reinbold Fabian, "Ex-General erklärt Afghanistan-Einsatz für gescheitert", *Der Spiegel*, 7 octobre 2011.
"*Kujat sagte, man habe zu lange nicht akzeptiert, dass "der Gegner militärisch kämpft und wir militärisch kämpfen müssen". Weiter sagte er: "Die Argumentation, es gehe um einen Stabilisierungseinsatz, ist zu lange durchgehalten worden*".

[3] *Ididem.*

[4] Blasberg Anita, Willeke Stefan, "Das Kundus-Syndrom", *Die Zeit,* 8 mars 2010.

[5] DAP, "Opposition wirft Merkel schwere Fehler vor", *Der Spiegel*, 11 août 2011.
Le 4 septembre 2009, le colonel allemand Klein, commandement de la *PRT* de Kunduz, ordonnait une attaque aérienne sur deux camions-citernes soupçonnés d'être tombés aux mains des *talibans.* Le nombre de morts et de blessés diverge : selon l'OTAN cent quarante-deux personnes auraient été tuées ou blessées. Une sous-commission afghane avance le chiffre de quatre-vingt-dix-neuf tués, dont soixante-neuf *talibans* et trente civils, un chiffre proche de celui de la *Bundeswehr* de quatre-vingt-onze morts. D'autres sources indiquent le chiffre de cent trente-sept victimes.

la Défense Karl-Theodor zu Guttenberg[1] confirme le changement d'attitude, qu'évoque Hans-Georg Ehrhart, et qui se situe au tournant des années 2009-2010[2]. La mise en œuvre d'actions de contre-insurrection y compris dans la région Nord du pays avec la participation de troupes allemandes joua un rôle dans ce changement. Cette réévaluation des buts de la FIAS et de la mission des troupes de la coalition internationale présente à l'ombre de l'Hindu Kush ne se fit pas qu'en Allemagne. Il s'agit d'un constat que la majeure partie des membres de la FIAS firent vers la même période. Cela aboutit, en janvier 2010 lors de la conférence de Londres sur l'Afghanistan, à l'adoption de *Benchmarks,* critères servant à suivre au mieux et plus efficacement les objectifs que se fixe la coalition. De plus, la mission de la FIAS se concentra derechef essentiellement sur le soutien aux forces de sécurité du gouvernement afghan, ce qui initialement constituait la principale tâche de cette force. Pour l'Allemagne, cela impliqua l'abandon des chimères relatives aux droits de l'homme et de la femme. Ceci transparaît nettement dans le discours actuel des hommes politiques allemands où l'objectif d'un Afghanistan stable, capable d'assurer sa propre sécurité, a presque totalement pris la place de celui sur l'instauration d'un régime démocratique respectueux des droits de la femme.

L'introduction de ces critères et la réduction des objectifs recherchés par la FIAS dénotent une approche plus réaliste de la mission prenant plus en compte les caractéristiques de la société afghane, ainsi que le confirme l'expert Reiter du *MGFA*[3]. Cela signifie également l'acceptation par les dirigeants allemands de la mise en place d'un régime en Afghanistan plus conforme aux mœurs du pays, mais donc aussi moins proche d'une démocratie à l'occidentale. Les propos du ministre fédéral de la défense Thomas de Maizière soulignent ce point : « *Nous devons clairement constater qu'en Afghanistan une véritable démocratie n'a pas vu le jour et ne prendra peut-être jamais racine*[4] ». Ceci revient à reprendre ce que le

---

[1] Böll Heinrich, *op. cit.*

[2] Ehrhart Hans-Georg, "L'interaction civilo-militaire dans la politique de sécurité allemande : le cas de l'Afghanistan", *Note du Cerfa*, n° 91, 2011, Comité d'études des relations franco-allemandes, 33 p., p. 8.

[3] Borzillo Laurent, *La Bundeswehr,* tome II, *op. cit.,* pp. 61-65 : source anonyme, expert à l'institut de recherche militaire de la *Bundeswehr* (*Militärgeschichtliches Forschungsamt der Bundeswehr),* collaborateur du projet de recherche "*Einsatzarmee Bundeswehr*", entretien réalisé le 12 mars 2012.

[4] Gebauer Matthias, "Wir haben unsere Opferbereitschaft bewiesen", *Der Spiegel,* 23 décembre 2011. "*Wir müssen aber auch deutlich konstatieren, dass in Afghanistan keine richtige Demokratie entstanden ist und vielleicht auch dort nie Fuß fassen wird.*"

colonel Thomas Edward Lawrence suggérait il y a plus de quatre-vingts ans dans son ouvrage *L'Orient en mutation*[1] :

« *Il vaut mieux qu'ils le fassent à moitié plutôt que nous le fassions parfaitement pour eux. [...] Nous devons être prêts à les voir faire les choses avec des méthodes tout à fait différentes des nôtres, et moins bien* ».

Ce désenchantement[2], ainsi que le nomme le ministre de la Défense, Thomas de Maizière, fut douloureux. Il n'y a qu'à songer au fait que toute personne qui aurait proposé une telle approche, ne serait-ce qu'il y a deux ans, aurait été décrite comme défaitiste pour comprendre l'ampleur du changement opéré[3]. Des illusions et objectifs idéalistes de la politique allemande en Afghanistan, il n'est plus question[4]. Le résumé qu'en fait l'ancien représentant du gouvernement allemand pour l'Afghanistan Michael Steiner est assez explicite :

« *Nous nous sommes donné des objectifs inaccessibles et avons suscité des attentes irréalisables, ceci à partir d'une arrogante immodestie et en nous donnant des moyens inadaptés. Il nous a presque fallu une décennie, pour apprendre à avoir l'humilité nécessaire face à la réalité. Mais nous l'avons désormais fait*[5] »

Interrogations quant au processus de décision

Comment expliquer cependant cette absence de prise en compte de la réalité et des possibilités qui a perduré pendant de si nombreuses années. Comment se fait-il que le chancelier Gerhard Schröder ait cru que la mission de la FIAS pourrait s'achever au bout de cinq ans ou encore que l'instauration d'un régime démocratique à l'occidental était un objectif réalisable ? Il semblerait que, bien que l'Allemagne comptât en 2001 plusieurs spécialistes sur l'Afghanistan, aucun ne fut consulté par le gouvernement allemand avant la décision d'envoyer des troupes, selon l'expert Reiter : « *Une estimation détaillée des possibilités et des limites ne*

---

1 Lawrence Thomas Edward, *L'Orient en mutation,* dans *Guérilla dans le désert*, éditions complexe, 1992, 96 p., p. 82.

2 Gebauer Matthias, "Wir haben unsere Opferbereitschaft bewiesen", *op. cit.*

3 Borzillo Laurent, *La Bundeswehr*, tome II, *op. cit.*, pp. 61-65. "*Hätte jemand vor zwei Jahren solch begrenzte Ziele verlangt, wäre er als defätistisch bezeichnet worden.*"

4 Gebauer Matthias, "Wir haben unsere Opferbereitschaft bewiesen", *op. cit.* Kaim Markus, *op. cit.*

5 Beste Ralf, Demmer Ulrike *et al.*, "Ein Deutscher Krieg", *op. cit.* "*Wir hatten uns mit einer fast schon arroganten Unbescheidenheit mit unangemessenen Mitteln unrealistische Ziele gesetzt und unerfüllbare Erwartungen geweckt. Wir brauchten faste in Jahrzehnt, die nötige Demut vor der Realität zu erlernen. Aber das haben wir jetzt getan.*"

fut pas effectuée »[1]. Il explique cela par la difficulté de concilier des décisions politiques qui doivent être prises rapidement et la consultation d'experts[2]. Toutefois si cette analyse peut être valable pour ce qui est de l'*Operation Enduring Freedom*[3], elle ne peut l'être que difficilement pour ce qui est de la FIAS et de ses objectifs. Le fait que la conférence de Bonn, puis la résolution donnant mandat à la force internationale aient eu lieu en décembre soit presque trois mois après les attaques du 11 septembre infirme l'explication de l'expert Reiter. En outre, même en l'absence de consultation d'experts, les opérations dans les Balkans auraient dû convaincre les dirigeants allemands de la durée importante que prendrait une mission de stabilisation en Afghanistan. L'« *immodestie arrogante* » qu'évoque Michael Steiner s'explique peut-être en partie par le contexte international pour l'Allemagne au début des années 2000. Ayant de nouveau depuis peu Berlin comme capitale, affichant clairement ses prétentions à un siège permanent au conseil de sécurité de l'ONU et venant de participer à l'intervention au Kosovo sans mandat de l'ONU, mais afin d'éviter un nouvel Auschwitz[4], les politiques allemands se sont peut-être laissés enflammer par les événements ainsi que le narre *Der Spiegel*[5]. Toutefois, et ainsi que le rappelle l'expert Reiter, Berlin ne fut pas seul à s'investir dans l'opération en Afghanistan. L'erreur individuelle lui étant la plus imputable concerne donc plus le déni de la réalité de la situation sécuritaire entre les années 2005 et 2010.

Le rôle de la *Bundeswehr* tel que défini à présent dans le mandat de janvier 2010 du *Bundestag* consiste essentiellement à soutenir le gouvernement afghan dans l'objectif d'assurer la sécurité et de protéger la population, à prendre part à la réforme dans le secteur de la sécurité par l'apport de matériel et le partenariat avec les forces afghanes, à sécuriser l'environnement de travail des personnels des organisations internationales engagées dans la reconstruction, et à contribuer aux actions de coopération civilo-militaire[6].

---

[1] Borzillo Laurent, *La Bundeswehr,* tome II, *op. cit.*, pp. 61-65 : "*Aber eine wirklich umfassende Beurteilung der Möglichkeiten und Grenzen wurde nach meiner Wahrnehmung nicht geleistet.*"

[2] Borzillo Laurent, *La Bundeswehr,* tome II, *op. cit.*, pp. 61-65 : "*Das Problem ist wie man die Notwendigkeit eine rasche Entscheidung zu treffen und die Konsultation von Spezialisten in Einklang bringen kann.*"

[3] Néanmoins l'absence de demande initiale américaine telle que l'affirme *Der Spiegel* affaiblit la validité de cette affirmation.

[4] Propos tenus par Fischer afin de justifier l'intervention au Kosovo.

[5] Beste Ralf, Demmer Ulrike *et al.*, "Ein Deutscher Krieg", *op. cit.*

[6] Kaim Markus, *op. cit.*

2. Structure, moyens et effectifs du contingent allemand

Basées initialement dans Kaboul tout comme les autres forces de la FIAS, les troupes de la Bundeswehr ont peu à peu élargi leur périmètre d'action pour *in fine* se retrouver concentrées, voire « fixées » dans la partie nord du pays, ce qui ne fut pas sans provoquer quelques conflits et tensions entre membres de la force internationale.

Le dispositif allemand en Afghanistan

Au cours de la décennie écoulée et ce jusqu'à l'année dernière, les troupes de la *Bundeswehr*, tout comme celles de la FIAS n'ont cessé d'augmenter. De 1 200 soldats en 2002, les troupes allemandes atteignirent le nombre de 5 350[1] en février 2010, dont 350 ne furent cependant jamais déployés[2], ceci étant une force de réserve. La *Bundeswehr* a toujours constitué le troisième contingent des forces de la coalition internationale, après celui des États-Unis et celui du Royaume-Uni. Ce point souligne l'importance de l'engagement allemand en Afghanistan et de son dispositif.

	2002	2007	2008	2011
Effectifs de la FIAS[3]	5 000	18 000[4]	51 008[5]	132 000[6]
Effectif de la *Bundeswehr*	1 200	3 000[7]	3 340[8]	5 350

Limité aux environs de Kaboul initialement, l'engagement allemand en Afghanistan à partir de la prise de commandement du *RC North* par Berlin, en 2006, s'est concentré dans cette région réunissant neuf provinces[9]. Mazar-

---

[1] *Ibidem*, p. 6.
[2] Gros-Verheyde Nicolas, "La Bundeswehr ça va, ça vient…", *Bruxelles2*, 22 mars 2011.
[3] Ces chiffres ne concernent que la FIAS et non les troupes opérant dans le cadre de l'*Operation Enduring Freedom.*
[4] Bouilhet Alexandrine, "L'OTAN double ses effectifs en Afghanistan", *Le Figaro*, 8 juin 2006.
[5] Böckenförde Stephan, *op. cit.*, p. 314.
[6] Meiers Franz Joseph, *op. cit.,* Böckenförde Stephan, *op. cit.*, p. 8 et p. 314. Site de l'OTAN:
http://www.nato.int/nato_static/assets/pdf/pdf_2011_01/2011_02_13BBB0C1D42F4D0D886C390E9F14EBF3_ISAF-placemat-3Feb2011.pdf
[7] Meiers Franz Joseph, *op. cit.* Böckenförde Stephan, *op. cit.*, p. 8 et p. 314.
[8] Böckenförde Stephan, *op. cit.*, p. 314.
[9] Site Internet de la *Bundeswehr* sur les opérations extérieures.
http://www.einsatz.bundeswehr.de/portal/a/einsatzbw/!ut/p/c4/LcgxDoAgDEbhs3gBurt5C3UhP1q0gRQTqiScXgfzpu_RSlKRw6YFEWmmZZNxtBcaDt7Fq2w_hHJbs75X2ydHeJxQqUa1lnG4qUi0pWm4QWiPd-F/

i-Charif fut et est encore la base centrale utilisée par la *Bundeswehr*. Les autres bases allemandes se situaient à Feyzabad, à Kunduz et, à terme en Ouzbékistan[1]. À la suite des deux récents mandats votés par le *Bundestag* amorçant le processus de retrait, la *Bundeswehr* ne comptabilise désormais plus que 4 304 soldats (effectifs de mai 2013)[2].

De nombreux soldats furent affectés aux *Provincial Reconstruction Teams*[3] sous commandement allemand présentes dans le *RC North*. Initialement rattachées à l'*Operation Enduring Freedom*, et créées en novembre 2003 et en septembre 2004, les *PRTs* de Kunduz et Feyzabad, possédaient – et possède encore pour ce qui est de celle de Kunduz – tant une composante civile que militaire en leur sein[4]. Les militaires présents dans la *PRT* ont pour mission d'instaurer un environnement suffisamment sécurisé pour permettre des opérations de reconstruction mises en œuvre par la partie civile, dans l'objectif de développer la coordination avec les pouvoirs locaux, régionaux et centraux et les organisations civiles d'aide au développement. Au sein de ces *PRTs*, plusieurs ministères fédéraux prennent part aux tâches planifiées et poursuivies, à savoir les ministères de l'Intérieur, de la Défense, des Affaires étrangères, de l'Économie, ainsi que celui de la coopération économique et du développement[5]. Complétant l'action des *PRTs*, une *Provincial Advisor Team* à Taloqan a été instaurée par l'Allemagne en février 2008[6], constituée d'un personnel de cinquante personnes composé pour moitié de militaires et pour l'autre moitié de personnel de la *GIZ*[7]. Ces équipes ont fait partie intégrante de l'image d'opération de reconstruction et de stabilisation en cours en Afghanistan qui

---

[1] Si les deux dernières sont toujours en activité et utilisées par la *Bundeswehr*, cela n'est plus le cas pour celle de Feyzabad. Dans le cadre du processus de retrait, les troupes de la *Bundeswehr* ont quitté définitivement cette base en novembre 2012, laissant l'armée afghane prendre possession de celle-ci. Dewitz Christian, "Ein Lackmustest für die Bundeswehr", 19 novembre 2012.
http://www.bundeswehr-journal.de/2012/ein-lackmustest -fur-die-bundeswehr/

[2] Site Internet de la FIAS :
http://www.bundeswehr.de/portal/a/bwde/!ut/p/c4/04_SB8K8xLLM9MSSzPy8xBz9CP3I5EyrpHK9pPKUVL3UzLzixNSSKiirpKoqMSMnNU-_INtREQD2RLYK/

[3] *PRT*.

[4] La *PRT* de Feyzabad fut dissoute en novembre 2012. Celle de Kunduz demeure encore en activité. Site Internet de la *Bundeswehr* :
http://www.bundeswehr-journal.de/2012/ein-lackmustest -fur-die-bundeswehr/
Leboeuf Aline, "Entre développement et sécurité : les interventions allemandes en crise", *Focus stratégique*, n° 13, Institut Français des Relations internationales, janvier 2009, 51 p., p. 14.

[5] *Ibidem*.

[6] *Ibid.*, p. 15.

[7] *Deutsche Gesellschaft für internationale Zusammenarbeit*. Agence de coopération technique allemande pour le développement, financée par le *BMZ*.

a longtemps prévalu à Berlin en accord avec le concept de sécurité en réseau[1] et qui indirectement a suscité de nombreuses critiques de la part d'autres membres de l'OTAN sur l'absence de participation de l'Allemagne aux missions de combats. Le succès et les échecs de ces équipes seront abordés ultérieurement[2].

Cependant ces quatre dernières années et suite à la redéfinition des objectifs, l'engagement allemand dans le nord de l'Afghanistan s'est astreint à des tâches faisant oublier l'image « *d'agence de développement en uniforme* » ainsi que le rapportait Hans Stark[3]. En plus d'avoir transféré les *KSK* à Kunduz et d'avoir augmenté ses effectifs[4], l'Allemagne a assuré la force de réaction rapide stationnée dans le *RC North* de juillet 2008 à octobre 2010[5]. Deux bataillons de formation et de protection sont créés en 2010[6] et principalement déployés à Kunduz et au sud de la province de Baghlan[7].

Points d'appui et logistique

La base de Termez de la *Bundeswehr* construite à la suite d'un accord entre Berlin et Tachkent en février 2002 permet d'assurer l'approvisionnement et le transport de troupes entre l'Allemagne et l'Afghanistan. Elle a été conçue également comme point de repli en cas d'évacuation d'urgence[8]. Cette coopération n'est pas exempte de contempteurs, du fait du caractère peu démocratique du régime du président ouzbek Islom Kamirov mais aussi de par le suivi des mouvements allemands que semble pratiquer la Russie, ainsi que le rapporte un officier allemand[9] :

> « *pour nous militaires, le problème aussi est que lorsque l'on affrète un avion ou qu'un avion arrive, on est dans l'obligation de faire des copies de notre passeport militaire pour les autorités locales. Or on sait que c'est automatiquement envoyé en Russie... d'office et cela ne nous plait pas tellement. Ils savent exactement le nombre de personnes qui transite* ».

La coopération avec les Ouzbeks bien que ne rencontrant pas de grandes difficultés depuis plus de dix ans est toutefois sujette à certains désagréments pour les Allemands selon cet officier[10].

---

[1] *Vernetzte Sicherheit.*
[2] Voir *infra,* pp. 46-50.
[3] Stark Hans, *op. cit.*, p. 214.
[4] Ehrhart Hans-Georg, *op. cit.,* p. 16.
[5] Beste Ralf, Demmer Ulrike *et al.*, "Ein Deutscher Krieg", *op. cit.*
[6] Ehrhart Hans-Georg, *op. cit.,* p. 19.
[7] Gebauer Matthias, Fischer Sebastian, "Antreten zum Abmarsch", *Der Spiegel,* 23 juin 2011.
[8] Kaim Markus, *op. cit.*, p. 7.
[9] Borzillo Laurent, *La Bundeswehr,* tome II, *op. cit.,* pp. 101-106 : source anonyme, officier de la *Luftwaffe*, entretien réalisé en janvier 2012.
[10] *Ibidem.*

La *Bundeswehr* utilise plusieurs moyens pour son ravitaillement. D'après les propos d'officier d'état-major allemand[1], les armes et les munitions sont acheminées par voies aériennes, le reste pouvant l'être par la route ou par la voie de chemin de fer qui relie Mazar-i-Charif au sud de l'Ouzbékistan. Selon cet officier, le tunnel de Salang et l'approvisionnement par le Sud sont peu utilisés par la *Bundeswehr*. Selon un autre officier allemand[2], afin de pouvoir ravitailler ses troupes en essence la *Bundeswehr* serait dans l'obligation de payer les *talibans* ou du moins de leur fournir un pourcentage de l'essence entrant dans le pays. Cela est-il toujours le cas ? Il nous est impossible d'y répondre. En outre, s'agissait-il de *talibans* ou bien de seigneurs de guerres locaux ? Si cette affirmation s'avère véridique, elle compléterait les dires d'Hans Stark selon lesquels la *Bundeswehr*, afin d'obtenir une situation sécuritaire peu agitée, aurait négocié avec des seigneurs de guerre. Quant aux données fournies par le premier officier allemand cité, elles tendent à indiquer que pour ce qui est de l'acheminement terrestre du ravitaillement des troupes allemandes, la *Bundeswehr* n'utilise qu'un nombre restreint de voies différentes.

Dans le cadre de sa mission en Afghanistan, la *Bundeswehr* fait appel à des prestataires privés dans le domaine de la logistique opérationnelle et du transport. Ceci s'explique selon Christophe Pajon et Jan Stöber par les insuffisances[3] rapidement constatées en termes d'effectifs et de matériel. Afin de palier promptement ceux-ci, l'armée allemande a fait le choix de recourir à des entreprises privées. Des contrats avec ces divers prestataires ont été signés au fil des ans : avec *Royal Dutch Shell* pour la gestion de l'approvisionnement en carburant, ou encore avec *Supreme Food AG*, responsable de la restauration des soldats en opérations et de l'acheminement des denrées[4]. Selon l'étude menée par Christophe Pajon et Jan Stöber, les militaires allemands semblent être satisfaits de la qualité de ces prestations, particulièrement en ce qui concerne *Supreme Food AG*[5]. Le rapport[6] du commissaire parlementaire aux forces armées de 2011 est plus critique sur la question, et évoque même un cas d'intoxication alimentaire

---

[1] Borzillo Laurent, *La Bundeswehr*, tome II, *op. cit.*, pp. 78-80 : officier d'état-major allemand, porte-parole au Centre de commandement des opérations de la *Bundeswehr* (*Einsatzführungskommando der Bundeswehr)*, entretien réalisé le 29 mars 2012.

[2] *Ibidem*, pp. 101-106.

[3] Pajon Christophe, Stöber Jan, "L'économisation de la Bundeswehr : de la modernisation à l'externalisation, en passant par la privatisation ?", *Sécurité globale* n° 8, 2009, éditions Choiseul, pp. 99-113, p. 106.

[4] Pajon Christophe, Stöber Jan, *op. cit.*, p. 108.

[5] *Ibidem.*

[6] Deutscher Bundestag, *Jahresbericht 2011 des Wehrbeauftragten*, 24 janvier 2012, 80 p, pp. 19-20.

ayant touché cent quarante soldats allemands[1]. Ainsi que Christophe Pajon et Jan Stöber le présentent, « *la Bundeswehr bénéficie par ailleurs dans le domaine militaire des prestations résultant d'un contrat de l'OTAN, signé avec un prestataire de services privés*[2] ». La société Thalès chargée des systèmes de communication par satellite et des infrastructures informatiques détient un tel contrat[3].

La sécurité de ces prestataires est prise en charge par la *Bundeswehr* qui considère cette tâche comme faisant partie de son cœur de métier. Toutefois certaines entreprises choisissent d'assurer d'elles-mêmes la sécurité de leurs collaborateurs lorsque ceux-ci ne se trouvent pas dans l'enceinte d'une base militaire. Ainsi Thalès aurait recours à une société de sécurité française. Quant à *Supreme Food AG*, selon l'étude évoquée précédemment, elle utilise « *ses propres forces de sécurité lorsque ses convois traversent des zones particulièrement dangereuses, comme la frontière afghano-pakistanaise*[4] ». Il ne peut être question d'affirmer ceci, le manque de données l'interdisant, mais il semblerait aux dires d'un officier supérieur allemand[5], que dans le cadre des contrats qui sont passés, le prestataire est libre d'accomplir son travail tel qu'il entend, *id est* le choix d'une entreprise privée de sécurité par le prestataire ne concerne pas la *Bundeswehr*. En outre, il ne semble pas qu'il y ait une étroite coopération et coordination entre les forces de la *Bundeswehr* et ces sociétés de sécurité privée.

Les moyens aériens à disposition de la Bundeswehr

D'avril 2007 à novembre 2010 des avions Tornados participèrent à des missions de reconnaissance aérienne sur l'ensemble de l'espace aérien afghan[6]. En janvier 2011, les alliés de l'Allemagne lui demandèrent de prendre part aux vols de reconnaissance d'*Awacs*, ce qu'elle refusa, argumentant que ces missions ne nécessitent pas un soutien en personnel allemand[7], mais elle se ravisa par la suite en mars de la même année dans le

[1] Les noms des entreprises concernées n'étant pas mentionnés dans le rapport du commissaire parlementaire aux forces armées, il se peut qu'il ne s'agisse pas du prestataire *Supreme Food AG* précité.

[2] Pajon Christophe, Stöber Jan, *op. cit.*, p. 109.

[3] *Ibidem.*

[4] *Ibid.*

[5] Borzillo Laurent, *La Bundeswehr,* tome II, *op. cit.*, pp. 78-80.

[6] Beste Ralf, Demmer Ulrike *et al.*, "Ein Deutscher Krieg", *op. cit.*

[7] Beck Ernest-Reinhard, "Deutschland ist und bleibt ein verlässlicher, starker Bündnispartner", *CDU/CSU*, 25 mars 2011. http://www.cducsu.de/Titel__rede_deutschland_ist_und_bleibt_ein_verlaesslicher_starker_buendnispartner/TabID__1/SubTabID__2/InhaltTypID__2/InhaltID__18345/Inhalte.aspx45/Inhalte.aspx

contexte de la guerre en Libye conduite par l'OTAN et envoya trois cents soldats supplémentaires[1].

Afin d'appuyer les troupes de la *Bundeswehr*, la version allemande de l'hélicoptère Tigre, le *KHS*[2], était censée selon le général de brigade Jürgen Setzer intervenir en Afghanistan en octobre 2012, soit trois ans après l'entrée en action de la version française dite HAP[3]. Cela devait permettre à la *Bundeswehr* d'assurer elle-même dans les combats, un appui aérien à ses troupes, qui jusqu'ici était effectué par d'autres pays de l'OTAN en particulier par les Américains, ce qui pouvait induire un délai d'attente d'intervention potentiellement mortel, si l'on en croit Kazim Hasnain[4]. Outre les régiments allemands d'aviation légère, l'école franco-allemande[5] de formation de pilotes Tigres participe à ce projet de déploiement. En janvier 2012, dans le cadre des entretiens menés pour cet ouvrage, un officier supérieur allemand, spécialiste des hélicoptères Tigre[6] ainsi qu'un officier français[7] confirmèrent les propos du général Jürgen Setzer. L'officier allemand précisa que le *KHS* était en train d'être adapté au théâtre d'opérations afghan. Toutefois selon l'officier français afin de tenir ces délais, des instructeurs de l'école se trouveraient en stage pour rejoindre l'Afghanistan[8], le nombre de pilotes allemands formés n'étant point suffisant. *In fine*, du fait de diverses raisons, ce n'est qu'en janvier 2013 que le premier Tigre allemand fut déployé en Afghanistan[9]. Ce retard avait en fait été anticipé dès la mi-2012[10].

Au-delà de la dépendance à l'égard des forces américaines à laquelle les soldats de la *Bundeswehr* furent soumis durant le second semestre 2012, compte tenu du retard dans le déploiement des Tigres, certains émettent des critiques à l'égard de la version allemande de cet aéronef et doutent de la

---

[1] Gros-Verheyde Nicolas, "La Bundeswehr ça va, ça vient…", *op. cit.*

[2] *Kampfhubschrauber.*

[3] Hélicoptère d'appui et de protection.

[4] Kazim Hasnain, "Offiziere halten "Tiger" für unbrauchbar", *Der Spiegel*, 28 juin 2012.

[5] EFA.

[6] Borzillo Laurent, *La Bundeswehr,* tome II, *op. cit.*, pp. 81-87 : Source anonyme, officier supérieur allemand, spécialiste des hélicoptères Tigre, entretien réalisé en janvier 2012.

[7] *Ibidem,* pp. 88-91. Source anonyme, officier supérieur français de l'école franco-allemande de formation des équipages Tigre, entretien réalisé en janvier 2012.

[8] *Ibidem.*

[9] Wiegold Thomas, "Deutsche Tiger in Afghanistan uneingeschränkt einsatz-bereit", *Augengeradeaus*, 31 janvier 2013.
http://augengeradeaus.net/2013/01/deutsche-tiger-in-afghanistan-uneingeschrankt-einsatzbereit/

[10] Gebauer Matthias, "Kampfhubschrauber kommt Monate zu spät", *Der Spiegel*, 26 juin 2012.

pertinence de son emploi en Afghanistan en pointant le fait qu'il demeure, contrairement à la version française, une arme antichar. Ci-dessous, voici un extrait relatif à l'utilité et à l'adaptation du modèle allemand du Tigre aux scénarii de combats dans l'Hindu Kush issu de l'entretien mené avec l'officier allemand, spécialiste des hélicoptères Tigre[1] :

> « *Question : Mais le KHS sera-t-il adapté ? Il est conçu comme une arme antichar ou contre des bunkers, or en Afghanistan ce type de cible ne fait pas partie de celles combattues.*
>
> *Officier : En comparaison avec le HAP [...], le système d'armes allemand est multifonctionnel. Ainsi, alors que le HAP dispose de trois types d'armements différents [...], à savoir le canon, les roquettes et les systèmes de défense air-air, la version allemande du TIGRE sert de plateforme à cinq types d'armes différents qui peuvent être emportés en fonction de la mission. En remplacement du canon français, la version allemande dispose d'une mitrailleuse lourde, de roquettes et également d'un système de roquettes contre les menaces aériennes. Par ailleurs, la version allemande du TIGRE dispose de missiles filoguidés permettant de combattre les cibles avec précision, y compris la cible blindée, où il convient de noter que là aussi, l'équipement est prévu avec un système de roquettes de longue portée de la catégorie "fire and forget". En Afghanistan, aussi bien la mitrailleuse lourde, le missile HOT que les roquettes peuvent être engagés.*
>
> *Question : Donc on peut imaginer en Afghanistan un appui aux troupes au sol assuré par le KHS ?*
>
> *Officier : Oui, je peux très bien l'imaginer [...]. Par ailleurs, grâce aux excellentes possibilités de reconnaissance de la version allemande du TIGRE, de jour comme de nuit, il sera possible de détecter en amont et à grande distance les menaces potentielles pour les troupes au sol, de les identifier, et, en fonction de la situation, d'y faire face ou simplement de les éviter ou de les contourner. C'est là une mission principale du TIGRE allemand que de mettre à disposition des troupes en temps opportun des résultats obtenus à la suite de missions de reconnaissance, lesquels revêtent une importance élevée pour permettre aux troupes d'effectuer leur propre analyse de la situation en temps réel, de jour comme de nuit.* »

Or, selon Hasnain Kazim[2], des officiers contesteraient l'appareil, lui reprochant tant des faiblesses dans l'armement que son inadéquation aux opérations que mène la *Bundeswehr*. Pour eux, le modèle allemand demeure un appareil pour les combats contre des blindés et n'est pas adapté aux conditions de la guerre asymétrique telle que vécue par les soldats de l'OTAN en Afghanistan. Leur principal reproche quant à l'armement concerne la mitrailleuse de 12,7 mm se trouvant à l'avant de l'appareil qui diffère du canon de 30 mm installé sur une tourelle présente sur la version française. Selon eux non seulement la mitrailleuse aurait une portée

---

[1] Borzillo Laurent, *La Bundeswehr*, tome II, *op. cit.*, pp. 81-87.
[2] Kazim Hasnain, "Offiziere halten "Tiger" für unbrauchbar", *op. cit.*

inférieure de moitié à celle du canon[1], mais son absence de mobilité oblige le *KHS* à faire face à sa cible, à l'inverse du HAP qui en est dispensé grâce à la tourelle sur laquelle le canon est positionné. Les premiers mois d'engagement des *KHS* n'ont pas encore fourni suffisamment de données, permettant d'infirmer ou non ces critiques. Si ces reproches venaient à se vérifier, cela remettrait en cause l'appui que cet appareil devait apporter en théorie aux troupes lors de combats. Toutefois en se fondant sur les propos de l'officier allemand, le *KHS* pourrait se révéler être un outil de reconnaissance très utile pour les troupes de la *Bundeswehr*.

Certains officiers français mettent par ailleurs en doute les comportements des équipages allemands s'ils venaient à être confrontés à des combats[2]. Leur scepticisme porte non pas sur leurs compétences techniques, mais sur leur préparation psychologique à des opérations mêlant un appui aérien rapproché. « *Techniquement certes ils le sont* [prêts] *ou le seront, je ne m'inquiète pas pour cela, mais sur le terrain je ne suis pas certain de leur fiabilité d'un point de vue psychologique face au feu*[3] ». Leurs analyses se fondent sur la nouveauté que ce type d'opération représenterait pour les soldats allemands, ceux-ci ne s'étant jamais retrouvés engagés dans des combats relevant de cette configuration. Seul le prochain retour d'expérience issu de l'engagement des premiers *KHS* pourra lever ces doutes. Si ces doutes venaient à être levés, cela constituerait une preuve des capacités de la *Bundeswehr* à engranger rapidement de l'expérience dans des opérations extérieures malgré son historique d'armée cantonnée à la défense du territoire de la République fédérale.

Malgré l'arrivée sur le théâtre afghan du tout premier hélicoptère de transport type NH-90 en avril 2013[4], la *Bundeswehr* demeure toujours dépendante de l'aide des appareils américains[5], pour l'évacuation de ses blessés. Ainsi que le soulignent Hans-Georg Ehrhart[6] et Matthias Gebauer[7], au sein du *RC North,* l'engagement des troupes allemandes bénéficie de

---

[1] Le canon atteindrait une cible à plus de deux mille mètres.
[2] Borzillo Laurent, *La Bundeswehr*, tome II, *op. cit.*, pp. 81-87.
[3] *Ibidem*, pp. 120-130. Source anonyme, officier supérieur français, ayant participé aux travaux de la commission franco-allemande relative à la création de l'EFA et des hélicoptères Tigre à la fin des années 1990, entretien réalisé en décembre 2011.
[4] Site de la *Bundeswehr*:
http://www.einsatz.bundeswehr.de/portal/a/einsatzbw/!ut/p/c4/LYxRC4JAEIT_0a0XxVFvmi-99lL2EqtutnTuybkmSD--E5yBgZkPBh6QLPjlDpWDoIc7VA2f6tnUc0tPYhlRl1TxoxN5v02kCxl8dW8UHhUFbutRS6YJQrqmkiin7CJqiGYIUf1KphgTMdxCldmysG6fbbK_ozucc7dzWXkprjD0ff4HHtEVlA!!/
[5] Borzillo Laurent, *La Bundeswehr,* tome II, *op. cit.*, pp. 107-110. Source anonyme, officier supérieur français, entretien réalisé en avril 2012.
[6] Ehrhart Hans-Georg, *op. cit.*, p. 9.
[7] Gebauer Matthias, "De Maizière pocht auf koordinierten Abzug", *Der Spiegel*, 14 mars 2012.

l'appui de cinq mille hommes des forces armées américaines ainsi que d'unités des forces spéciales des États-Unis. Selon Matthias Gebauer, sans eux la situation sécuritaire pour la *Bundeswehr* dans le nord du pays serait moins positive. Cette dépendance à l'égard des troupes américaines a provoqué une profonde appréhension au sein de l'état-major allemand lorsque les États-Unis ont fait mention de leur volonté de retirer des troupes d'Afghanistan, celui-ci craignant de ne plus pouvoir compter sur les moyens et forces américaines présents dans le nord. Cette situation amène deux jugements divergents. Pour le ministre allemand de la Défense cette dépendance n'est que la résultante du caractère international de la FIAS et de l'entraide entre membres de l'OTAN : une sorte d'application des principes de *Pooling and Sharing* et de *Smart Defence*, couramment répandus dans les couloirs de Bruxelles de nos jours. Pour d'autres tel Matthias Gebauer, cela met en évidence le fait que sans l'aide américaine la *Bundeswehr* ne saurait être opérationnelle en Afghanistan[1].

La question du mandat et des caveats

Les mandats du *Bundestag* ont été la source de tensions entre la *Bundeswehr* et ses alliés. Nombreux sont ceux qui ont estimé que ceux-ci étaient trop restrictifs et remettaient en question l'efficacité des soldats déployés par l'Allemagne en Afghanistan et limitaient les possibilités d'actions de la FIAS. Limitées au *RC North* et à Kaboul, les troupes de la *Bundeswehr* n'ont jamais été stationnées dans le sud et l'est du pays, et ce malgré les demandes insistantes de la part d'autres membres de l'OTAN, qui souhaitaient dès 2006 que les Allemands quittent ce qu'ils considéraient comme un havre de paix au Nord du pays, pour venir véritablement affronter les *talibans*[2]. Qui plus est, des *caveats* relatifs aux actions des troupes allemandes remettaient en question l'utilité de ces dernières. Ces autolimitations ont concerné les *PRTs* dans leurs actions aux dires d'Hans-Georg Ehrhart[3]. Selon le journaliste Nicolas Gros-Verheyde[4], les militaires allemands en 2009 ne pouvaient quitter leur campement pour des patrouilles durant la nuit. Ils ne participaient également pas aux opérations de lutte contre la culture et le trafic de pavot.

Les arguments de Berlin pour justifier le cantonnement de ses militaires dans le *RC North* ont reposé ainsi que cela a été dit précédemment sur la

---

[1] Gebauer Matthias, "Bundeswehr bleibt einsatzbereit – dank Amerika", *Der Spiegel,* 6 octobre 2011.

[2] Böckenförde Stephan, *op. cit.*, p. 315. Leboeuf Aline, *op. cit.,* p. 23. Hammerstein Konstantin von, Hoyong Hans, *op. cit.* Meiers Franz Joseph, *op. cit.*, p. 8.

[3] Ehrhart Hans-Georg, *op. cit.*

[4] Gros-Verheyde Nicolas, "Les interventions allemandes de crise, en crise ?", *Bruxelles2,* mars 19, 2009.

croyance que la situation calme que la région connaissait, était due essentiellement à l'action de ses hommes et à son approche de sécurité en réseau. En outre, Berlin mit en avant le fait qu'un redéploiement en catastrophe aurait pu remettre en cause la situation dans le *RC North*[1]. Toutefois afin d'atténuer les critiques à son égard le gouvernement allemand accepta que des avions Tornado participent à des missions de reconnaissance dans le sud et l'est. À partir de 2006, Berlin accepta également qu'en cas de situation d'urgence des troupes terrestres de la *Bundeswehr* soient mises à disposition des alliés dans d'autres parties du pays[2]. L'augmentation progressive du nombre de troupes allemandes en Afghanistan obéirait tout autant à cette volonté de satisfaire les autres membres de l'OTAN selon Stefan Böckenförde[3]. Les derniers mandats approuvés par le *Bundestag* réaffirment certes la présence de la *Bundeswehr* essentiellement dans le *RC North* et à Kaboul, mais autorisent également des déploiements temporaires dans d'autres parties du pays si cela venait à être nécessaire[4]. Ainsi que l'explique le colonel Claus Wessel-Tolvig[5], les mandats de la *Bundeswehr* ont considérablement évolué ces dernières années et nombre d'anciennes critiques qui leur étaient adressées ne sont plus valables. Néanmoins si ces restrictions géographiques venaient à disparaître, cela permettrait une meilleure gestion des forces de la FIAS et constituerait un signal fort de l'engagement allemand selon Markus Kaim[6].

---

[1] Meiers Franz Joseph, *op. cit.*, p. 8.
[2] *Ibidem*, p. 9.
[3] Böckenförde Stephan, *op. cit.*, p. 314.
[4] Kaim Markus, *op. cit.*, p. 6.
[5] Borzillo Laurent, *La Bundeswehr,* tome II, *op. cit.,* pp. 143-147 : Colonel Wessel-Tolvig Claus, attaché de défense à l'ambassade du Danemark en Allemagne, entretien réalisé le 29 février 2012.
[6] Kaim Markus, *op. cit.*, p. 18.

CHAPITRE II

UN ENGAGEMENT AU SERVICE DE LA POPULATION AFGHANE ?

1. Application du concept de sécurité en réseau

Dès 2002, le gouvernement allemand chercha tant dans sa communication de l'opération que dans ses activités, à accomplir une mission avant tout de reconstruction de l'Afghanistan. Cette volonté eut lieu parallèlement au développement de concepts spécifiques liés à la résolution des crises et à leur mise en œuvre en Afghanistan. Cela eut malheureusement pour impact de prêter à la *Bundeswehr* une image éloignée de celle de forces armées.

Mise en œuvre des leçons yougoslaves

Ainsi qu'en ex-Yougoslavie, la *Bundeswehr* a mis en œuvre en Afghanistan des mesures appartenant au domaine des actions de coopération civilo-militaire dites ACM, ou *CIMIC*[1]. Mais selon Michael Paul, les moyens financiers engagés et le nombre de personnes chargées de ce type d'actions furent assez limités en Afghanistan, en comparaison de ce que la *Bundeswehr* avait mis à disposition pour ce type d'action au Kosovo[2]. En 2008, trente-six soldats étaient comptabilisés comme relevant des forces dites de *CIMIC* en Afghanistan. Au Kosovo, sur une superficie, six fois inférieure à celle sur laquelle la *Bundeswehr* est déployée dans le *RC North*, soixante-sept soldats étaient considérés comme membres des forces relevant de la *CIMIC*. Au-delà du manque de moyens dont Michael Paul fait le reproche, il souligne l'inefficacité des actions de coopération civilo-militaire en Afghanistan à cause des règles auxquelles les rares membres de ces troupes relevant de la *CIMIC* sont soumis en ce qui concerne leurs mouvements. Il s'agit principalement de mesures n'autorisant les déplacements hors des camps de base de la *Bundeswehr* qu'avec des forces de protection et dans des véhicules blindés. Mises en place afin de protéger les militaires allemands, elles génèrent des effets contraires aux objectifs de la *CIMIC* visant à créer des contacts avec la population. Selon Hans-Georg Ehrhart, outre la faiblesse de ses actions au regard de ce qui avait été exécuté

[1] *Civil-military co-operation.*
[2] Paul Michael, "Zivil-militärische Interaktion im Auslandseinsatz", *Aus Politik und Zeitgeschichte,* N°48/2009, pp. 29-35, pp. 34-35.

en Bosnie-Herzégovine [1] – analyse partagée par Michael Paul – l'efficacité des *Quick Impact Projects*, réalisés par les *PRTs* allemandes, qui sont justement des actions cadrant avec le concept d'ACM, est discutable.

Les Provincial Reconstruction Teams

Ce manque de moyens alloués aux actions classiques dites de coopération civilo-militaires de la part de l'Allemagne s'explique sans doute par l'investissement consenti par celle-ci au sein des *PRTs*. Créées par les Américains dans le cadre d'une stratégie de stabilisation selon une approche globale, elles sont le résultat de la combinaison des politiques de développement, de sécurité ainsi que de la politique étrangère, et servent d'appui aux forces armées dans un environnement de contre-insurrection[2]. Pour les Allemands, selon Hans-Georg Ehrhart,

> « *les PRTs revêtent un fort pouvoir symbolique pour la politique allemande, parce que leur dyarchie civilo-militaire – composée d'un représentant du ministère allemand des Affaires étrangères (direction civile) et d'un autre de la Bundeswehr (direction militaire) – est l'expression la plus nette d'une approche interconnectée qui vise à stabiliser de manière globale et durable un pays et non à lutter contre des insurrections*[3] ».

Pour Berlin les *PRTs* ont donc peu à voir avec un concept de contre-insurrection. Pour les dirigeants allemands, elles représentent l'occasion de mettre en œuvre leurs concepts de sécurité en réseau et de prévention de crise créés entre 2002 et 2006, visant à agir en coordonnant les mêmes politiques que celles citées précédemment dans la conception américaine, mais où, à l'inverse de cette dernière, l'aspect militaire est mis en retrait et en s'appuyant sur les acteurs civils du développement. Cette mise en retrait de l'outil militaire se retrouve dans les nombreux discours d'hommes politiques allemands réitérant l'assertion suivante, selon laquelle l'outil militaire ne peut seul résoudre les crises.

L'investissement de l'Allemagne envers ces équipes se retrouve dans le nombre de personnes rattachées à celles-ci, supérieur à celui des *PRTs* américaines ou britanniques. En moyenne, ces équipes ne regroupent que quatre-vingts à cent personnes selon Hans-Georg Ehrhart. La *PRT* de Kunduz comptait fin 2011 quatre-cent-cinquante membres et celles de Feyzabad trois-cent-cinquante[4]. Chacune *PRT* regroupe des membres des ministères de l'Intérieur, de la Défense, des Affaires étrangères, de l'Économie, ainsi que celui de la coopération économique et du

---

[1] Ehrhart Hans-Georg, *op. cit.*, p. 14.
[2] *Ibidem*, p. 11.
[3] *Ibid.*
[4] Ehrhart Hans-Georg, *op. cit.*, p. 12.

développement. Le responsable civil de la PRT ne semble pas posséder d'autorité hiérarchique sur les collaborateurs issus des ministères fédéraux de l'Intérieur et de la coopération économique[1]. Les missions des *PRTs* recouvrent plusieurs tâches relevant des actions de coopération civilo-militaire. Ci-dessous, voici une énumération de celle-ci à partir des travaux d'Hans-Georg Ehrhart :

> « *Le travail de liaison politique et de persuasion dans les structures provinciales, policières et militaires lors de la mise en œuvre de la politique du gouvernement central ; l'entretien de contacts avec la population par des patrouilles de proximité ; le soutien à la mise en place de la police, de la police aux frontières et de l'armée ; la contribution aux efforts de désarmement, de démobilisation et de réintégration des anciens combattants ; les offres de service pour la construction des structures d'État de droit ; le soutien à la représentation locale de la Mission d'assistance des Nations unies en Afghanistan (MANUA) dans la mise en œuvre des étapes du processus de Petersberg ; le soutien aux élections, à la société civile et aux médias indépendants ; la coopération pour le développement dans le domaine de la reconstruction des infrastructures à forte main-d'œuvre ; la mise en place de sources alternatives de revenus ; la structuration du microcrédit ; la construction d'institutions étatiques efficaces*[2]. »

Le bilan des *PRTs* allemandes semble loin d'être positif toutefois. Selon Aline Leboeuf, leur fonctionnement serait trop bureaucratique et la distinction entre les rôles des civils et des militaires qui la composent, trop floue, entraînant une certaine confusion. Dans son étude, elle rapporte même les reproches qui leur sont adressés dans la dégradation de la situation sécuritaire dans le nord. Elle précise cependant que selon d'autres sources, les actions des *PRTs* ont contribué à limiter cette détérioration[3]. Lors de la conférence pour la sécurité de Munich de 2011, le président Karzai a remis en cause ces équipes, qui à l'en croire seraient contre-productives et constitueraient désormais des obstacles au renforcement du gouvernement afghan[4]. Le récit de l'ancien commandement de la *PRT* de Feyzabad, le colonel Arthur Schwittalla, souligne l'absence dans les projets menés de moyens financiers relatifs à la période d'appropriation par les Afghans des structures édifiées[5]. Cela a rapidement pour conséquence l'abandon de celle-ci. En outre, les projets du ministère de la Coopération souffrent d'une durée trop longue de mise en œuvre. Evoquant une promesse de l'ancienne ministre de la Coopération Heidemarie Wieczorek-Zeul, de construire des

[1] *Ibidem,* p. 14.
[2] *Ibid,* p. 13.
[3] Leboeuf Aline, *op. cit.*, p. 15.
[4] Ehrhart Hans-Georg, *op. cit.*, p. 16.
[5] Schwitalla Arthur, *Afghanistan, jetzt weiß ich erst ... : Gedanken aus meiner Zeit als Kommandeur des Provincial Reconstruction Team FEYZABAD*, Berlin, Hartmann Miles-Verl, 2010, 268 p., p. 120.

écoles pour un budget total de dix millions d'euros, le colonel raconte que ce n'est qu'au bout de quatorze mois que les bâtiments sortirent de terre[1]. Depuis lors, des progrès semblent avoir été effectués selon un membre du *BMZ*[2]. De plus, il ne faut pas oublier que ces projets doivent suivre des procédures inspirées par le droit allemand, mais également recevoir l'aval des autorités afghanes et qu'ils nécessitent de trouver des autochtones prêts à assurer la durabilité de ces structures[3].

Défaillances dans le fonctionnement du concept de sécurité en réseau

Parmi les raisons du bilan mitigé des *PRTs* et de l'approche de sécurité en réseau officiellement suivie par Berlin, le manque de coordination et la mésentente entre les ministres fédéraux sont régulièrement évoqués. Ceci ne semble pas fondé selon la députée Susanne Kastner[4] et un membre du *BMZ* interrogé qui mentionnent le nombre élevé de rencontres entre ministères pratiquées en ce qui concerne les mesures et actions poursuivies en Afghanistan[5]. Pourtant l'expert Reiter semble plus partagé sur la question, mettant en avant le rôle que peuvent jouer les relations personnelles entre les membres des *PRTs* et donc les difficultés rencontrées dans la coordination des actions entre les ministères, chacun ayant ses propres visées. Ces difficultés sont également soulignées par Hans-Georg Ehrhart qui pointe le principe constitutionnel d'autonomie des départements ministériels comme étant la raison principale à ces obstacles rencontrés[6]. Ce principe et la culture de fonctionnement qui en découle en Allemagne, donnant le sentiment à chaque ministère de pouvoir agir en totale autonomie, sont également critiqués par le lieutenant-colonel Ulrich Wittkampf[7]. Qui plus est, les propos de l'officier Leroy[8] et d'un officier supérieur néerlandais[9] suggèrent également la responsabilité de cette culture de fonctionnement très présente

---

[1] *Ibidem*, pp. 116-117.

[2] Borzillo Laurent, *La Bundeswehr,* tome II, *op. cit.,* pp. 34-36. Source anonyme, directrice de service au ministère fédéral de la Coopération économique et du Développement, entretien réalisé le mars 2012.

[3] *Ibidem.*

[4] *Ibidem,* pp. 25-28.

[5] *Ibid.,* pp. 34-36.

[6] Ehrhart Hans-Georg, *op. cit.*, p. 12.

[7] Borzillo Laurent, *La Bundeswehr,* tome II, *op. cit.,* pp. 37-40 : Lieutenant-colonel Wittkampf, Ulrich officier de liaison du ministère fédéral de la Défense au *Zentrum für Internationale Friedenseinsätze*, entretien réalisé le 2 juillet 2012.

[8] *Ibidem,* pp. 131-142. Source anonyme, dénommée "officier Leroy", officier d'état-major français, entretien réalisé le 29 février 2012.

[9] *Ibid.,* pp. 148-153. Source anonyme, officier d'état-major néerlandais, entretien réalisé en mars 2012.

à Berlin et à Bonn dans la mauvaise coordination des actions interministérielles en Afghanistan.

Le manque de civils issus des ministères constitue une autre raison selon plusieurs sources du bilan peu flatteur des *PRTs* et de l'approche allemande de sécurité en réseau. Selon Hans-Georg Ehrhart[1], le pilier Affaires étrangères des *PRTs* ne s'est résumé pendant de nombreuses années qu'à une seule personne. Aline Leboeuf donne les chiffres de quinze civils pour quatre cents soixante-dix militaires dans la *PRT* de Kunduz et de dix pour trois cents trente dans celle de Feyzabad pour l'année 2007[2]. Fin 2010, le nombre de civils au sein des deux *PRTs* n'était que de dix-huit[3]. Plusieurs articles de presse relatent les réclamations de hauts gradés souhaitant la participation de plus de civils[4]. Ce manque de civils est cause selon l'officier Nguyen de la situation imparfaite qui prédomine en Afghanistan, où le pilier de la gouvernance et de l'instauration d'autorités légitimes demeure un échec[5]. Un membre du *BMZ*[6], que nous avons pu rencontrer, préfère insister sur le nombre important de collaborateurs issus de la *GIZ* et du *KfW*[7] présents en Afghanistan. Par ailleurs à l'inverse de soldats, des civils ne peuvent être envoyés du jour au lendemain sur un théâtre d'opérations. De plus contrairement aux militaires qui ne demeurent que six mois au plus, les civils des *PRTs* restent plus longtemps dans le pays, entre un à deux ans[8], ce qui leur permet de nouer plus de contacts avec les partenaires locaux et en théorie avec la population afghane. Cela constitue un indéniable avantage dans les négociations avec les officiels et les autorités autochtones dont les membres de la *Bundeswehr* ne peuvent se prévaloir, ceux-ci ne restant dans le pays seulement six mois.

Pour Aline Leboeuf[9], l'absence de personnel civil pousse les dirigeants politiques allemands à combler celle-ci à l'aide de militaires, ce qui amène ces derniers à prendre en charge des missions civiles. Cela nuit doublement à la *Bundeswehr* car cela la met en compétition avec les autres acteurs du développement et l'éloigne parallèlement de ce que d'aucuns nomment le cœur de métier du militaire, ce qui favorise l'image d'une

---

[1] Ehrhart Hans-Georg, *op. cit.*, p. 13.

[2] Leboeuf Aline, *op. cit.*, p. 15.

[3] Ehrhart Hans-Georg, *op. cit.*, p. 13.

[4] Blasberg Anita, Willeke Stefan, *op. cit.* Bittner Jochen, "Die Uhr läuft gegen uns", *Die Zeit*, 7 mars 2010.

[5] Borzillo Laurent, *La Bundeswehr*, tome II, *op. cit.*, pp. 111-119. Source anonyme dénommée "Officier Nguyen", officier d'état-major français, entretien réalisé en mars 2012.

[6] *Ibidem*, pp. 34-36.

[7] *GTZ : Gesellschaft für technische Zusammenarbeit. GIZ : Gesellschaft für internationale Zusammenarbeit. KfW : Kreditanstalt für Wiederaufbau.*

[8] Borzillo Laurent, *La Bundeswehr*, tome II, *op. cit.*, pp. 34-36.

[9] Leboeuf Aline, *op. cit.*, p. 16.

Bundeswehr qui se cantonne à un rôle d'agence de développement en uniforme[1], image très critiquée par les alliés de l'Allemagne. Enfin, le fait de remplacer des civils par des militaires fait de la *Bundeswehr* une sorte de « bonne à tout faire[2] », préjudiciable à l'efficacité de celle-ci, car cela élargit le catalogue de missions qu'elle doit accomplir. Parallèlement cela va à l'encontre de la vision initiale des concepts de sécurité en réseau et de prévention de crise, car au lieu d'être en retrait, l'outil militaire ne cesse d'être sollicité par le politique pour remplir des missions qui ne correspondent pas à sa fonction.

La formation des forces de police afghanes

Dans le cadre de son approche de sécurité en réseau, l'Allemagne a également depuis le début de l'opération en Afghanistan accordé une grande attention à la formation des forces de l'ordre du pays. Pays leader dans ce domaine, en accord avec les États-Unis et le Japon chargés respectivement de la formation des forces armées afghanes et de la réinsertion des anciens combattants, l'Allemagne a ainsi ouvert une académie de police à Kaboul en 2002. Cet effort se poursuit encore aujourd'hui et les *KSK* forment désormais depuis plus de deux ans une unité d'élite de la police dans le nord dont la mission principale est la lutte et la traque contre les chefs *Taliban*. D'après l'article de Johannes Korge publié en août 2011 dans *Der Spiegel*, une partie de ces troupes aurait déjà été engagée dans des combats contre les *talibans* près de Kunduz[3]. Cet effort se place dans la même logique prévalant dans les résolutions de crises dans les Balkans, à savoir le développement des sphères juridiques et policières afin de renforcer un environnement sécuritaire stable, au point de pouvoir envisager un retrait des soldats engagés, et donc celui des militaires de la *Bundeswehr*. À ce titre, Berlin participe à la mission européenne EUPOL Afghanistan chargée du soutien des forces de polices afghanes.

Toutefois plusieurs éléments laissent à penser que l'action allemande dans ce domaine souffre de nombreux défauts ou défaillances. Le policier Clemens Kontiz, présent en Afghanistan en 2008 fait allusion dans l'ouvrage de Heike Gross au manque de matériel[4]. Concernant l'académie de police de Kaboul créée par les Allemands, un groupe de journalistes relatent dans un article de *Der Spiegel*[5] de novembre 2006, les critiques du général James

---

[1] Stark Hans, *op. cit.*

[2] Borzillo Laurent, *La Bundeswehr*, tome II, *op. cit.*, pp. 131-142.

[3] Korge Johannes, "Der geheime Krieg der Elitesoldaten", *Der Spiegel,* 11 août 2011.

[4] Gross Heike, *op. cit.*, pp. 66-79.

[5] Hammerstein Konstantin von, Hoyong Hans, *op. cit.*

L. Jones, *SACEUR*[1] de 2003 à 2006. Selon lui, à l'époque la formation dispensée par les Allemands aurait été très décevante, les policiers formés étant peu payés, corrompus et ayant suivi une formation défectueuse. Afin de palier cela, les Américains engagèrent la firme de sécurité *Dyncorp*. Un autre article de *Der Spiegel* coécrit par Anita Blasberg et Stefan Willeke en mars 2010[2] évoque également le manque de policiers allemands formateurs en Afghanistan. Les mêmes reproches se retrouvent dans l'analyse de Markus Kaim[3].

Une des raisons du problème vient de l'impossibilité de la part des dirigeants allemands de forcer des policiers à se rendre en Afghanistan. Il ne s'agit que de volontaires. De plus, le système policier allemand fait que malgré l'existence d'une police fédérale, la majorité des forces policières relèvent de la compétence des *Länder*. Enfin, l'envoi de policiers en Afghanistan fait face à de profondes réticences de la part du syndicat de la police, qui accuse le gouvernement allemand d'utiliser le personnel de la police dans des opérations contre les *talibans*[4].

Dans le magazine *Loyal*[5], Marco Seliger dresse un état de la police afghane en 2010. Atteignant l'effectif de 82 000 policiers, elle reste composée en majorité d'illettrés et d'analphabètes. Beaucoup consommeraient de la drogue et revendraient leurs armes et leurs munitions aux insurgés, voire passeraient dans l'autre camp. Des unités seraient ainsi infiltrées. D'autres forces de police ont été créées au cours des années, mais cela ne permet pas de d'améliorer la réputation peu envieuse dont jouissent les individus membres de celles-ci. La population les considérerait comme des voleurs[6] et les mépriserait.

2. De la difficulté générale de travailler avec les acteurs civils du développement à la rupture de lien avec la population afghane

Une *Bundeswehr* dont l'engagement ne se déroulerait qu'à travers des actions et des activités en faveur des civils, tel était le souhait et la vision des autorités allemandes au début des années 2000. Cet idéal ne semble pas cependant avoir résisté tant aux relations parfois houleuses de la *Bundeswehr* avec les organismes non gouvernementaux, qu'aux règles imposées aux soldats allemands et au maintien pour l'écrasante majorité des militaires

---

[1] *Supreme Allied Commander Europe*. Commandant des forces suprêmes alliées en Europe.

[2] Blasberg Anita, Willeke Stefan, *op. cit.*

[3] Kaim Markus, *op. cit.*, p. 17.

[4] DPA, "Polizeigewerkschaft kritisiert Afghanistan-Einsatz", *Focus*, 25 avril 2010.

[5] Seliger Marco, "Gebt uns noch fünf Jahre", *op. cit.*

[6] Chaliand Gérard, *L'impasse afghane*, éditions de l'aube, 2011, 157 p.

allemands de la barrière de la langue, ou plus exactement des langues en Afghanistan.

Les relations avec les ONG

Censées échanger régulièrement avec la *Bundeswehr* et le personnel des ministères selon les concepts de sécurité en réseau et de prévention de crise, les organisations non gouvernementales[1] entretiennent des rapports conflictuels, teintés de profonde méfiance à l'égard de la *Bundeswehr* et des *PRTs*. Bien que ses rapports tendus se soient atténués, il demeure une certaine réticence selon un collaborateur du *BMZ*[2]. Afin de prendre conscience de la « qualité » des relations entre les ONG et la *Bundeswehr*, voici ci-après des extraits d'un entretien avec deux officiers, l'un allemand et l'autre français[3] narrant leurs expériences en Afghanistan vers le milieu des années 2000.

> « *Officier allemand* : *La dernière fois que j'y étais, soit en 2005, officiellement avec l'OTAN on ne faisait rien du tout avec les ONG. Chaque fois qu'elles étaient avec nous, elles étaient très réticentes [...].*
>
> *Officier français* : *Les ONG les plus importantes ont été extrêmement catégoriques. Celles de Kaboul ont fait une lettre ouverte dans laquelle elles expliquaient qu'elles n'étaient pas du tout d'accord avec le concept de PRT. Selon elles, cela nuisait à leur indépendance et signifiait qu'elles prenaient parti dans le conflit. Cette situation portait atteinte selon elles à leur sécurité. Elles étaient extrêmement hostiles au concept des PRTs. [...] Au niveau des responsables ou des membres d'ONG que l'on pouvait rencontrer, ils étaient briefés par leurs responsables de sécurité et leurs consignes étaient d'éviter tout contact avec les militaires [...]. C'était presque une allergie. On avait l'impression d'être des pestiférés.* »

Toutefois le manque de coopération à l'époque semble être également dû à l'absence de cadre réglementaire au sein de la *Bundeswehr* et de l'OTAN autorisant une collaboration plus poussée.

> « *Officier allemand* : *Souvent les ONG quémandaient des missions de sécurité ou de sauvetage programmées de la part de l'OTAN. Or à mon époque c'était illégal. On ne pouvait pas programmer suite à une action planifiée d'une ONG que probablement il y aurait un combat derrière et qu'il faudrait que l'on intervienne par la suite pour sauver tout le monde. C'était impossible. [...] À l'époque il n'y avait pas de cadre légal pour une coopération entre instances militaires types Bundeswehr ou OTAN et ONG.* »

Malgré tout, cette réticence à la coopération semble être un point récurrent des études sur l'Afghanistan. Ainsi l'analyse de l'opération par la

---

[1] ONG.
[2] Borzillo Laurent, *La Bundeswehr*, tome II, *op. cit.*, pp. 34-36.
[3] *Ibidem*, pp. 101-106.

Stiftung Wissenschaft und Politik mentionne ces difficultés et précise les raisons de ce manque d'entraide. Selon des ONG, les *PRTs* et la *Bundeswehr* négocieraient avec des seigneurs de guerre et des barons de la drogue, ce qui mettrait en danger les collaborateurs de celles-ci[1]. En 2009, l'association des ONG allemandes travaillant dans le domaine de la politique de développement a derechef remis en cause le concept de *PRT* et l'amalgame dangereux entretenu ainsi entre militaires et ONG à leurs yeux. Alors que plusieurs membres de la *Bundeswehr* souhaiteraient une meilleure coopération dans l'objectif d'obtenir plus de renseignements, les ONG font régulièrement état de leurs nombreux doutes quant à ce qu'elles considèrent comme une « *tentative d'instrumentalisation de l'aide civile à des fins militaires* » selon Hans-Georg Ehrhart[2].

Le cas des fondations politiques allemandes[3]

La faiblesse de la coopération entre la *Bundeswehr* et des ONG en Afghanistan est aussi une caractéristique des relations entre l'armée allemande et les fondations politiques. Ces fondations bien qu'indépendantes dans leur fonctionnement et leurs actions sont intimement rattachées à la politique allemande pour plusieurs raisons. Au nombre de six[4] actuellement, elles sont les *Think Tanks* officiels des partis présents au *Bundestag*, chacune n'étant liée qu'à un seul des six partis siégeant au parlement allemand. La majeure partie de leurs fonds leur est allouée par le ministère fédéral de la Coopération sur la base du nombre de députés au *Bundestag* que possèdent les partis auxquels elles sont liées. En outre, le comité de direction comporte plusieurs personnalités politiques. Parmi leurs activités, ces fondations interviennent dans de nombreux pays, y compris en Afghanistan où la fondation Friedrich Ebert, et la fondation Konrad Adenauer ont chacune un bureau. Les actions qu'elles y poursuivent sont intimement liées à la politique extérieure menée par la République fédérale en Afghanistan[5].

---

[1] *Auslandseinsätze der Bundeswehr. Leitfragen,..., op. cit.*, p. 84.

[2] Ehrhart Hans-Georg, *op. cit.*, p. 20.

[3] Pour plus d'informations sur les fondations politiques allemandes, voir Dakowska Dorota, "Des acteurs partisans dans la politique étrangère : les fondations politiques allemandes", *La revue internationale et stratégique*, n° 55, automne 2004.

[4] Fondation Friedrich Ebert (*SPD*), fondation Konrad Adenauer (*CDU*), fondation Hans Seidel (*CSU*), fondation Friedrich Naumann (*FDP*), fondation Heinrich Böll (*Die Grünen/Bündnis 90*), fondation Rosa Luxemburg (*Die Linke*).

[5] Borzillo Laurent, *Afghanistan : actions et rôles des fondations politiques allemandes dans le cadre de la politique extérieure afghane de la République fédérale d'Allemagne*, mémoire de diplôme, Institut d'études politiques d'Aix-en-Provence, sous la direction du Pr Jean-Charles Jauffret et du Pr Daniel-Louis Seiler, 2011, p. 165.

Toutefois, elles n'entretiennent pas de relations particulièrement étroites avec la *Bundeswehr* ou les *PRTs* aux dires des experts Richter et Schneider[1].

Si un échange d'informations semble avoir lieu régulièrement entre le Dr Khalatbari, directeur du bureau de la fondation Konrad Adenauer et les commandants allemands du *RC North,* compte tenu de la connaissance du pays que ce dernier possède – occupant cet emploi depuis 2005 – ce type d'échange, effectué peut-être également par la fondation Friedrich Ebert, dépend entièrement de la bonne volonté du directeur du bureau de la fondation[2]. Aucun projet commun ne semble être réalisé ou poursuivi. Les raisons avancées par les deux experts cités sont les divergences d'objectifs entre les fondations et la mission de la *Bundeswehr* en Afghanistan, ce qui en grande partie est valable.

Toutefois, il existe une thématique des fondations qui correspond aux missions de la *Bundeswehr*. Il s'agit de la promotion du concept allemand d'*Innere Führung* dont l'intention est de souligner qu'un soldat est avant tout un citoyen en uniforme. Les applications de l'*Innere Führung* sont variées, mais celle qui nous intéresse ici consiste à inculquer au soldat le respect du droit et des institutions en tant que citoyen en uniforme. La fondation Konrad Adenauer organise occasionnellement dans ses bureaux à l'étranger des séminaires avec des militaires des pays hôtes et des membres de la *Bundeswehr*[3] sur cette thématique. Cependant cela n'est apparemment point le cas en Afghanistan[4]. La fondation Friedrich Ebert, pour qui la formation politique des militaires est une thématique importante en Allemagne[5] et qui sur le territoire de la République fédérale organise de nombreuses conférences avec la *Bundeswehr,* ne semble pas non plus réaliser ce type de séminaires en Afghanistan selon l'expert Schneider de la fondation Friedrich Ebert[6]. Cette absence de coopération entre les fondations politiques et la *Bundeswehr* sur cette thématique est regrettable, car les visées des séminaires des fondations sur ce thème sont d'améliorer la qualité

---

[1] *Ibidem*, pp. 43-47 ; pp. 48-53. Source anonyme, dénommée "expert Richter", collaborateur scientifique au sein de la fondation Konrad Adenauer, spécialisé sur les questions de relations internationales et de défense, entretien réalisé en février 2012 ; source anonyme, dénommée "expert Schneider", collaborateur scientifique au sein de la fondation Friedrich Ebert, spécialisé sur les questions de relations internationales et de défense, entretien réalisé en mars 2012.

[2] *Ibid.,* pp. 43-53.

[3] *Ibid.,* pp. 41-42. Source anonyme, directrice d'un bureau de la fondation Konrad Adenauer dans un pays tiers, ancienne membre de la *GTZ* en Afrique, entretien réalisé en janvier 2012.

[4] *Ibid.,* pp. 43-47.

[5] *Politische Bildung für Soldatinnen und Soldaten. Die Zusammenarbeit der Friedrich-Ebert-Stiftung mit der Bundeswehr*, fondation Friedrich Ebert, Bonn, 2009, 24 p.

[6] Borzillo Laurent, *La Bundeswehr,* tome II, *op. cit.,* pp. 48-53.

des soldats, point qui en Afghanistan est souvent mis en exergue comme l'une des faiblesses de la formation des forces armées afghanes.

Dix ans après l'introduction des concepts de sécurité en réseau et de prévention de crise, leur application à l'Afghanistan est pour certains observateurs un échec[1]. Les propos à ce sujet de l'expert Schneider sont révélateurs de la faillite de la mise en œuvre de ces concepts[2]. Pour d'autres, si parler d'une faillite des concepts est exagéré, une application insuffisante de ces derniers caractérise cependant ceux-ci en Afghanistan, selon le colonel Schwittala et le lieutenant-colonel Wittkampf[3]. Le manque de civils, la mésentente entre les ministères et l'absence de critères d'évaluation de la mise en œuvre de ces concepts expliquent les faibles résultats obtenus. D'après l'expert Schneider, le problème viendrait principalement de l'absence de stratégie commune entre d'une part les institutions étatiques civiles et militaires et d'autre part les ONG. L'absence de participation des civils à l'élaboration des plans et programmes ainsi que leur non-intégration dans le processus initiale de décision serait en partie la cause du manque de coordination entre les différentes parties.

Préparation dispensée en vue de gagner les cœurs et les esprits

« *La bataille pour la population est une caractéristique majeure de la guerre révolutionnaire*[4]. »

Bien que les opérations en Afghanistan ne relèvent pas de la guerre révolutionnaire, il n'en demeure pas moins vrai que le succès dans le conflit qui s'y déroule repose sur l'obtention du soutien de la population et son acceptation de la présence étrangère en tant qu'allié. Être perçues telle une force d'occupation est le plus grand risque que courent des troupes internationales dans ce type de conflit. Afin d'échapper à cela, les soldats étrangers se doivent de nouer des contacts avec les Afghans et de respecter les us et coutumes de leur culture.

Avant de partir en mission, les hommes de la *Bundeswehr* reçoivent des cours sur la culture afghane. Étant donné que nombre de soldats de la *Bundeswehr* issus de l'ex-République démocratique allemande sont athées[5], ces cours permettent de familiariser les militaires avec l'environnement culturel de leur futur théâtre d'opérations qui, dans le cas de l'Afghanistan,

---

[1] *Ibid.*, pp. 29-33 : Schäfer Paul, député *Die Linke* au *Bundestag*, porte-parole pour les politiques de défense et de désarmement du groupe parlementaire de *Die Linke* au *Bundestag*, entretien réalisé le 29 mars 2012.

[2] *Ibid.*, pp. 48-53.

[3] *Ibid.*, pp. 37-40.

[4] Galula David, *Contre-insurrection : Théorie et pratique*, édition Economica, 2008, 215 p., p. 19

[5] Schwitalla Arthur, *op. cit.*

ne comporte guère de tolérance à l'égard de l'athéisme. Dans ce pays au fort sentiment religieux, l'athéisme est associé aux Soviétiques et donc aux forces d'occupation étrangères présentes de 1979 à 1989. Pour les officiers supérieurs, le *BND*[1] prépare également des dossiers sur leurs futurs interlocuteurs afghans[2]. Toutefois, les cours ne traitent que très succinctement de la culture islamique et l'étude du Coran n'est le fait que de quelques officiers selon un officier d'état-major allemand du centre de commandement des opérations de la *Bundeswehr*. Ce nombre peu élevé d'officiers connaissant le Coran affaiblit le contact que la *Bundeswehr* pourrait avoir avec la population en jouant justement sur l'importance du fait religieux pour celle-ci. De manière générale, la faiblesse de la connaissance de la culture afghane par les troupes internationales a été récemment soulignée par l'ancien commandement en chef de la FIAS, le général McChrystal[3]. Selon lui, aujourd'hui encore dix ans après le début des opérations, les soldats de la coalition internationale ainsi que plusieurs commandants savent bien peu de l'histoire récente du pays et la quantité d'officiers maîtrisant une des langues de l'Afghanistan est encore plus faible. Or la maîtrise de la langue fait partie des techniques permettant de mieux comprendre le partenaire, mais également d'atténuer l'image d'étranger et donc potentiellement d'occupant. Toutefois, malgré la durée de l'opération et les effectifs ayant déjà participé à l'intervention en Afghanistan, la *Bundeswehr* semble n'avoir jamais encouragé véritablement l'apprentissage d'une des langues afghanes par ses soldats.

Des mesures favorisant la défiance envers les soldats de la Bundeswehr

Malgré l'importance numérique du contingent allemand, le nombre de soldats sortant des camps de base est demeuré depuis le début de l'opération assez faible. Le colonel Schwittalla indique que sur les quatre-cent-vingt hommes sous son commandement, seule la moitié sortait de la base de Feyzabad[4]. Le rapport entre le nombre de soldats dehors et ceux qui restent dans les bases, était au début 2012 d'un pour trois selon l'officier d'état-major allemand, du centre de commandement des opérations de la *Bundeswehr*[5]. Ce rapport s'explique par l'importance des unités de soutien divers nécessaires à l'engagement de la *Bundeswehr* sur ce théâtre d'opérations. Cela signifie que, dans les faits, nombre de soldats bien

---

[1] Le *Bundesnachrichtendienst* est l'équivalent allemand de la Direction générale de la Sécurité extérieure

[2] Schwitalla Arthur, *op. cit.*

[3] Korge Johannes, Reinbold Fabian, "Ex-Kommandeur McChrystal pangert US-Strategie an", *Der Spiegel*, 7 octobre 2011.

[4] Schwitalla Arthur, *op. cit.*

[5] Borzillo Laurent, *La Bundeswehr,* tome II, *op. cit.,* pp. 78-80.

qu'ayant servi en Afghanistan connaissent peu la culture, les mœurs et l'histoire du pays. Gérard Chaliand dans *L'impasse afghane* à propos des soldats de la FIAS, mentionne des troupes cloisonnées dans leurs campements, écoutant leur musique, voyant leur DVD et communiquant sans cesse avec leur familles[1]. Le colonel Schwitalla met également ce fait en exergue[2] dans son ouvrage. Nombre des soldats déployés sont donc en réalité isolés de la population.

Les modalités des patrouilles et des convois accentuent cet isolement. Selon un article de Nicolas Gros-Verheyde datant de 2009 les *caveats* allemands imposent à la *Bundeswehr* d'organiser des patrouilles qu'en compagnie d'ambulances. Elle ne recourait que faiblement aux patrouilles à pied. L'officier Nguyen confirme cette faiblesse du nombre de patrouilles à pied[3]. Or celles-ci constituent un excellent moyen de nouer le contact avec les autochtones[4]. Toutefois, certains articles de presse de 2010 et 2011 citent des soldats effectuant des patrouilles à pied et privilégiant même ces dernières à celles en véhicules blindés tant pour le contact avec la population que par les conditions de ripostes qu'elles autorisent, conformes aux formations reçues par les troupes d'infanterie[5]. Toutefois, les soldats prenant part à des patrouilles à pied portent normalement leur casque, leur gilet de protection, des gants en cas d'explosion, leur arme et leurs munitions, plus le reste de leur équipement soit quarante kilogrammes selon l'officier d'état-major allemand, du centre de commandement des opérations de la *Bundeswehr*. Or l'apparition de militaire surarmé et surprotégé dans les villages ne peut pas, en toute logique, inspirer un sentiment de familiarité aux populations locales. Il semblerait cependant que les convois et patrouilles à véhicules soient la norme. Selon Markus Mielke, médecin et officier d'état-major de santé présent en Afghanistan en 2007, les convois ne sortaient des camps qu'armés jusqu'aux dents[6]. Ces convois surprotégés, ne pouvant que souligner le caractère étranger des forces de la coalition internationale, sont également fustigés par le lieutenant-colonel J. Heiducoff[7], qui précise que ceux-ci, roulant souvent à pleine vitesse, sont plus cause de problèmes que de solutions dans le cadre des relations avec la population afghane.

Ainsi que le lieutenant-colonel J. Heiducoff l'explique, ces comportements remettent en cause la raison même de la présence de la *Bundeswehr* en tant que force chargée d'assurer la sécurité des Afghans, qui

---

[1] Chaliand Gérard, *op. cit.*
[2] Schwitalla Arthur, *op. cit.*, p. 101.
[3] Borzillo Laurent, *La Bundeswehr*, tome II, *op. cit.*, pp. 111-119.
[4] Gros-Verheyde Nicolas, "Les interventions allemandes de crise, en crise ?", *op. cit.*
[5] Seliger Marco, "Operation Jadid", *op. cit.*, p. 33.
[6] Gross Heike, *op. cit.*, p. 105.
[7] *Ibidem.*

dans les faits se soucie plus de celle de ses soldats[1]. L'officier d'état-major allemand du centre de commandement des opérations de la *Bundeswehr*[2] rappelle toutefois le caractère glissant de cette problématique. La *Bundeswehr* ne peut que difficilement échapper aux critiques sur ce sujet, risquant de se faire accuser tantôt de surprotéger ses hommes au détriment du contact avec la population, tantôt l'inverse. Or l'inverse provoquerait immédiatement un scandale en Allemagne. Malheureusement, cet isolement se retrouve également auprès des fonctionnaires et des employés de la *GIZ*[3]. Leurs logements sont regroupés dans des quartiers fortement sécurisés et leurs déplacements se font dans des véhicules assurant le maximum de sécurité possible. Ces attitudes ne font que couper le personnel international de la population et offre des cibles faciles pour des attentats selon le lieutenant-colonel J. Heiducoff[4]. Dans son ouvrage *La guerre probable,* le général Vincent Desportes mentionnant ce dilemme de la protection de ses forces, mettait en garde contre le danger de la surprotection ne pouvant qu'entraîner une rupture des contacts avec la population et par la suite une augmentation du risque d'attaques. Par ailleurs, cette attitude ne pourrait que donner du crédit à l'image de la force en tant qu'étranger, qualification se rapprochant du terme d'occupant[5].

Ces comportements visant à protéger les membres de la *Bundeswehr* et les civils allemands travaillant en lien avec des organes étatiques allemands ont eu pour résultat d'enfermer ces derniers dans des forteresses, les coupant ainsi des Afghans. « *Les Allemands à Kunduz se tiennent désormais tranquillement telle une souris dans un piège* » peut-on lire dans un article de *Die Zeit*[6] de 2010. Les propos d'Heike Gross sur la question sont encore plus tranchants : « *nous avons érigé des taupinières [...] dans lesquelles nous nous terrons. Les taupes sont en effet comme chacun sait aveugles* »[7]. Bien que sévères, ces jugements reflètent partiellement la réalité du bilan de l'engagement allemand.

Le contact avec la population signifiant également engager des discussions avec les autorités locales, *la Bundeswehr* a dû négocier avec des personnages peu recommandables, mais nécessaires au maintien de l'ordre, ce qui a pu provoquer des contestations en Allemagne. Selon Hans Stark et

---

[1] *Ibidem,* pp. 82-95.

[2] Borzillo Laurent, *La Bundeswehr,* tome II, *op. cit.,* pp. 78-80.

[3] Hasnaim Kazim, "Taliban säen mit Magnetbomben Terrorangst", *Der Spiegel*, 14 septembre 2011.

[4] Gross Heike, *op. cit.*, pp. 82-95.

[5] Desportes Vincent, *La guerre probable*, édition Economica, 2007, 250 p, p. 180.

[6] Blasberg Anita, Willeke Stefan, *op. cit.*

[7] Gross Heike, *op. cit.*, p. 191. "*Maulwurfshügel haben wir errichtet [...] in denen wir uns verstecken. Maulwurf sind ja bekanntlich blind.*"

Marco Seliger[1], elle aurait passé des accords avec des seigneurs de guerre et des barons de la drogue. Des officiers ont pourtant souhaité échapper à cela tel le colonel C. Meyer[2]. Le tableau de ses interlocuteurs que dresse le colonel Schwitalla met en avant leur corruption, leur incompétence et leur duplicité[3]. La même personne qui le soutenait la veille peut selon lui dès le lendemain préparer un attentat contre lui. En outre malgré leurs défauts, la faible quantité de personnel politique afghan apte à des postes de direction, n'autorise pas le limogeage d'individus corrompus ou brutaux d'après les propos du colonel[4]. Qui plus est selon lui, la disparition de ces individus n'en amène qu'une multitude plus dangereuse encore. Comparant ces personnes à une hydre, le colonel conclut son récit sur le sujet en citant Frédéric II : « *un problème connu est un problème moins menaçant*[5] ».

Dans leurs relations avec les autorités locales et la population, les hommes de la *Bundeswehr* souffrent de la durée courte de leur déploiement en Afghanistan. Initialement de quatre mois, il dure en moyenne désormais six mois. D'après les informations de l'officier d'état-major allemand, du centre de commandement des opérations de la *Bundeswehr*, trois cinquièmes des troupes restent en Afghanistan durant quatre mois, deux cinquièmes durant six mois, et quelques officiers tels le commandant du *RC North* un an. Ces durées courtes d'engagement, résultant partiellement de la pression des familles des militaires[6], restent peu compréhensibles pour les partenaires afghans ce que le colonel Schwitalla mettait en exergue dès 2007 lorsque la durée de présence des soldats n'était encore que de quatre mois. Il s'agit d'ailleurs d'un des arguments que citent les personnels civils en opérations face aux récriminations des militaires demandant plus d'effectifs civils. Aux dires d'un membre du *BMZ*, les personnels civils de la *GIZ* demeurent en effet bien plus longtemps en Afghanistan que les soldats de la *Bundeswehr*[7]. Ces périodes courtes d'engagement nuisent non seulement au développement de relations intensives avec les Afghans, mais empêchent parallèlement de compter parmi la *Bundeswehr* des individus ayant une connaissance profonde du pays.

Une solution qui irait à l'encontre de ces courtes périodes et se rapprocherait du modèle de soldat en opérations du général britannique

---

[1] Seliger Marco, "Gebt uns noch fünf Jahre", *op. cit.*
[2] Blasberg Anita, Willeke Stefan, *op. cit.*
[3] Schwitalla Arthur, *op. cit.*
[4] *Ibidem,* pp. 75-76.
[5] *Ibid.*, p. 76 : "*Ein bekanntes Problem ist ein weniger bedrohliches Problem*".
[6] Borzillo Laurent, *La Bundeswehr,* tome II, *op. cit.*, pp. 78-80 ; pp. 111-119.
[7] *Ibid.,* pp. 34-36.

Reginald Wingate[1] s'accoutumant au pays et apprenant la langue semble malheureusement difficilement réalisable. Certes, cela serait intéressant, voire nécessaire aux dires de l'officier Nguyen, mais qui voudrait rester plusieurs mois voire années sur un théâtre d'opérations et apprendre la langue ? C'est le point que soulèvent ce dernier ainsi que l'officier d'état-major allemand, du centre de commandement des opérations de la *Bundeswehr*[2]. Un des officiers allemands ayant vécu ainsi est le lieutenant-colonel J. Heiducoff[3] qui resta en poste trois années durant à l'ambassade allemande de Kaboul et vécu parmi la population afghane, se déplaçant dans une vielle Toyota, se rendant au marché seul et portant dans ces cas-là des habits afghans. Or son témoignage met en avant sa position et son attitude atypique et isolée au sein des troupes de la *Bundeswehr.* Son profil correspond à la description qu'en fait l'officier Nguyen des rares soldats qui se spécialisent de cette manière[4]. Cela pose néanmoins deux difficultés. D'une part, cela suppose un investissement sur le long terme, peu aisé à mettre en œuvre. En outre, compte tenu de la croyance des dirigeants allemands au début des années 2000 dans une durée courte des opérations en Afghanistan, un tel investissement ne pouvait être envisagé. D'autre part, se pose la question de l'utilité de soldats sachant à titre d'exemple s'exprimer en Dari après 2014, date du retrait de la majeure partie des troupes de la coalition internationale. En ce qui concerne le Dari, il est vrai que cela pourrait être utile, ce dernier étant proche du Farsi. Toutefois cela pose un véritable problème de gestion de ressources humaines qu'illustre l'officier français en évoquant les officiers spécialisés durant les années 1990 en serbo-croates[5]. La formation de tels spécialistes de l'Afghanistan ou de la culture musulmane ne semble pas aux dires de cet officier être en cours au sein de la *Bundeswehr.*

La connaissance et l'étude du Coran font partie intégrante de cette logique. Ils permettent de renforcer l'autorité et le prestige des commandants de la *Bundeswehr* auprès des acteurs afghans si l'on en croit le témoignage qu'en fait le colonel C. Meyer[6], qui illustrait sa condamnation de la corruption en citant des sourates du Coran. Mais d'après les propos de l'officier Nguyen et d'un officier d'état-major allemand, du centre de commandement des opérations de la *Bundeswehr*[7], rares sont les officiers

---

[1] Général britannique et administrateur de l'Égypte et du Soudan entre 1899 et 1919. Il encouragea la formation d'officiers capables de maîtriser la langue arabe et de s'immerger au sein des populations de langue arabe.

[2] Borzillo Laurent, *La Bundeswehr,* tome II, *op. cit.,* pp. 78-80.

[3] Gross Heike, *op. cit.*, pp. 82-95.

[4] Borzillo Laurent, *La Bundeswehr*, tome II, *op. cit.,* pp. 111-119.

[5] *Ibidem.*

[6] Blasberg Anita, Willeke Stefan, *op. cit.*

[7] Borzillo Laurent, *La Bundeswehr,* tome II, *op. cit.,* pp. 78-80 ; pp. 111-119.

pouvant se servir de ces connaissances dans le cadre de leurs rapports avec les Afghans. Cet aspect délaissé par la *Bundeswehr* contredit pourtant les principes mêmes des actions relevant de la *CIMIC* et les concepts de sécurité en réseau et de prévention de crise. En effet ces trois éléments s'appuient sur une approche où le militaire se doit de nouer des contacts réguliers et intenses avec la population et les autorités locales. Or, en se privant de l'élément culturel majeur que représente le Coran, la *Bundeswehr* limite fortement la profondeur de ses liens avec les personnes vivant dans la zone appartenant à ses théâtres d'opérations.

La perception de la FIAS et des troupes de la *Bundeswehr* au fil des années a évolué. Alors qu'en 2009, le Dr Keller citait un sondage dans lequel 72 % des Afghans jugeaient positivement le rôle de l'OTAN[1], un article de *Der Spiegel* d'octobre 2011 se fondant sur un sondage de l'université de Kaboul et de la fondation Konrad Adenauer indiquait que ce chiffre n'était plus que de 39 %. 56 % des Afghans considéreraient les soldats de la coalition tels des occupants selon cette enquête. La fondation Adenauer précise cependant que le sondage n'est pas représentatif de l'ensemble de la population[2]. Il est certain que l'isolement croissant des troupes de la *Bundeswehr* et de la coalition internationale cité précédemment a fortement joué en leur défaveur, ce qu'annonçait le lieutenant-colonel J. Heiducoff dans l'ouvrage d'Heike Gross[3]. L'article de Marco Seliger[4] tempère cette description quelque peu sombre des relations entre la population afghane et la *Bundeswehr*. Narrant le quotidien de chasseurs de montagnes allemands engagés dans l'opération *Jadid,* il rapporte le soutien que les soldats de la *Bundeswehr* reçoivent dans la province de Baghlan de milices locales, qui peu de mois auparavant servaient d'auxiliaires aux *talibans* et qui à présent apportent loyalement leur assistance aux soldats allemands.

---

1 Keller Patrick, "Argumente für Afghanistan: Ein Leitfaden durch die deutsche Debatte", *Ausgabe* N°66, juin 2009, fondation Konrad Adenauer, 8 p, p. 5.
2 Hengst Björn, "Afghanen betrachten Nato-Soldaten als Besatzer", *Der Spiegel*, 18 octobre 2011.
3 Gross Heike, *op. cit.,* p. 90.
4 Seliger Marco, "Operation Jadid", *op. cit.*

CHAPITRE III

VERS UNE MATURATION DE LA BUNDESWEHR. LA FIN DE L'IMAGE DE « CROIX ROUGE RENFORCEE »[1]

1. Intensifications des opérations en vue du retrait

Durant les premières années de l'opération en Afghanistan, la réputation de la *Bundeswehr* auprès de ses alliés fut loin d'être élogieuse. Ce n'est qu'à la suite des événements de Kunduz de 2009 et au *Surge* mis en œuvre par les États-Unis que cette réputation « d'agence de développement en uniforme », refusant toute possibilité d'échanges de tirs avec les *Taliban,* s'est peu à peu évaporée, compte tenu de la participation d'unités de la *Bundeswehr* à de rudes combats dans le *RC North.*

Opérations de combats réalisées par la Bundeswehr

L'opération *Jadid* est un exemple des nouvelles missions menées par la *Bundeswehr* en Afghanistan et de sa participation à des opérations comportant des accrochages et des combats avec les insurgés.

Cette modification des opérations de l'armée débuta dans les faits dès 2007 lors de l'opération *Harekate Yolo 2*, dont le commandement fut confié à un général allemand[2]. L'objectif était alors de reprendre les provinces de Faryab et de Badghis aux *talibans.* Les Allemands ne fournirent cependant pas de troupes de combats selon Philipp Münch[3]. Qui plus est, l'opération s'avéra sur le long terme un échec, de par l'absence de mesures civiles de reconstruction et d'amélioration des conditions de vie dans ces provinces, entraînant au final la reconquête de ces deux provinces par l'adversaire de la FIAS dès le départ de ses troupes, aux dires de Jean-Jacques Patry et de Nicole Vilboux[4].

En octobre de la même année les *KSK* intégrèrent la *Task Force 47*, opérant dans les provinces de Badakshan, Baghlan et Kunduz. En plus d'actions de reconnaissance, ils participèrent aux combats contre des membres de l'insurrection en coopération avec des forces afghanes et américaines. Deux ans plus tard, selon le gouvernement allemand plus de

[1] Borzillo Laurent, *La Bundeswehr*, tome II, *op. cit.*, pp. 131-142.
[2] Patry Jean-Jacques, Vilboux Nicole, "Contre-insurrection et nouvelles doctrines militaires : l'adieu aux illusions !", *Notes de la FRS*, n° 02/12, Fondation pour la recherche stratégique, 11 p, p. 6.
[3] Münch Philipp, *op. cit.*
[4] Patry Jean-Jacques, Vilboux Nicole, *op. cit.*, p. 6.

cinquante personnes recherchées auraient été arrêtées[1]. La coopération avec les autorités afghanes génère cependant des frictions qu'illustre le cas d'un Afghan appréhendé par les *KSK* mais relâché par la justice afghane. Selon les *KSK*, ce dernier aurait orchestré l'attentat de Pâques 2010 qui coûta la vie à trois soldats allemands[2].

L'efficacité de l'ensemble des opérations conduites jusqu'au printemps 2010 est néanmoins remise en question par Philipp Münch[3]. Leur mode opératoire diminuerait considérablement leur portée : les dates de déclenchement et de fin des actions de la *Bundeswehr* correspondraient le plus souvent au début et à la fin de chaque mois durant lequel des opérations sont lancées. Les reconnaissances seraient effectuées par d'imposants véhicules blindés. Les périodes de préparation des opérations seraient particulièrement longues. Aucune opération menée n'est faite en secret. Elles sont même régulièrement annoncées par communiqués de presse. Enfin les combats ne seraient que sporadiques, les insurgés refusant de l'accepter. Le fait que l'adversaire semble connaître sans le moindre effort les opérations planifiées remet en effet en cause leur efficacité. Selon les propos que rapportent Philipp Münch et ceux de l'officier d'état-major allemand, du centre de commandement des opérations de la *Bundeswehr*, cette absence de dissimulation serait réalisée dans l'intention de faire acte de présence et de prouver à la population que les forces de la FIAS et celles du gouvernement afghan sont bel et bien présentes et comptent rester dans leur voisinage immédiat. Ces justifications ne trouvent pas grâce pour Philipp Münch. Les temps de présence des troupes ne seraient pas assez longs et tout comme le prétendent Jean-Jacques Patry et Nicole Vilboux, passé un certain délai les *talibans* reprendraient les villages et vallées. En outre, les villageois se méfieraient viscéralement de la police afghane, confirmant indirectement sa réputation exécrable. L'absence de véritable combat est également confirmée par les dires de l'officier Nguyen[4].

Malgré ces défauts potentiels, le bilan que donne Hans-Gehrard Ehrhart en décembre 2011 fait état d'améliorations dans la situation sécuritaire dans les provinces susmentionnées grâce aux 11 000 soldats de la FIAS présents dans le *RC North*[5]. À l'aide d'unités américaines et afghanes, la *Bundeswehr* multiplie les opérations. Lors de l'opération *Blitz* de novembre 2010, les *talibans* sont chassés de la localité d'Isal Khel et un avant-poste y est érigé. La sécurité de la zone est par la suite prise en main par les milices

---

[1] Korge Johannes, "Der geheime Krieg der Elitesoldaten", *Der Spiegel*, 11 août 2011.

[2] Gebauer Matthias, "KSK-Elitekämpfer verärgert über afghanische Justiz", *Der Spiegel*, 12 août 2011.

[3] Münch Philipp, *op. cit.*

[4] Borzillo Laurent, *La Bundeswehr*, tome II, *op. cit.*, pp. 111-119.

[5] *10 Jahre Einsatzführungskommando der Bundeswehr, op. cit.*, p. 34.

villageoises. Quelque temps plus tard, une opération de parachutage lors de combats est réalisée[1]. L'objectif des diverses opérations de ces derniers mois est de reprendre durablement le contrôle des régions de Kunduz et de Baghlan. C'est par les routes de ces provinces que non seulement les barons de la drogue font transiter leur marchandise vers le reste du pays, mais aussi que passent de nombreux convois de ravitaillement de l'OTAN.

L'opération Jadid

En mars 2011, Marco Seliger fait le récit de l'opération *Jadid*[2] à laquelle six cents soldats de la *Bundeswehr*, issus de l'infanterie de montagne prennent part. Les conditions dans lesquelles les soldats de la *Bundeswehr* effectuent cette opération commencée en octobre et qui en février 2011 était toujours en cours, n'ont rien à voir avec celles que connaissent la majorité des militaires allemands stationnés dans les bases de Mazar-i-charif et Kunduz, qui disposent d'un confort dont ne jouissent en aucun cas ces six cents hommes. La chronique du quotidien de ces six cents soldats que fait Marco Seliger, met en avant les contacts intenses que ces soldats entretiennent avec les villageois. Ces contacts se matérialisent par de régulières patrouilles à pied et l'appui de milices villageoises aux soldats de la *Bundeswehr* dans la quête de renseignements et dans le maintien de la sécurité. Ces milices pourtant étaient encore fidèles aux *talibans* peu de temps auparavant. Ce retournement d'allégeance, qui semble loin d'être feint selon l'article de Marco Seliger, souligne la réussite de l'opération à travers le ralliement de la population. En outre, contrairement à l'opération *Harekate Yolo 2,* une importante coordination avec le personnel de la *PRT* est à l'œuvre, permettant dès la fin de la phase purement militaire de l'opération, la réalisation de mesures civiles améliorant le quotidien des populations selon le commandant du *RC North,* le général Hans-Werner Fritz[3].

Le récit de Marco Seliger fait également la lumière sur deux points[4]. Premièrement, les sentiments et impressions des soldats participant à l'opération dans des conditions de véritable guerre[5] montrent une adaptation de ceux-ci aux conditions de l'opération, ainsi que Marco Seliger le souligne. La camaraderie est mise en avant par ces soldats, et aucun, suite à cette mission, ne ressent de la répulsion envers son « métier ». L'article évoque même leur volonté de continuer à servir au sein de la *Bundeswehr* et de repartir en opération extérieure. Par contre, l'article met aussi en exergue

---

[1] Ehrhart Hans-Georg, *op. cit.*, p. 19.
[2] Seliger Marco, "Operation Jadid", *op. cit.*
[3] *10 Jahre Einsatzführungskommando der Bundeswehr*, *op. cit.*, p. 34.
[4] Seliger Marco, "Operation Jadid", *op. cit.*
[5] *Ibidem,* p. 32.

l'incompréhension de la signification des opérations de guerre en Allemagne et par extension une absence de prise de conscience de la réalité des opérations. Étant donné les conditions de vie durant l'opération, l'apparence de ces militaires est assez éloignée des images courantes des soldats de la *Bundeswehr* en opérations. Lorsqu'il fut envisagé de les photographier, ils refusèrent de crainte que leur apparence peu reluisante ne crée une polémique en Allemagne. D'octobre à février, aucune perte ne fut à déplorer. En prenant en compte les progrès effectués dans la reconquête de villages, l'opération *Jadid* constituait déjà un vrai succès. Ce succès ne rencontra pourtant aucun écho en Allemagne. Malheureusement en décembre un homme mourut d'un coup de feu accidentel tiré par l'un de ses camarades. Immédiatement des accusations de faiblesse dans le commandement et dans la formation furent adressées au commandant du bataillon par la presse allemande, sans mentionner le travail accompli jusqu'alors. Une remise en cause du principe des bataillons assurant le partenariat avec l'armée afghane fut envisagée. Le succès rencontré par les troupes allemandes est pourtant clairement mentionné par le général David Petraeus qui encourage les troupes internationales à s'inspirer du comportement des Allemands[1]. Il semble donc que la *Bundeswehr* du milieu des années 2000, brocardée par ses alliées pour son absence de participation aux combats, relève désormais du passé.

L'Afghanistan, théâtre d'application de la contre-insurrection

Les opérations conduites par la *Bundeswehr* ou auxquelles elle prit part depuis 2007 ont été peu à peu reconnues comme étant des opérations de contre-insurrection. La mise en œuvre de la doctrine de contre-insurrection importée d'Irak par le général David Petraeus par les troupes de la *Bundeswehr* souleva et soulève encore cependant plusieurs interrogations et est contestée. Inspirée de l'ouvrage de David Galula[2], cette doctrine offre un panel d'actions et de mesures afin de parer aux techniques de guérilla et d'usure d'une insurrection. Ces techniques, tout comme les tactiques mises en œuvre, ont été dès le début du XXe siècle remarquablement bien définies et présentées par le colonel Thomas Edward Lawrence dans *Les sept piliers de la sagesse*[3], mais également dans la *Guérilla dans le désert*[4]. S'appuyant sur un refuge inexpugnable, indispensable pour son maintien, l'objectif est d'engager l'adversaire dans une défense passive de ses acquis, attitude qui lui coûte le plus en moyens et en hommes. Toute bataille est refusée à

---

[1] *Ibidem,* p. 34.

[2] Galula David, *op. cit.*

[3] Lawrence Thomas Edward, *Les sept piliers de la sagesse*, éditions Gallimard, 1992, 943 p.

[4] Lawrence Thomas Edward, *Guérilla dans le désert*, éditions complexe, 1992, 96 p.

l'ennemi. Il s'agit non pas de chercher l'anéantissement de l'ensemble des soldats ennemis mais de leur faire quitter le pays en menant une guerre de pression avec à la clef l'écroulement de la masse adverse. Les troupes n'ont pas l'obligation de tenir une position particulièrement. Les irréguliers qui les composent n'ont pas besoin d'un matériel important. Seul compte l'avantage en matériel durant le court instant T pendant lequel, les irréguliers prennent à partie des militaires adversaires. L'irrégulier de par sa capacité à se fondre dans la population ne constitue pas une cible pour l'adversaire. En outre, sa participation est volontaire, ce qui signifie qu'il peut déserter temporairement pour rejoindre quelque temps après la rébellion derechef. Enfin, les actions accomplies sont soutenues par une campagne de propagande considérable à l'adresse de la population locale mais aussi auprès de celle de la partie ennemie.

Ces techniques et tactiques sont celles plus ou moins suivies par les insurgés en Afghanistan[1]. Le Pakistan constitue pour les insurgés leur base inexpugnable. La volatilité des membres de l'insurrection est confirmée par le récit que fait Pierre Servent d'une attaque d'une colonne de soldats américains.

> « *Pierre Servent relate l'étonnement de soldats américains qui progressent en colonne dans une vallée supposée amie et ralliée à l'administration d'Hamid Karzai dans la province de l'Orouzgan entre Herat et Kaboul. Soudain la colonne est prise à partie par un important groupe de Taliban en embuscade. Le combat fait rage, lorsque des paysans des villages voisins se mettent de la partie à l'aide de leurs armes personnelles. Aux membres du service de renseignement américain venus par la suite les interroger, les Maleks (ou chef de village) expliquent qu'ils ne pouvaient pas laisser passer une telle fête sans y participer directement*[2]. »

Le refus du combat est attesté tant par l'analyse de Philipp Münch[3] que par celle de l'officier Nguyen[4]. Quant à la stratégie suivie par les *Taliban*, cette dernière repose principalement sur l'épuisement de la volonté occidentale de se maintenir dans le pays et non sur une croyance de victoire totale clausewitzienne contre les forces de la FIAS. L'application des principes de contre-insurrection dans un tel contexte s'avère donc des plus pertinents. Mais bien que cela soit revendiqué par le commandement de la FIAS, est-ce pour autant le cas dans le *RC North* ? Les actions et opérations menées par la *Bundeswehr,* qui n'ont été partiellement reconnues par Berlin qu'en 2010, sont-elles cohérentes avec une stratégie et une tactique de lutte

---

[1] Jauffret Jean-Charles, *Afghanistan 2001-2010. Chronique d'une non-victoire annoncée,* Paris, éditions Autrement, 2010, 277 p.
[2] *Ibidem,* p. 49.
[3] Münch Philipp, *op. cit.*
[4] Borzillo Laurent, *La Bundeswehr,* tome II, *op. cit.*, pp. 111-119.

contre insurrectionnelle telle que le lieutenant-colonel David Galula les décrivait il y a plus de cinquante ans ?

La conduite de la contre-insurrection par la Bundeswehr

Selon l'expert Reiter, la *Bundeswehr* ne fut pas surprise par l'introduction des techniques relevant de la contre-insurrection. Pourtant il semblerait que la *Bundeswehr* ait du mal à appliquer véritablement les principes de celle-ci[1]. Parmi les raisons évoquées pour justifier cette difficulté dans l'application de la contre-insurrection, Jean-Jacques Patry et Nicole Vilboux font état de la faiblesse des financements alloués pour les équipements des forces nécessaires à la conduite de missions de contre-insurrection[2].

Le faible nombre de patrouilles organisées par la *Bundeswehr*[3] et leurs modalités – utilisation de véhicules blindés desquels les soldats ne sortent pas – réduisent l'acceptation par la population de la présence de troupes étrangères, allant ainsi à l'encontre de l'objectif de la lutte contre l'insurrection, à savoir le fait de capter le soutien de la population. En outre, le manque d'occupation du terrain que cela induit contredit aussi les principes de contre-insurrection.

L'étude du lieutenant-colonel Galula étant le fruit de son expérience durant la guerre d'Algérie, l'importance de la traque des membres de l'insurrection et de leurs chefs est une condition nécessaire de réussite de la lutte anti-insurrectionnelle. Cette traque qui est en partie menée par les *KSK*, n'est pourtant que de faible ampleur, et le rôle de la *Bundeswehr* n'est guère central d'après les propos d'un officier français :

> « *Pour en revenir aux Allemands, de toute manière, comme toutes les forces armées classiques, elles ronronnent dans leur FOB*[4]. *C'est ça la vérité. Il y a tellement de gens qui sont autour du combattant que du coup des combattants, il n'y en a pas beaucoup. [...]Et on ne les envoie pas comme les commandos de chasse en Algérie. Ils ne partent pas de nuit, faire de la traque et éliminer l'autre. On cherche toujours la comparaison avec l'Algérie et l'Indochine. Mais on n'y est pas du tout. [...] Pour en revenir derechef sur la Bundeswehr, ils ne font pas de traque.* »

Selon Philipp Münch, nombre d'officiers allemands malgré la nouvelle doctrine de contre-insurrection s'en tiendraient à des moyens et des méthodes de combats de guerre conventionnelle avec l'utilisation abusive de véhicules blindés. Il évoque à ce sujet un conservatisme absolu dans les rangs allemands[5], qui est accrédité par le matériel de renfort reçu, composé

---

[1] Borzillo Laurent, *La Bundeswehr,* tome II, *op. cit.*, pp. 61-65 ; 107-110.

[2] Patry Jean-Jacques, Vilboux Nicole, *op. cit.*, p. 6.

[3] Borzillo Laurent, *La Bundeswehr*, tome II, *op. cit.*, pp. 111-119.

[4] *Forward Operating Base*, base opérationnelle avancée.

[5] Münch Philipp, *op. cit.*

constamment d'armements lourds et de véhicules blindés[1]. La durée courte de présence des militaires allemands nuit à l'établissement de relations de confiance et le peu de contacts réellement entretenus entre les soldats et les habitants afghans vont également à l'encontre d'une véritable application des principes de contre-insurrection. L'absence de présence durable dans des vallées reconquises *in fine*, les font tomber derechef dans l'escarcelle des insurgés aisément au bout, non pas d'une défaite des troupes internationales, mais de leur départ de ces vallées.

Ces divers manquements à une application efficace des principes de contre-insurrection semblent toutefois ne plus être d'actualité. Le résumé de l'opération *Jadid* démontre un incontestable changement de tactique avec un ralliement durable des populations locales et l'instauration de contacts entre les combattants de la *Bundeswehr* et les villageois des vallées reprises aux *Taliban*. Les déclarations du général Hans-Werner Fritz corroborent cette impression de changement[2]. Le *RC North* serait enfin en mesure, de par le nombre suffisant de soldats présents[3], de mener des opérations correspondant mieux à la doctrine de contre-insurrection. Cette évolution est également reconnue par les experts Schneider et Reiter[4].

Néanmoins les mesures de contre-insurrection menées par les troupes de la FIAS ne trouvent pas grâce aux yeux de Philipp Münch[5]. Ce qui est présenté tel un concept abouti, ne serait qu'un mélange de mesures anti-insurgés quelles qu'elles soient. L'officier Nguyen considère également que malgré les discours sur celles-ci, aucune véritable tactique et stratégie de contre-insurrection n'est menée[6]. Seules les forces spéciales américaines, de par la traque des chefs *talibans*, agiraient dans le cadre de ce qui est abusivement dénommé doctrine de contre-insurrection. En 2010, lors de l'opération *Dragon Strike,* en coopération avec la *CIA*, trois cents meneurs insurgés auraient été éliminés. De plus, la contre-insurrection envisagée par le lieutenant-colonel Galula se fonde sur un nombre de soldats extrêmement élevé et des autorités locales légitimes. Or, en Afghanistan, ce nombre fait défaut. Quant à la légitimité des autorités, le jugement d'un officier français rappelle les défaillances de cette dernière, tout comme Hans-Gerhard Ehrhart[7] dans son analyse de la situation ainsi que Jean-Jacques Patry et

---

[1] *Ibidem.*
[2] *10 Jahre Einsatzführungskommando der Bundeswehr*, Bonn, Report-Verl, 2011, 120 p, p. 34.
[3] 11 000 militaires de la coalition internationale opèrent dans cette partie de l'Afghanistan.
[4] Borzillo Laurent, *La Bundeswehr*, tome II, *op. cit.,* pp. 48-53 ; 61-65.
[5] Münch Philipp, *op. cit.*
[6] Borzillo Laurent, *La Bundeswehr*, tome II, *op. cit.,* pp. 111-119.
[7] Ehrhart Hans-Georg, *op. cit.*, p. 23.

Nicole Vilboux dans leur étude sur la contre-insurrection[1]. Autre élément mis en avant par Hans-Gerhard Ehrhart, et qui démontre l'échec de l'application de cette doctrine, la base permanente de repli que possèdent les *talibans* au Pakistan, les autorise à continuer d'exister dans une relative quiétude.

L'absence de doctrine allemande de contre-insurrection

Menant depuis 2007 des opérations relevant toutefois des principes de la contre-insurrection – du moins en théorie – la *Bundeswehr* n'a pourtant jamais développé son propre concept et une approche propre de cette doctrine[2]. Philipp Münch évoque une absence de volonté de développer une version allemande, et une simple imitation des pensées américaines sur le sujet[3]. Cette analyse est confirmée par l'expert du Reiter[4]. Hans-Gerhard Ehrhart précise que, nonobstant des réflexions poursuivies un temps au ministère fédéral de la défense, rien ne fut publié par la suite, les processus de réflexion furent également suspendus. Certes, l'office de l'Armée de terre a rendu publique une note intitulée « Fondements provisoires pour la contribution des forces terrestres à l'instauration de la paix et de l'ordre étatique dans les zones de crise » en juin 2010[5]. Nous sommes cependant très loin d'une appropriation réelle de la doctrine de contre-insurrection par la *Bundeswehr*.

Cette situation est en grande partie la conséquence du rejet à Berlin d'une prise en compte de la dégradation de l'opération en Afghanistan. Étant donné l'environnement sécuritaire que sous-entend l'utilisation de mesures contre-insurrectionnelles, mesures contraires à l'image idéale d'une opération de reconstruction, le terme de contre-insurrection est demeuré un tabou selon l'expert du *MGFA* en Allemagne. « *Mais en Allemagne ce terme est resté un tabou, car il signifie la fin de la bonne et gentille intervention*[6]. »

Les écrits d'Hans-Gerhard Ehrhart atteste par ailleurs de ce déni des dirigeants militaires et politiques allemands[7] et de leurs réticences face à ce terme. Ainsi le ministre Karl-Theodor zu Guttenberg durant la conférence sur la sécurité de Munich de 2010 déclara que la *Bundeswehr* effectuait de la

---

[1] Patry Jean-Jacques, Vilboux Nicole, *op. cit.*, p. 9.

[2] Borzillo Laurent, *La Bundeswehr,* tome II, *op. cit.*, pp. 61-65 : "*Die deutschen Offiziere setzen die COIN Doktrin um, aber die Amerikanische.*"

[3] Münch Philipp, *op. cit.*

[4] *Ibid.*, pp. 61-65.

[5] Ehrhart Hans-Georg, *op. cit.*, p. 17.

[6] Borzillo Laurent, *La Bundeswehr,* tome II, *op. cit.*, pp. 61-65 : "*Aber in Deutschland ist dieser Begriff ein Tabu, weil er das Ende des guten und netten Einsatzes bedeutet.*"

[7] Ehrhart Hans-Georg, *op. cit.*, p. 16.

« *counter-insurgency* » et non de la lutte contre-insurrectionnelle[1]. La profonde réticence vis-à-vis de la contre-insurrection[2] a pour conséquence en Allemagne la non-influence de celle-ci sur les forces armées allemandes. Or ceci est en train de créer un fossé avec les armées des alliés de l'Allemagne, tant américaines, britanniques, françaises ou encore danoises. En effet, celles-ci ont accepté l'utilisation des techniques de contre-insurrection, s'y sont adaptées, et l'impact de cette doctrine sera probablement ressenti à l'avenir. À l'inverse la *Bundeswehr* n'a vécu qu'une faible adaptation à cette doctrine d'après Jean-Jacques Patry et Nicole Vilboux[3]. L'expert Reiter sous-entend un désir d'oubli de cette doctrine à Berlin, les dirigeants allemands partant du principe que passé 2014, plus aucune troupe ne prendrait part à des combats[4]. Jean-Jacques Patry et Nicole Vilboux éclairent la position allemande sur la question. Cette dernière est due à la croyance allemande selon laquelle l'Afghanistan étant une exception, les futures opérations extérieures seront plus proches de celles que l'Allemagne a menées en ex-Yougoslavie[5].

2. Quel bilan pour l'opération en Afghanistan ?

Face à la lassitude des opinions occidentales à l'égard d'une opération qui ne cesse de perdurer, l'OTAN a, depuis le sommet de Lisbonne de 2010, planifié un processus de retrait des troupes de la coalition, la mission de la FIAS devant s'achever ainsi en 2014, année durant laquelle la majeure partie des membres de la coalition retireront les troupes combattantes d'Afghanistan. Ce processus est l'occasion d'éprouver les prétendus réussites et échecs de l'engagement de la coalition internationale, mais aussi de souligner les carences auxquelles les hommes et femmes de la *Bundeswehr* ont été confrontés depuis 2002.

L'opération vue depuis le quotidien du soldat

Dans le cadre de leur opération en Afghanistan, les hommes et les femmes de la *Bundeswehr* ont depuis plus de dix ans, régulièrement fait état d'un manque de matériel adéquat. Le reproche principal s'est maintes fois concentré sur le peu de véhicules blindés disponibles[6]. Les insuffisances de

---

[1] Ehrhart Hans-Georg, *op. cit.*, p. 18.
[2] Kaim Markus, *op. cit*, p. 13.
[3] Patry Jean-Jacques, Vilboux Nicole, *op. cit.*, p. 6.
[4] Borzillo Laurent, *La Bundeswehr*, tome II, *op. cit.*, pp. 61-65.
[5] Patry Jean-Jacques, Nicole Vilboux, *op. cit.*, p. 6.
[6] *Auslandseinsätze der Bundeswehr. Leitfragen,...*, *op. cit.*, p. 84. Gaschke Susanne, "Armee der Unverstandenen", *Die Zeit*, 4 mars 2010.

l'armement en général ont également été pointées dans de nombreux articles et rapports[1]. Le faible effectif des personnels sanitaires et des médecins fait tout autant partie des récriminations récurrentes dans les analyses et prises de position[2].

Par ailleurs, l'ancien commissaire parlementaire aux forces armées Reinhold Robbe critique le comportement de l'administration civile de la *Bundeswehr* à l'égard des soldats[3]. Ceux qui sont déployés en Afghanistan auraient la sensation que cette administration en lieu et place d'un soutien et de la recherche de l'amélioration des conditions d'engagement des membres des forces armées allemandes, considère le traitement des troupes tel un simple dossier administratif. L'accusation de bureaucrates aveugles de la réalité des opérations est à peine voilée derrière les divers griefs des soldats. En outre, l'administration impose le rapatriement de véhicules blindés nécessaires en cas de constatation de non respect des exigences de sécurité ayant cours en Allemagne selon Marco Seliger. Etant donné le manque de véhicule, cela revient à affaiblir les capacités en ressources matérielles du contingent allemand. Des techniciens sont même envoyés afin d'effectuer un contrôle technique des véhicules. Marco Seliger illustre un cas de contradiction flagrante entre le respect absolu par l'administration des réglementations de sécurité en vigueur en Allemagne et la réalité du terrain. Les jeeps allemandes comprenant des sièges arrières installés vers l'avant et n'ayant que deux portes d'entrée sur les côtés, l'extraction du véhicule n'est pas sans inconvénient majeur en cas d'attaque. Afin de modifier cela, le contingent en Afghanistan avait décidé de placer deux bancs contre les parois latérales et de faire du coffre l'ouverture par laquelle les soldats pourraient entrer et sortir. Cette modification en adéquation avec les nécessités de l'opération, fut refusée par l'administration civile de la *Bundeswehr* à Berlin pour non respect des normes de sécurité allemandes.

L'application des normes et procédures en vigueur en Allemagne semble être un point caractéristique de l'engagement allemand dans l'Hindu Kush. Plusieurs sources[4] mentionnent le tri des déchets effectué dans les camps de la *Bundeswehr* – en vain puisque les Afghans rassemblent les déchets par la suite en un seul amas –, l'installation de radars relatifs à la circulation dans les camps et la stricte obligation du code de la route allemand sur ces bases. Le respect des réglementations en vigueur en Allemagne se retrouve

---

[1] Bimbaum Robert, "Bundeswehr; Not am Mann", *op. cit.* Pajon Christophe, Stöber Jan, *op. cit.*, p. 106. Reimann Anna, "Wehrbeauftragter fordert Panzerwagen mit Roboterarm", *Der Spiegel*, 3 juin 2011. Kaim Markus, *op. cit.*, p. 17.

[2] Hebel Christina, "Stimmung schlecht, Soldaten verunsichert", *Der Spiegel*, 24 janvier 2012.

[3] Bimbaum Robert, "Bundeswehr; Not am Mann", *Der Tagesspiegel*, 17 mars 2010.

[4] Gros-Verheyde, "Les interventions allemandes de crise, en crise ?", *op. cit.* Borzillo Laurent, *La Bundeswehr*, tome II, *op. cit.*, pp. 107-110.

également dans l'utilisation des hélicoptères d'évacuation sanitaire. Fort heureusement, pour le moment les Américains se chargent essentiellement de ce soutien. En cas de prise en charge de cette fonction par la *Bundeswehr,* dans le contexte actuel des rudes combats se déroulant dans le *RC North*, cela poserait quelques difficultés du fait de la confusion entre théâtre national et théâtre d'opération. Les règles que les équipages devraient appliquer, non-atterrissage en cas de brouillard ou de poussières trop importants, vont à l'encontre de la réalité des opérations de combat. Ces règles constitueraient des restrictions portant atteinte à l'efficacité de la *Bundeswehr*[1] selon plusieurs témoins.

Même si désormais une nette amélioration[2] a été accomplie en la matière, d'autres règles ou attitudes ont pu par le passé gêner considérablement l'efficacité des troupes allemandes et irriter les partenaires de l'Allemagne. Hans Stark relate ainsi l'affaire du *Pocket Card*, manuel sur l'ouverture du feu que transportait auparavant le militaire allemand. Selon ce manuel, avant de pouvoir riposter, le militaire se devait de prévenir l'ennemi de son intention de tirer[3]. L'action des *KSK* a également été remise en cause lorsqu'en 2008, un chef *taliban* a pu leur échapper grâce à l'interdiction faite aux forces spéciales allemandes d'ouvrir en premier le feu[4]. Les sorties limitées hors des camps[5], imposées par Berlin à ses troupes a également contribué à cette contestation de l'utilité des troupes allemandes. L'application de ces règles, malgré donc leur éventuelle contre productivité, s'explique selon un officier français par le phénomène de routine et par la volonté chez quelques individus d'éviter « *de prendre des décisions relatives à des sujets épineux* »[6].

L'absence de soutien moral

Plusieurs témoignages tendent à montrer une baisse considérable du moral des soldats et ceci dès 2003. Ils semblent atteints tant par les événements qu'ils vivent que par les informations qui leur parviennent de l'arrière, de leur patrie. Selon le récit[7] du sous-officier Daniel Süßner, suite à l'attentat de 2003 ayant coûté la vie à quatre militaires, alors que ceux-ci se trouvaient dans le bus les menant de leur base à l'aéroport de Kaboul pour prendre l'avion qui devait les ramener en Allemagne, les véhicules

---

[1] Gros-Verheyde, "Les interventions allemandes de crise, en crise ?", *op. cit.* Borzillo Laurent, *La Bundeswehr,* tome II, *op. cit.*, pp. 111-119.

[2] Stark Hans, *op. cit.*, p. 217. Ehrhart Hans-Georg, *op. cit.*, p. 17.

[3] Stark Hans, *op. cit.*, p. 217.

[4] Leboeuf Aline, *op. cit.,* p. 22.

[5] Borzillo Laurent, *La Bundeswehr*, tome II, *op. cit.,* pp. 143-147.

[6] *Ibid.,* pp. 107-110.

[7] Gross Heike, *op. cit.,* pp. 44-54.

empruntant ce trajet furent recouverts de plaques de protection. Toutefois, cela n'empêcha pas les hommes de considérer ce trajet par la suite comme une mission suicide. Ceux-ci avaient perdu toute confiance envers les habitants. Le slogan d'alors, inculqué aux hommes de la *Bundeswehr*, à savoir sourire et faire des signes de la main, n'avait plus de crédibilité selon le sous-officier.

Tant dans l'ouvrage de Heike Gross[1] que dans l'article de *Y- Das Magasin der Bundeswehr*[2], le rôle de la famille en tant que soutien moral pour le soldat est souligné. En Afghanistan, il se matérialise par des conversations téléphoniques ou par des connexions *Skype*. Or le rapport du commissaire parlementaire aux forces armées[3] révèle les difficultés rencontrées dans le maintien des connexions. L'ancien commandant durant le premier semestre 2007de la *PRT* de Feyzabad[4], mentionne quant à lui la présence d'un seul téléphone dans son campement pour joindre l'Allemagne, et la nécessité en découlant de n'accorder qu'avec parcimonie le privilège pour les soldats de téléphoner à leurs proches. Ceci pouvait être la cause de frustration, amplifiée si le seul lien de communication avec la famille venait à être interrompu. L'opération se caractérise donc par un manque de matériel technique assurant le moral. Néanmoins, il ne faut pas oublier l'état de développement du pays expliquant en grande partie les difficultés à mettre en place des moyens performants de communication.

Autre aspect minant le moral des troupes, le peu de soutien mais surtout de compréhension de la population allemande, à l'égard de la mission menée par les soldats de la *Bundeswehr,* affaiblit la détermination de ceux-ci[5]. Les nouvelles que les hommes en Afghanistan reçoivent des débats sur l'opération en Afghanistan ayant lieu en Allemagne tendent à les pousser à s'interroger sur la raison de leur présence. Ceci, non pas tant à cause de la remise en cause de l'engagement de la *Bundeswehr* dans l'Hindu Kush, mais du fait de l'indifférence régulièrement manifestée par l'opinion publique allemande envers l'opération en Afghanistan. En outre, selon un médecin officier d'état-major de santé[6], cette indifférence, lorsqu'elle disparaît, ne laisse très souvent sa place qu'à une absence de perception de la réalité de la mission. Selon Markus Kaim, les militaires développeraient également le

---

[1] Gross Heike, *op. cit.*

[2] Jüttner Björn, "Kämpfen in Kunduz", *Y - Das Magazin der Bundeswehr*, 12 avril 2010.

[3] Deutscher Bundestag, *Jahresbericht 2011 des Wehrbeauftragten,* 24 janvier 2012, 80 p.

[4] Schwitalla Arthur, *op. cit.*

[5] Briedigkeit Jörg, "Aus erster Hand", *Aktuell. Zeitung für die Bundeswehr,* N°37/2009, p. 1. DPA, "Soldaten für breite Debatte über Afghanistan-Einsatz", *Focus,* 23 décembre 2010.

[6] Gross Heike, *op. cit.,* p. 105.

sentiment que les politiques, qui à l'origine les ont envoyés dans cette opération, se préoccuperaient plus d'adopter l'attitude la plus rentable électoralement que de prendre les décisions les plus efficaces pour le succès de la mission de la *Bundeswehr*.

> « *C'est précisément lors des débats autour du mandat [...], que l'on a pu voir clairement comment chaque homme politique a exploité cette question pour se distinguer sur un plan intérieur ; comment ces mêmes hommes politiques ont encouragé les décisions qui ont réduit l'efficacité de la Bundeswehr sur le terrain et en fin de compte, démoralisé les forces armées, car les soldats ont dû avoir l'impression que les dirigeants politiques n'étaient pas réellement unis derrière eux*[1]. »

Par ailleurs, des soldats se plaignent du manque d'explications de leur engagement en Afghanistan. Certains souhaiteraient que leur soient mieux expliquées les raisons de leur mission dans une région si éloignée de l'Allemagne. Les fondations politiques telles que la fondation Friedrich Ebert ou encore la fondation Konrad Adenauer organisent en République fédérale des conférences sur le sujet, qui peuvent se dérouler parfois dans des casernes[2]. Cependant, les bureaux de ces fondations en Afghanistan ne travaillent pas avec la *Bundeswehr* sur cette thématique. Cette absence de discours justifiant la mission de la *Bundeswehr* auprès des soldats déployés peut être également considérée comme une cause d'affaiblissement du moral des troupes. Certes, les déplacements d'hommes politiques peuvent y remédier partiellement. À cet égard le nombre régulier de visites qu'effectue l'actuel ministre de la Défense, tout comme le faisait son prédécesseur est l'occasion non seulement de redonner les raisons de l'engagement de la *Bundeswehr* mais aussi de signaler le soutien des dirigeants politiques. Cela ne règle cependant pas l'absence d'un soutien fort et de compréhension de la part de l'opinion et des politiques. En outre, les visites de députés qui pourraient également contribuer au moral des troupes, souffrent à tort ou à raison du stéréotype de l'homme politique se rendant en Afghanistan pour rencontrer les soldats issus de sa circonscription une heure durant pour ensuite repartir immédiatement vers Berlin, sans vraiment comprendre la réalité du quotidien des soldats[3].

En outre, la cécité de la classe politique vis-à-vis de la réalité de l'opération, qui a longtemps dominé[4], a apparemment engendré des comportements de la part des hauts gradés ignorant, voire sanctionnant, les officiers d'état-major dont les rapports ou les actions les mettaient en garde face à la dégradation de la situation. C'est ce qui ressort du récit[5] que donne

---

[1] Kaim Markus, *op. cit.*

[2] Borzillo Laurent, *La Bundeswehr,* tome II, *op. cit.,* pp. 48-53.

[3] *Ibidem,* pp. 61-65.

[4] Depuis les années 2008-2009, cette cécité n'est plus.

[5] Blasberg Anita, Willeke Stefan, *op. cit.*

le colonel Christian Meyer, commandant de la *PRT* de Kundus en 2008 dans l'article de *Die Zeit*. Ce dernier accuse le général de brigade Jürgen Weigt d'avoir ignoré ses demandes quant à l'utilisation par ses hommes des meilleurs véhicules blindés disponibles stationnés à Mazar-i-Charif, suite à une escalade de la violence autour de Kundus. Or quelques jours plus tard le 6 août 2008, un attentat contre un convoi de la *Bundeswehr* blessait trois hommes dont deux grièvement[1]. Peu de temps après le colonel Christian Meyer fut relevé de ses fonctions, ses fichiers et notes informatiques supprimés. Une telle attitude, si cette histoire était avérée, ne peut qu'atteindre de manière plus profonde le moral et la détermination des soldats.

Le processus de retrait

Le retrait ne signifie pas pour autant la fin de la présence des troupes internationales en Afghanistan. Ce constat a été réaffirmé par le secrétaire général de l'OTAN Anders Fogh Rasmussen en mai 2012[2]. La nouvelle mission comprendrait trois tâches à accomplir : formation, conseil et assistance aux forces de sécurité afghanes. Ce soutien aux autorités afghanes et à ses forces pourrait durer plus d'une décennie[3]. Fin 2014, Jean Guisnel estime qu'il ne restera plus que 15 000 soldats de la coalition internationale[4].

Des soldats de la *Bundeswehr* continueront à être présents également. Ces soldats ne prendront pas part à des actions de combats, ce que confirme un député de la *CDU* dans une interview[5]. Néanmoins, bien que le cœur de la nouvelle mission soit la formation et l'assistance, des troupes s'avèreront nécessaires pour protéger les formateurs[6]. Afin de garantir leur évacuation, la base de Termez sera probablement maintenue. Ce soutien allemand a été scellé par un traité entre les deux pays, signé en mai 2012. Bien que ne précisant pas l'effectif du contingent allemand, le traité mentionne clairement le rôle de l'Allemagne dans la formation et l'assistance des forces de sécurité afghanes[7]. Dès le printemps 2012, des observateurs estimaient

---

[1] L'un des deux blessés graves mourut par la suite.

[2] Gros-Verheyde Nicolas, "A Chicago, définir une nouvelle mission en Afghanistan après 2014", *Bruxelles2*, 11 mai 2012.

[3] Gebauer Matthias, "Zahlen und Hoffen", *Der Spiegel*, 5 décembre 2011.

[4] Guisnel Jean, "L'armée afghane conduira les raids nocturnes", *Le Point*, 9 avril 2012.

[5] Borzillo Laurent, *La Bundeswehr, tome II, op. cit.*, pp. 13-16. Source anonyme, député de la *CDU* au *Bundestag*, entretien réalisé en mars 2012.

[6] *Ibidem*, pp. 61-65. Gebauer Matthias, "De Maizière macht Soldaten in Afghanistan Mut", *Der Spiegel*, 21 décembre 2011.

[7] "Hamid Karzaï en visite médicale et diplomatique à Berlin", *L'Express*, 27 mai 2012.

que près de 1 000 soldats allemands seraient ainsi affiliés à ces tâches[1]. Lors d'un point de presse en avril 2013, les ministres Thomas de Maizière et Guido Westerwelle évoquèrent finalement des effectifs compris entre 600 et 800 soldats pour l'après 2014[2].

Le retrait pose néanmoins un problème logistique non négligeable. D'après les informations de Jean-Dominique Merchet, il y aurait en tout 72 000 véhicules et 150 000 conteneurs à retirer pour l'ensemble des membres de la coalition[3]. Excepté par voie aérienne, seules deux directions permettent d'acheminer le matériel hors du pays. Par le Pakistan, soit par la passe de Khyber, soit par la route menant à Quetta, ou par le nord à travers les républiques d'Asie centrale. Ces derniers mois, le Pakistan a refusé le passage aux convois de l'OTAN en représailles aux frappes américaines ayant causé la mort de soldats pakistanais. Les négociations ont longtemps échoué compte tenu du prix exorbitant aux yeux des officiels de l'Alliance atlantique exigé par Islamabad, trente fois plus cher que le tarif antérieur[4]. Le 3 juillet dernier, un accord semble toutefois être intervenu, autorisant la réouverture de ses deux routes. La route du Nord à travers le territoire des anciennes républiques d'Asie centrale de l'Union soviétique et de la Russie autorise tant les trajets en camions qu'en train. En effet, un chemin de fer relie Mazâr-i-Charif au sud de l'Ouzbékistan. Elle permet de relier la base principale allemande en Afghanistan au port lituanien de Klaipeda[5] en passant par l'Ouzbékistan, le Kazakhstan et la Russie[6]. Au mois de mai 2012, un accord entre l'OTAN et Tachkent assure une première route aux forces de l'OTAN pour leur retrait. Cet accord implique la fin partielle de la crainte d'un retrait des forces armées de chaque pays membre de la FIAS séparément et dans un certain chaos, chaque pays négociant individuellement avec les voisins de Kaboul[7]. Pour la *Bundeswehr*, cela signifie également qu'elle se retrouve en première ligne dans la gestion du bon déroulement dudit retrait. En effet, l'Allemagne détenant le commandement du *RC North,* c'est sous sa responsabilité que les convois

---

[1] Gebauer Matthias, "Berlin drängt Karzai zu weiteren Reformen", *Der Spiegel*, 15 mars 2012.

[2] Wiegold Thomas, "Deutschland legt vor: 600 bis 800 Soldaten nach 2014 in Afghanistan", *Augengeradeaus*, 18 avril 2013. http://augengeradeaus.net/2013/04/deutschland-legt-vor-600-bis-800-soldaten-nach-2014-in-afghanistan/

[3] Merchet Jean-Dominique, "Par quelle route quitter l'Afghanistan ?", *Marianne2*, 13 avril 2012.

[4] AFP, "Les discussions avec le Pakistan sur les convois de l'Otan piétinent", *Le Point,* 20 mai 2012.

[5] Plus connu sous son ancien nom allemand : Memel.

[6] Gebauer Matthias, "Nato sichert erste Route für Afghanistan-Abzug", *Der Spiegel*, 20 mai 2012.

[7] *Ibidem.*

auront lieu. Selon Matthias Gebauer, cela risque d'engendrer un ralentissement du retrait des troupes allemandes[1].

État du pays

Dix ans après le début des opérations en Afghanistan par la coalition internationale, quel est l'état de la situation du pays ? En juin 2009 le Dr Patrick Keller faisait état du nombre de 50 000 personnes, étudiant dans l'une des dix-neuf universités du pays et de celui de 10 000 individus inscrits dans des écoles de formation technique professionnalisante, et mettait en avant l'augmentation de la croissance depuis 2001, tout comme celle du revenu par habitant[2]. L'officier Nguyen souligna également les progrès effectués dans les domaines éducatifs, et en infrastructure à travers la construction de routes et l'installation de réseaux électriques[3]. Ce tableau s'assombrit lorsque l'on s'attarde sur la lutte contre la drogue[4], sur la situation de la femme afghane, ou bien encore sur les droits de l'homme, ainsi que l'indique Matthias Gebauer dans un article datant de juillet 2011[5]. Le véritable échec repose toutefois dans le domaine de la gouvernance, où les autorités afghanes ne sont plus en état de faire illusion, ce que Matthias Gebauer tout comme l'officier Nguyen attestent[6]. L'ancien ministre fédéral de la défense Peter Struck déclarait en décembre 2011 que sa confiance à l'égard du gouvernement du président Hamid Karzai avait tout simplement disparu[7]. Selon l'officier Nguyen,

> « *la solution aurait été de doubler les postes des civils afghans de la même manière que nous l'avons fait pour les militaires chargés d'un commandement, c'est-à-dire faire du Mentoring administratif. Mais personne n'a été envoyé là-dedans pour de nombreuses raisons* »[8].

Le même problème que dans l'application concrète et complète du concept de sécurité en réseau se retrouve donc ici, *id est* le manque de civil.

La situation sécuritaire semble toutefois s'être améliorée. En 2009, celle-ci s'était dégradée au point d'entraîner le départ de nombreuses personnes

---

[1] *Ibidem.*
[2] Keller Patrick, "Argumente für Afghanistan...", *op. cit.*
[3] Borzillo Laurent, *La Bundeswehr*, tome II, *op. cit.*, pp. 111-119.
[4] *Ibidem,* pp. 101-106. Gebauer Matthias, "Augen zu und raus", *Der Spiegel*, 4 juillet 2011.
[5] Gebauer Matthias, "Augen zu und raus", *op. cit.*
[6] Borzillo Laurent, *La Bundeswehr*, tome II, *op. cit.*, pp. 111-119. Gebauer Matthias, "Augen zu und raus", *op. cit.*
[7] Langer Annette, "Die Bundeswehr könnte für immer hier bleiben", *Der Spiegel*, 3 décembre 2011.
[8] Borzillo Laurent, *La Bundeswehr*, tome II, *op. cit.*, pp. 111-119.

d'ONG et de collaborateurs des Nations-Unies[1]. Un article de novembre 2010 de Matthias Gebauer évoquait une détérioration de l'environnement sécuritaire dans le *RC North* et la présence de plusieurs combattants ouzbeks, tchétchènes et arabes, se revendiquant du mouvement islamiste d'Ouzbékistan[2]. Durant l'année 2011, la situation se modifie, et les propos du général Hans Werner Fritz[3] soutiennent qu'un net changement dans l'évolution de la situation a eu lieu, les troupes de la FIAS étant dans la capacité de chasser les *talibans* de plusieurs villages et de s'y maintenir par la suite. Le bilan que tire l'officier Nguyen dans le domaine de la sécurité est également positif :

> « *question sécurité, c'est plutôt positif. Aucun poste allié n'est tombé depuis dix ans. L'insurrection est dérisoire [...], il n'y a pas d'armée talibane. Ce sont des luttes locales de pouvoir. Ce ne sont que des sommes de luttes locales de pouvoir qui se traduisent par des petits coups d'épingle à droite et à gauche, auxquelles on peut rajouter quelques affaires d'IED dues à des trafics* »[4].

Toutefois la situation, bien qu'ayant évolué positivement, est loin d'être stable à en croire Matthias Gebauer malgré les progrès réalisés[5] durant l'année 2011[6]. Les discussions rapportées par le journaliste Nicolas Gros-Verheyde lors de la réunion des ministres des Affaires étrangères de l'Union européenne en avril 2012 confirment le caractère instable de l'environnement sécuritaire, tout comme les attaques des *talibans* à Kaboul durant le même mois qui firent cinquante et un morts dont trente-six assaillants[7], même si celles-ci avaient apporté paradoxalement la preuve de l'amélioration des capacités de réaction des forces armées afghanes[8].

S'agissant de la formation des forces de police, celle-ci obtiendrait de bons résultats selon les informations que Matthias Gebauer avançait en

---

[1] Leboeuf Aline, *op. cit.*, p. 26.

[2] Gebauer Matthias, "Nato drängt zur Offensive gegen Taliban", *Der Spiegel*, 19 novembre 2010.

[3] Seliger Marco, "Operation Jadid", *op. cit.*, p. 36.

[4] Borzillo Laurent, *La Bundeswehr*, tome II, *op. cit.*, pp. 111-119.

[5] Parmi ces progrès, il est à signaler qu'en décembre 2011 le commandement de la *PRT* de Feyzabad ne relevait plus que du ministère des Affaires étrangères. En novembre 2012, la *PRT* de Kunduz subit une évolution semblable. Hengst Björn, "Bundeswehr leitet Rückzug aus Afghanistan ein", *Der Spiegel*, 13 décembre 2011. Wiegold Thomas, "Under new Management: PRT Kundus", *Augengeradeaus*, 15 novembre 2012.
http://augengeradeaus.net/2012/11/under-new-management-prt-kundus/

[6] Gebauer Matthias, "De Maizière macht Soldaten in Afghanistan Mut", *Der Spiegel*, 21 décembre 2011.

[7] AFP, "Afghanistan: les attaques des talibans, un message à l'Occident", *L'Express*, 16 avril 2012.

[8] *Ibidem.*

juillet 2011[1]. Le ministre fédéral de la Défense Thomas de Maizière demeure cependant très circonspect quant à l'évolution de la situation et précise que compte tenu du retrait parallèlement engagé des troupes de la coalition, la stabilisation de l'environnement sécuritaire ne se fera pas sans une perpétuation des efforts consentis jusqu'ici et une mise en œuvre du plan de retrait des troupes tributaire de la situation dans le *RC North*[2]. En outre, le ministre rappela en décembre dernier que compte tenu de l'importance tactique tant pour les insurgés que pour la *Bundeswehr* des tronçons de routes se situant dans les provinces de Baghlan et de Kunduz, ces deux régions ne seraient sûrement pas calmes dans les mois à venir[3]. Ces voies permettent en effet de relier Kaboul à Mazar-i-Charif mais également, à terme, de rallier en partant depuis la capitale la base de Kunduz et par extension le Tadjikistan et les bases françaises et américaines de Douchanbé. La *Bundeswehr* risque donc d'être encore soumise à de rudes combats dans les mois à venir.

Les enseignements de l'Afghanistan

Une des leçons de l'Afghanistan que résume le général Jean-Louis Georgelin, est que « *la réalité du conflit asymétrique, c'est que l'on bascule désormais instantanément de la basse intensité à la haute intensité et à l'extrême violence* »[4]. Cette réalité n'est pourtant guère acceptée par Berlin. Même si sur le terrain les troupes de la *Bundeswehr* s'y sont adaptées, l'analyse de Berlin quant aux futures opérations, estimant que celles-ci seront plus proches des interventions en ex-Yougoslavie, démontre que cette caractéristique des conflits asymétriques n'est pas appréhendée dans sa globalité. Pourtant pour nombre d'experts et d'analystes, ces conflits sont les plus probables dans les années à venir.

La conduite de la guerre dans l'Hindu Kush semble démontrer un oubli de Clausewitz de la part des dirigeants et militaires allemands. Il ne s'agit pas ici de l'approche concernant le recours à la guerre, mais de la mise en œuvre de celle-ci. Une des raisons de l'absence de « bataille » est due à la recherche par la FIAS de la détention de tous les avantages possibles. En agissant ainsi, les troupes internationales ont mis en œuvre des tactiques instaurant l'équivalent d'un dispositif de forteresse. Or ce genre de forteresse est toujours contourné par l'ennemi selon Clausewitz, expliquant le refus de bataille de la part des insurgés et leur utilisation systématique de techniques

---

[1] Gebauer Matthias, "Augen zu und raus", *op. cit.*

[2] Gebauer Matthias, "De Maizière dämpft Hoffnung auf einen schnellen Abzug", *Der Spiegel*, 21 décembre 2011. Gebauer Matthias, "Zahlen und Hoffen", *op. cit.*

[3] Gebauer Matthias, "Wir haben unsere Opferbereitschaft bewiesen", *op. cit.*

[4] Servent Pierre, *Les guerres modernes racontées aux civils... et aux militaires*, Buchet Chastel, 2009, 300 p, p. 27.

de harcèlement et d'embuscades[1]. Autre élément de la pensée clausewitzienne qui, en 2001, fut ignoré, le choix d'entrer en guerre ne devrait être réalisé selon ce théoricien militaire qu'à partir d'une analyse des objectifs, des moyens pour les atteindre et de l'environnement dans lequel ses forces armées auront à se mouvoir[2] : « *nulle guerre n'a lieu, ou ne devrait raisonnablement avoir lieu, sans que l'on établisse ce que cette guerre veut accomplir et comment* »[3].

La *Bundeswehr* a néanmoins évolué à cause de ce conflit ou grâce à ce dernier. Le ministre Thomas de Maizière estime que l'intervention a mis fin à l'image que lui prêtaient les pays membres de l'OTAN[4], celle d'une *Bundeswehr* incapable de combattre et plus proche d'un organisme armé d'observateurs électoraux. Les combats et les opérations ont d'ailleurs transformé non seulement les forces armées allemandes mais aussi la République fédérale. L'officier allemand du *MGFA* cité précédemment[5] confirme dans ses propos l'influence que l'intervention a désormais sur les Allemands[6].

En dix ans, près de 98 000 soldats de la *Bundeswehr* auraient effectué des opérations en Afghanistan. Ce bilan n'indique pas cependant la part de soldats ayant, pendant leur opération, effectué des sorties régulières et eu de réels contacts avec les Afghans. La *Bundeswehr* dénombre également deux cents blessés et cinquante-quatre tués au printemps 2013.

---

[1] Vincent Desportes, *op. cit.*

[2] Clausewitz Karl von, *De la guerre,* Paris, éditions Perrins, 2006, 427 p, livre VIII, pp. 357-427.

[3] *Ibidem*, p. 360.

[4] Gebauer Matthias, "Wir haben unsere Opferbereitschaft bewiesen", *op. cit.*

[5] Voir *supra*, p. 14.

[6] Borzillo Laurent, *La Bundeswehr,* tome II, *op. cit.*, pp. 72-76 : "*Sie dürfen nicht vergessen, dass unsere Afghanistans Erfahrung uns noch viele Jahre lang prägen wird.*"

CHAPITRE IV

UNE AUGMENTATION DES OPERATIONS DE PAR LE MONDE

1. Opérations maritimes et au cœur de l'Afrique

L'engagement allemand en Afghanistan a eu également pour résultante une plus grande implication de l'Allemagne dans d'autres crises de par le monde au cours de la première décennie du XXIe siècle, et l'envoi de troupes allemandes dans des régions tout aussi éloignées de Berlin que Kaboul peut l'être, ou encore dans des régions où les exactions nazies sont loin d'être oubliées.

L'opération Eufor RDC

La présence de la *Bundeswehr* en République démocratique du Congo[1] débuta en 2003, lors de l'opération Artémis qui dura de juin à septembre. Se déroulant dans l'est du pays en Ituri, son fondement juridique reposa sur la résolution 1484 du conseil de sécurité de l'ONU. La France prit le rôle de la nation-cadre de cette mission menée par l'Union européenne, en vue de soutenir les forces de la MONUC[2] dans la stabilisation de cette région. La participation allemande fut limitée aux tâches de transport aérien et d'évacuation médicale. Un effectif de moins de cent hommes prit part à la mission.

Trois ans plus tard, faisant suite à la demande de soutien à la force onusienne adressée par le directeur du département des opérations de maintien de la paix de l'ONU, l'Allemagne fut contrainte d'accepter de prendre part derechef à une opération en RDC. Cette obligation est due à sa politique étrangère de l'époque, adoptant un soutien ferme à l'ONU. En outre, elle dut endosser le rôle de nation-cadre[3], prenant ainsi le commandement de l'opération Eufor RDC de l'Union européenne et la dirigeant depuis le *Einsatzführungskommando*[4] à Potsdam. Ce fut la première activation du *Einsatzführungskommando.* Cette demande fut faite dans l'optique des élections présidentielles qui devaient se tenir à l'automne 2006. Le mandat contenu dans la résolution 1671 du conseil de sécurité consistait à soutenir la MONUC forte de 17 800 hommes, à participer à la

---

[1] RDC.

[2] Mission de l'Organisation des Nations unies en République démocratique du Congo.

[3] Stark Hans, *op. cit.*, p. 202.

[4] Voir *infra,* p. 103.

sécurisation de Kinshasa ainsi que de son aéroport, et à protéger les membres du gouvernement congolais ainsi que les trois cents observateurs électoraux déployés.

Si le gouvernement allemand accepta d'envoyer un contingent de cinq cents hommes, il refusa la mobilisation du groupement tactique de l'Union européenne d'astreinte au moment des faits. Ce refus s'explique par la composition du bataillon d'astreinte à cette époque, au sein duquel servaient 1 500 Allemands et quatre Français[1]. Berlin refusait de fournir le principal contingent sur place. Par ailleurs, le gouvernement allemand exigea que l'opération européenne se limite strictement à la capitale, à l'exception des mesures à prendre afin d'assurer le soutien des observateurs électoraux. Eufor RFC fut dotée d'une force de 1 780 soldats constituée à un tiers d'Allemands, à un tiers de Français et, pour le reste, de soldats d'autres nations européennes. Outre la limitation géographique, une limitation dans le temps fut imposée par l'Allemagne, la mission ne devant durer que quatre mois, d'août à novembre, durant la phase finale du processus électoral[2]. Bien qu'ayant le commandement suprême de la mission depuis Potsdam, sur place le quartier général des forces fut pris en main par un général français. Les soldats de la *Bundeswehr* ne se déployèrent cependant pas en RDC mais au Gabon, à Libreville. Ce choix s'explique par l'accessibilité du site par voie maritime depuis l'Allemagne et par la liaison aérienne qu'il assure avec Kinshasa.

Du 20 au 22 août[3], des partisans du président Joseph Kabila attaquèrent la résidence de son opposant Jean-Pierre Bemba, nécessitant une mobilisation des troupes européennes. Cent-trente soldats espagnols, constituant les seules troupes effectives de combat sur place, intervinrent. Ce n'est que deux jours après les attaques et alors que la situation s'était déjà apaisée, que deux cents soldats de la *Bundeswehr* en provenance du Gabon prirent part à la stabilisation de la situation. La mission s'acheva sans autre événement notable. Toutefois, son bilan positif fut en quelque sorte le résultat de la fortune[4]. Le processus électoral prenant du retard, le deuxième tour fut repoussé au 15 novembre, au lieu du 29 octobre, date initialement prévue. La mission s'achevant le 30 novembre, plusieurs pays plaidèrent pour une extension temporaire du mandat en cas de troubles post-électoraux. Berlin refusa catégoriquement toute modification du calendrier de retrait. Même lorsque le 27 novembre des échanges de tirs eurent lieu, Berlin resta inflexible. L'origine de cette position s'explique par le peu d'engouement

---

[1] *Auslandseinsätze der Bundeswehr. Leitfragen,..., op. cit.*, p. 69.

[2] Grill Bartholomaeus, "Sollen deutsche Soldaten in den Kongo ?", *Die Zeit*, 30 mars 2006.

[3] *Auslandseinsätze der Bundeswehr. Leitfragen,..., op. cit.*, p. 67. Borzillo Laurent, *La Bundeswehr,* tome II, *op. cit.*, pp. 101-106.

[4] *Ibidem*, p. 72.

pour cette mission en Allemagne, mais démontre en même temps la légèreté avec laquelle la mission fut traitée par le gouvernement allemand. Ainsi que le souligne l'étude de la *Stiftung Wissenschaft und Politik*, si l'évolution inverse s'était produite, Berlin aurait été sévèrement accusé d'inconséquence, se retirant au moment même où des violences se seraient produites[1].

Le récit du lieutenant Hartmut Freitag, démontre le manque de préparation de cette opération de la *Bundeswehr*. Le matériel n'arriva en effet qu'avec plusieurs jours de retard. Pour se loger durant cette période, les Allemands durent louer des hôtels et des salles de sport à Libreville. La logistique qui était prise en charge par une firme espagnole, se révéla des plus critiquables : les espaces prévus pour le matériel et les munitions n'étaient au début de l'opération peu, voire pas utilisable. La qualité de l'alimentation est également remise en cause par l'officier allemand[2].

Bien que n'ayant connu aucune vicissitude, l'opération se distingue par une participation allemande extrêmement limitée tant en terme de durée qu'en terme de théâtre d'opérations restreint. Par rapport au contexte du pays et à sa stabilisation, la contribution d'EUFOR RDC est plus que modeste, ce que Hans Stark souligne[3].

L'opération UNIFIL

À la suite du conflit au Liban de l'été 2006 lors duquel Israël affronta le Hezbollah, il fut décidé de renforcer la mission de l'ONU sur place, la FINUL[4]. Sur demande insistante de l'État d'Israël, Berlin fut convié à déployer des troupes dans le cadre de la nouvelle résolution adoptée sur les missions de la FINUL par le conseil de sécurité de l'ONU. Toujours du fait de sa politique internationale visant à renforcer les instances internationales, l'Allemagne ne put se dérober et accepta de participer à la force navale de la FINUL. Sa mission consiste à permettre à long terme à la marine libanaise de prendre seule en charge la surveillance de son espace maritime. Parallèlement, la *Task Force* maritime a pour mission de débusquer les navires transportant des armes à destination du *Hezbollah*.

Les troupes allemandes disposent d'une base à Chypre à Limassol. Les conditions de sécurité incertaines régnant à Beyrouth sont à l'origine de ce choix. À partir de septembre 2006, 1 087 soldats allemands prirent part à l'opération ainsi que deux frégates, deux vedettes, un chasseur de mine, deux

---

[1] *Ibid.*

[2] *Freitag Hartmut,* "EUFOR-Einsatz in der Demokratischen Republik Kongo", *Europäische Sicherheit : Politik, Streitkräfte, Wirtschaft, Technik,* n° 4/ 2007, pp. 65-67.

[3] Stark Hans, *op. cit.*, p. 203.

[4] Force intérimaire des Nations Unies au Liban.

hélicoptères embarqués et un navire de soutien[1]. Si l'Allemagne accepta de se joindre à l'opération, elle précisa que ses troupes ne participeraient en aucun cas à des opérations militaires au sol. Seules des tâches de soutien, de reconstruction ou de protection pourraient être accomplies par la marine allemande. Ce refus peut sembler indiquer une nouvelle preuve des participations très, voire trop prudentes de l'Allemagne, dont au final l'efficacité des troupes peut être questionnée. Dans le cas de la FINUL, même si l'on peut être en droit de soulever la question, l'attitude allemande est compréhensible du fait du poids dans les mémoires de la *Shoah*. Imaginer des troupes allemandes participant à la FINUL au sol signifierait accepter la possibilité d'une confrontation entre celles-ci et *Tsahal*.

Bien que limitée à l'aspect maritime de l'opération, la marine allemande semble selon plusieurs sources s'être considérablement investie dans la formation de son homologue libanaise, lui livrant en outre des radars et lui apportant son aide dans la construction de six stations d'observation[2]. En automne 2006, c'est elle qui prit le commandement de l'opération. La pertinence de l'engagement des navires allemands est toutefois contestable. La formation dispensée à la marine libanaise et les équipements qui lui sont livrés, sont accomplis avec comme visée, la prise en charge des fonctions de surveillance des eaux libanaises par la marine dudit pays. La composante maritime de l'armée libanaise étant négligée par Beyrouth au profit de son armée de terre, même dans le cas hypothétique où la marine libanaise venait à être jugée apte à assurer seule des missions de surveillance de l'espace maritime libanais, rien ne garantit que les moyens financiers nécessaires à l'accomplissement de ces missions seront accordés durablement par le gouvernement libanais.

Quant à la deuxième mission de cette *Task Force*, à savoir l'obstruction envers les navires cherchant à faire parvenir des armes au parti de Dieu, son bilan est un aveu d'échec mais aussi d'impuissance. La composante maritime n'a absolument pas réussi à nuire au réarmement du *Hezbollah*. Cela tient au fait que la majeure partie de cet armement transite par la frontière syro-libanaise. Qui plus est, même les navires soupçonnés de transporter des armes ne sont pas arraisonnés par la *Deutsche Marine*. Le mandat prévoit en effet que les navires de la FINUL avertissent la marine libanaise de leurs soupçons. À charge ensuite à celle-ci de mener des inspections sur les bâtiments en question.

Participant depuis maintenant six ans à cette mission, l'Allemagne a fait clairement comprendre par la voie de son ministre de la défense son désir de mettre un terme à cette mission, qui s'éternise sans pour autant avoir une

---

[1] *Auslandseinsätze der Bundeswehr. Leitfragen,..., op. cit.*, p. 104.

[2] Abi Nasr Boutros, "Seeblockade beenden und dem Libanon helfen: Deutsche Marine vor Libanons Küste", *Marine-Forum. Zeitschrift für maritime Fragen*, n° 9/2009, pp. 9-10.

réelle effectivité[1]. C'est sans doute un paradoxe troublant en comparaison des opérations actuellement en cours en Afghanistan : alors que les dernières actions de la *Bundeswehr* dans l'Hindu Kush semblent porter leurs fruits, la mission de la *Bundeswehr* jouit d'une image peu reluisante. À l'inverse, les actions de la marine jouissent d'une image positive sans pour autant garantir une quelconque influence sur les trafics d'armes alimentant le mouvement chiite. La participation et la présence des troupes allemandes répondent donc dans le cas libanais plus de la symbolique, même si la *Bundeswehr* ne peut être tenue pour responsable de cet état de fait. Au printemps 2013, cent quatre-vingt-quatre soldats de la *Bundeswehr* étaient présents au large du Liban ainsi qu'une corvette et une vedette[2].

L'opération EUNAVFOR Atalanta

Le 8 décembre 2008, face à l'augmentation des actes de pirateries au large des côtes somaliennes perturbant le trafic commercial et les convois du PAM[3] à destination de la population somalienne, l'Union européenne lança l'opération EUNAVFOR Atalanta[4]. Ses objectifs sont d'assurer la sécurité des navires du PAM, ainsi que des bâtiments croisant dans la zone de l'opération et dans la mesure du possible, de dissuader les pirates de toute action d'abordage. Il ne s'agit pas de mener une chasse aux pirates. Le commandement est assuré depuis le quartier général de Northwood par le Royaume-Uni. La force est composée en moyenne de six à huit navires, complétés de deux à trois avions de surveillance et d'hélicoptères[5]. Les navires d'Atalanta ne font que rejoindre ceux d'autres pays assurant déjà des actions de surveillance et de dissuasion à l'égard de ces nouveaux flibustiers[6], ou patrouillant à titre de forces antiterroristes. En tout, une trentaine de navires de guerre sont présents dans cette zone géographique.

---

[1] Gebauer Matthias, "De Maizière peilt Ende von Unifil-Einsatz an", *Der Spiegel*, 14 juillet 2011.

[2] Site Internet de la *Bundeswehr* : http://www.marine.de/portal/a/marine/!ut/p/c4/FcdBDkBADAXQs7hAu7dzC-w6UvxMdYQOidMjb_V45I_LhUUCxcW452FCm27a5CDJUdVMSeGnxKNUHTPs_6oIdd5z17zDAddG/

[3] Programme alimentaire mondial des Nations Unies.

[4] Gros-Verheyde Nicolas, "L'Opération Atalanta anti-pirates. Dispositif européen et tiers", *Bruxelles2*, 21 décembre 2008,

[5] *Ibidem.*

[6] Depuis 2002, une *Task Force* internationale la *CTF* 150 patrouille au large de la corne de l'Afrique et du détroit d'Ormuz. L'opération *Ocean Shield* de l'OTAN contribue également à la lutte contre les pirates, ainsi que des navires russes, indiens, iraniens, ou encore chinois. Gros-Verheyde Nicolas, "Somalie, la première opération maritime pour l'Europe de la défense ?", *Bruxelles2*, 18 août 2008.

En accordant dans son mandat une limite maximale de 1 400 soldats pour cette opération, l'Allemagne a clairement démontré son intérêt pour celle-ci. Cette limite est restée inchangée. Depuis quatre ans, la marine allemande et ses consoeurs françaises et espagnoles sont les principaux contributeurs en effectifs et moyens[1]. Elle a déjà régulièrement obtenu le commandement temporaire sur place depuis le début de l'opération. Les bâtiments allemands ont participé et effectué de nombreuses actions de dissuasion[2] envers les pirates et même coulé certains de leurs navires[3].

Forces allemandes engagées[4] dans le cadre de l'opération EUNAVFOR Atalanta

2008	2011	2012
Une frégate Deux hélicoptères Un avion patrouilleur Un commando	Deux frégates Un avion patrouilleur Effectif total de 550 hommes	Une frégate Un avion patrouilleur Nageurs de combat Effectif total de 322 hommes

Le bilan en ce qui concerne la protection des navires du PAM est nettement positif. Il l'est cependant moins pour les actes de piraterie. Certes, des progrès ont été réalisés. L'augmentation des actions des navires de guerre a cependant entraîné une radicalisation des pirates qui n'hésitent plus à tuer. Par ailleurs, leurs techniques innovantes n'accordent à tout nouveau dispositif mis en place contre eux, qu'une efficacité éphémère. En outre, il n'existe pas de solution à l'heure actuelle concernant les pirates appréhendés. Aucune cour de justice internationale en droit maritime n'étant en mesure de les juger, seuls quelques accords avec les pays frontaliers de la Somalie permettent de le faire et de condamner ces individus à la suite d'un procès. La plupart étant somaliens, ils devraient être jugés par les autorités de ce pays. Las, la situation qui y règne depuis plus de vingt ans l'interdit. En 2012, on dénombre mille personnes devant répondre devant une cour de justice à des accusations de piraterie[5]. La majeure partie l'est dans des pays riverains de l'océan Indien.

---

[1] Gros-Verheyde Nicolas, "L'Opération Eunavfor Atalanta en dessous de la ligne rouge début 2012", *Bruxelles2*, 22 novembre 2011.
[2] Gros-Verheyde Nicolas, "Le Lübeck force les pirates à abandonner un de leurs bateaux mères", *Bruxelles2*, 21 janvier 2011.
[3] Ternieden Hendrik, "Deutsche Fregatte versenkt kleine Piratenboote", *Der Spiegel*, 10 juin 2011.
[4] Gebauer Matthias, "EU will Seeräuber auch im Landesinnern jagen", *Der Spiegel*, 26 mars 2012. Stanek Julia, "Kampfschwimmer der Bundeswehr sollen Piratenschiffe lahm legen", *Der Spiegel*, 4 mars 2012.
[5] Gros-Verheyde Nicolas, "Plus de 1000 pirates poursuivis en justice depuis 2006, dernier bilan", *Bruxelles2*, 21 février 2012.

Pour la marine allemande, l'opération reste un succès mais pèse sur ses faibles moyens selon un officier allemand[1]. Le problème du jugement des pirates l'a concernée dès son entrée en action, puisque dès décembre 2008 elle arrêtait des pirates… pour les relâcher quelques heures plus tard, ses soldats n'ayant aucun fondement légal pour les maintenir aux arrêts[2], révélant par la même occasion les faiblesses du mandat de la *Bundeswehr*[3]. L'action allemande reste cependant amoindrie dans son efficacité de par la division des compétences entre ministères. Le cas du porte-conteneurs *Hansa Stavanger* constitue une excellente illustration. Pris d'assaut par les pirates le 4 avril 2009, son équipage de vingt-quatre membres se retrouve prisonnier. Un des navires de la *Deutsche Marine* sur place ne put intervenir. Cet empêchement fut dû à l'absence de compétence pour la marine dans la libération des otages. Ceux-ci le furent quatre mois plus tard par l'unité de la police fédérale, le *GSG9*, seule habilitée à intervenir dans ce type de scénario. Évoquant l'opération relative au Ponant de la marine française, l'enseigne Fabian Claus Baumert[4] regretta l'incapacité allemande de pouvoir mener des opérations aussi rapides, où les ministères et divers acteurs concernés coopèrent étroitement, avec au besoin un rappel à l'ordre décisif de la présidence de la République.

Étant donné le maintien des actes de piraterie et le refus de plusieurs États, dont l'Allemagne, de mettre à disposition des armateurs et de leurs bâtiments des petites équipes de militaires à leur bord, la question du recours à des entreprises de sécurité privée s'est posée avec plus d'acuité au fil du temps. Le débat en Allemagne a ceci de particulier qu'il semble tenir le ministère de la Défense à l'écart. La sécurité des navires par des équipes de sociétés de sécurité privée est analysée comme une prestation de protection et donc ne relève que des ministères du Transport, de l'Économie et de l'Intérieur. Le projet de loi de mars 2012 semble confirmer cela. Il est difficile pour l'instant de prévoir l'évolution des événements sur ce sujet. Mais il est à craindre tout emploi de ces sociétés qui se ferait sans un minimum raisonnable de coopération et de coordination avec la marine allemande[5].

---

[1] Borzillo Laurent, *La Bundeswehr*, tome II, *op. cit.*, pp. 101-106.

[2] *Deutsche Marinen in Afrika*, 2011, 51. Historisch-Taktische Tagung der Flotte vom 11. bis 13. Januar 2011 im Congress Centrum Damp, 336 p. p. 214.

[3] Faiblesses toutefois qui sont communes à nombre d'autres nations participantes.

[4] *Deutsche Marinen in Afrika*, *op. cit.*, p. 214

[5] Borzillo Laurent, *La Bundeswehr, tome II, op. cit.*, pp. 13-16 ; 77 ; 111-119. Gebauer Matthias, "Schwerbewaffnete Söldner sollen deutsche Schiffe schützen", *Der Spiegel*, 17 août 2011. Gros-Verheyde Nicolas, "L'Allemagne croit en la mission anti-piraterie de l'UE", *Bruxelles2*, 24 novembre 2011. Wiegold Thomas., "Im Rahmen der Gewerbeordnung gegen Piraten", *Augengeradeaus*, 12 mars 2012.

L'extension et la multiplication des opérations contre la piraterie

De par la situation politique et sociale en Somalie, l'opération risque d'être sans fin. La véritable cause de la piraterie, à savoir la situation en Somalie, est loin de connaître un changement notable[1]. Le gouvernement de transition qui ne contrôle que sa capitale s'accroche à son maigre pouvoir malgré les promesses de réunion d'une assemblée constituante et donc la fin des instances politiques intérimaires[2]. Parallèlement des micro-États se structurent indépendamment de Mogadiscio, demandant que leur monopole de la violence légitime sur leurs territoires leur soit reconnu internationalement. Il peut s'agir de pans entiers du pays tel le Somaliland[3], mais également de l'équivalent d'un territoire sous l'autorité et la coupe d'un simple chef de clan. L'histoire du chef de clan Abdinur Darman confirme cela. Ce dernier chercherait à recevoir la reconnaissance de divers pays, tout en s'appuyant sur une firme allemande de sécurité privée, Asgaard, pour développer ses structures étatiques. Ce point a suscité une importante polémique en Allemagne, cette entreprise souhaitant employer en Somalie d'anciens soldats de la *Bundeswehr*[4].

Afin de mettre fin à l'origine de la piraterie, l'Union européenne a mis en place diverses missions, dans le but de former des policiers et des forces armées fiables pour le gouvernement de transition et de créer dans les pays riverains de l'océan Indien une meilleure procédure pénale, qui face aux pirates appréhendés a jusqu'ici fait défaut[5]. Simultanément à la mise en place d'Eucap Nestor, une réflexion eut lieu parmi les pays de l'Union européenne sur une extension du mandat. Adoptée fin mai 2012 cette extension prévoit « *une zone d'opérations des forces déployées comprenant le littoral somalien et les eaux intérieures, la protection des navires affrétés par le PAM jusque dans les "eaux intérieures de la Somalie" et une mission de surveillance des zones désormais étendues aux eaux intérieures*[6] ». Cette extension a suscité de la part du gouvernement allemand de nombreuses

---

[1] Le dossier du *Courrier international* sur les "loups de mer" de février 2012 expose les rôles variés que jouent les membres de cette nouvelle flibuste : entre malfrats insouciants mais aussi moteurs de l'économie de certaines zones du pays et donc appréciés par la population locale. Voir "Dossier : Somalie. Sur les traces des loups des mers", *Courrier international,* n°1 109, 2012.

[2] Dusautoy Mieszko, "La transition politique doit se terminer en Somalie, ou alors on sanctionne, disent les 27", *Bruxelles2*, 14 mai 2012.

[3] Dusautoy Mieszko, "Le Somaliland indépendant demande sa reconnaissance par l'UE", *Bruxelles2*, 23 mars 2012.

[4] Blechschmidt Peter, "Private Krieger", *Süddeutsche Zeitung,* 25 juin 2010.

[5] Il s'agit des missions EUTM Somalia et Eucap Nestor. L'Allemagne contribue par l'envoi de personnel à ces missions.

[6] Gros-Verheyde Nicolas, "L'extension d'Eunavfor Atalanta publié au JO", *Bruxelles2*, 27 mars 2012.

réserves et ce n'est qu'avec difficulté qu'il a souscrit à cette modification du mandat[1]. Il l'a toutefois assorti d'une clause interdisant à ses forces d'intervenir à l'intérieur des terres au-delà de deux kilomètres depuis la côte. Les motifs de cette attitude s'expliquent par la crainte d'une répétition des événements ayant eu lieu dans le pays en 1993 lors de la chute de *Black Hawk*. La peur de dommages collatéraux est également mise en avant. Ces appréhensions se révèlent, selon certains observateurs, infondées. Les bases pirates se distingueraient en effet des habitations civiles et le commandement de l'EUNAVFOR Atalanta aurait collecté depuis plusieurs années des renseignements sur l'emplacement de ces bases. L'introduction dans le mandat du *Bundestag* de cette limite des deux kilomètres a été fustigée sans ménagement, ses contempteurs expliquant que les pirates n'avaient qu'à construire leurs points d'appui au-delà de cette limite et créer des voies rapides leur permettant de mettre leurs navires à la mer aisément. Ce point de vue est justifié mais est tout autant applicable en cas de non-limitation géographique, les pays européens ne souhaitant pas mener d'opérations importantes sur le sol somalien. L'extension ne règle donc rien en soi. Elle permet cependant de gêner la logistique des pirates. Sans avancées avec les autorités somaliennes dans leur reconquête du monopole de la violence légitime, cette extension risque toutefois de se révéler vaine.

Toujours en cours et ce jusqu'en 2014 au moins, l'opération souffre de cette impossibilité de songer à une stratégie de sortie pour les forces militaires engagées sur place. L'action allemande n'est donc contrairement à celle de la FINUL non dénuée d'efficacité, mais celle-ci reste relative. En outre la forte participation allemande – résultant de ses intérêts dans le maintien de voies commerciales sans entrave ni danger – démontre que sur certaines missions spécifiques et à l'inverse d'Eufor Congo, de la FINUL ou encore de l'Afghanistan, la République fédérale a la volonté de prendre part à des opérations hors d'Europe[2].

2. Bilan des opérations extérieures allemandes

En l'espace d'un peu plus de dix ans, le bilan des opérations extérieures de la *Bundeswehr* a profondément fait évoluer les tâches de celle-ci. L'époque où certains à-propos des forces armées allemandes et de la puissance militaire allemande évoquaient l'image d'un musée[3] est révolue. Même si plusieurs critiques relatives à ses modalités d'engagement peuvent être adressées à la *Bundeswehr*, il convient de garder à l'esprit, que ces

[1] Gebauer Matthias, Gatmann Florian, "Kampf um die Zwei-Kilometer-Make", *Der Spiegel*, 18 avril 2012.
[2] Stark Hans, *op. cit.*, p. 206.
[3] Borzillo Laurent, *La Bundeswehr,* tome II, *op. cit.*, pp. 72-76.

opérations et leur rythme constituent encore une « nouveauté » pour les forces armées de la République fédérale.

Effectifs et autres missions de la Bundeswehr

Durant la dernière décennie, la *Bundeswehr* a également participé voire participe toujours à d'autres missions dont quatre notables. Certains observateurs à l'instar d'Aline Leboeuf ou de Nicolas Gros-Verheyde critiquent sévèrement les participations allemandes aux missions de l'ONU et de l'Union européenne. Selon eux, l'Allemagne se soustrait à plusieurs missions européennes et ne prend part à une majorité des missions des organisations internationales ou régionales, qu'avec un nombre d'hommes et de femmes compris entre un et seize[1]. Aline Leboeuf compare cette attitude à une stratégie impressionniste et à un saupoudrage. Si au fil des années le nombre de soldats déployés par la *Bundeswehr* s'est stabilisé à 7 000, il fut durant cette décennie par intermittence supérieur à ce nombre. En 2003, 9 000 soldats en opération sont dénombrés. Entre 2006 et 2007, ce chiffre augmente et atteint les 10 000 hommes[2].

À la fin de l'année 2011, 7 200 à 7 300 militaires allemands étaient déployés en opération[3]. En moyenne 20 à 25 % des contingents sont constitués de militaires rattachés au *Streitkräftebasis*[4]. Outre l'aveu d'échec quant à l'objectif de déploiement de 14 000 soldats prévus dans le concept de la *Bundeswehr* de 2004[5], le système de la *Bundeswehr* met à contribution les mêmes unités régulièrement, selon le *FDP*, qui finissent à force par s'épuiser. Sont concernés en particulier les unités d'infanterie, les équipages d'hélicoptères et le personnel de santé[6].

---

1 Leboeuf Aline, *op. cit.*, p. 11. Gros-Verheyde Nicolas, "Les interventions allemandes de crise, en crise ?", *op. cit.* Gros-Verheyde Nicolas, "Des "petits pays" bien utiles à l'Europe...", *Bruxelles2*, 24 février 2011.

2 Henning Dietmar, Wagner Kurt, *op. cit.*

3 Borzillo Laurent, *La Bundeswehr*, tome II, *op. cit.*, pp. 111-119.

4 Voir *infra*, p. 102-103.

5 Voir *infra*, p. 105-107.

6 FDP-Bundestagsfraktion Positionspapier Bundeswehr der Zukunft, p. 20.

	Durée	Objectifs	Effectifs
Opération *Active Endeavour*	Débutée après les attaques du 11 septembre. Toujours en cours.	Recherche et neutralisation des groupes terroristes et des armes de destruction massive.	253 (2013[1])
UNMIS	Débutée en 2005, elle s'est achevée en juillet 2011.	Surveillance du respect des accords de paix au Soudan entre le nord et le sud.	38 (2008[2])
UNMISS	Débutée en juillet 2011. Toujours en cours.	Poursuite des objectifs de la mission UNMIS mais en accord avec le gouvernement du Sud-Soudan	14 (2012[3])
UNAMID	Débutée en 2008. Toujours en cours.	Surveillance du maintien du cessez-le-feu au Darfour.	27 (2011[4])

Les mandats des engagements de la *Bundeswehr* constituent un aspect de ceux-ci remis en question de manière récurrente. Pour Rolf Clement le plafond autorisé de soldats déployables peut s'avérer incompatible avec les imprévus des opérations, pouvant exiger une augmentation rapide des contingents[5]. Les propos d'un officier français tendent à relativiser cette contrainte qui serait plus d'ordre théorique que basée sur des exemples précis. Par contre, les limitations géographiques de l'action de la *Bundeswehr* et celles de ses tâches se retrouvant dans plusieurs de ses missions constituent un point d'interrogation sur l'efficacité des troupes allemandes. Dues à la défiance de l'ordre politique à l'égard du recours à la force[6], ces restrictions semblent avoir été atténuées[7] au fil des années. Certes

[1] Reinbold Fabian, "Bundestag verlängert Anti-Piraten-Mission", *Der Spiegel*, 1 décembre 2011. Site Internet de la *Bundeswehr :* http://www.bundeswehr.de/portal/a/bwde/!ut/p/c4/04_SB8K8xLLM9MSSzPy8xBz9CP3I5EyrpHK9pPKUVL 3UzLzixNSSKiirpKoqMSMnNU-_INtRE QD2RLYK/

[2] Böckenförde, *op. cit.*, p 109.

[3] Site Internet de la *Bundeswehr :* http://www.bundeswehr.de/portal/a/bwde/!ut/p/c4/04_SB8K8xLLM9MSSzPy8xBz9CP3I5EyrpHK9pPKUVL 3UzLzixNSSKiirpKoqMSMnNU-_INtRE QD2RLYK/

[4] *10 Jahre Einsatzführungskommando der Bundeswehr*, *op. cit.*, p. 61.

[5] *10 Jahre Einsatzführungskommando der Bundeswehr*, *op. cit.*, p. 19.

[6] Boyer Yves, Le Gloannec Anne-Marie, "La coopération franco-allemande en matière de Défense : jusqu'où l'Allemagne peut-elle aller ?", *Note de la FRS,* Fondation pour la recherche stratégique, 14 juin 2007, 7 p, p. 5.

[7] Borzillo Laurent, *La Bundeswehr*, tome II, *op. cit.*, pp. 54-60. Source anonyme, dénommée "expert Theissen", spécialiste des questions de défense européenne à la *Deutsche Gesellschaft für Auswärtige Politik,* entretien réalisé en mars 2012.

l'Afghanistan donne de nombreux exemples des abus avec lesquels celles-ci ont pu être formulées pour des raisons de politiques intérieures. L'opération dans l'Hindu Kush demeure toutefois un cas à part selon l'expert Theissen de la *DGAP*[1]. Le comportement lors de l'opération Eufor RDC des dirigeants allemands quant à la durée de celle-ci temporise ce jugement et tend à prouver qu'à défaut d'être un obstacle pour le déroulement des missions de la *Bundeswehr*, les mandats du *Bundestag* peuvent à l'occasion être en incohérence avec la réalité des théâtres d'opérations.

Le concept de sécurité en réseau : un constat d'échec ?

L'approche globale allemande de gestion des crises et des opérations de la *Bundeswehr* a, pour nombre d'experts[2], démontré ses limites en Afghanistan, et ce, malgré les dénégations de certains politiques et membres de ministères[3]. Trois raisons expliquent cet échec[4]. Malgré la reconnaissance du besoin de coopération par les acteurs civils du développement, les tensions entre ces derniers d'un côté et la *Bundeswehr* et les institutions étatiques persistent[5]. Cette méfiance est attisée par les actions d'aide au développement de la *Bundeswehr* que l'État allemand a encouragées dans l'intention de susciter plus de soutien aux opérations extérieures en Allemagne. Outre l'éloignement des fonctions premières des forces armées que cela a pu engendrer, créant par extension cette image de *Bundeswehr* « agence en uniforme d'aide au développement » cela a mis en concurrence les projets de la *CIMIC* et ceux des ONG dans l'obtention de subventions publiques et privées[6]. Le manque de coordination entre les départements ministériels est également mis en cause[7]. Pour Hans-Gerhard Ehrhart[8], le fait que le concept de sécurité en réseau et ses implications soient décryptés différemment entre les ministères de la Défense et celui de la coopération ne

---

[1] *Ibidem.*

[2] Borzillo Laurent, *La Bundeswehr*, tome II, *op. cit.*, pp. 131-142. Leboeuf Aline, *op. cit.*, p. 6. Ehrhart Hans-Georg, *op. cit.*, p. 7.

[3] Site Internet du groupe parlementaire des Verts :
http://www.gruene-bundestag.de/themen/sicherheitspolitik/kein-frieden-mit-dieser-sicherheitspolitik.html
Borzillo Laurent, *La Bundeswehr,* tome II, *op. cit.,* pp. 25-36, pp. 48-53.

[4] *Ibidem.*

[5] Leboeuf Aline, *op. cit.,* p. 6.

[6] *Ibidem.* Marret Jean-Luc, "Les actions civilo-militaires allemandes : entre inhibitions et humanitarisme", *Note de la FRS*, fondation pour la recherche stratégique, 12 février 2007, 14p.

[7] Borzillo Laurent, *La Bundeswehr,* tome II, *op. cit.,* pp. 48-53 ; 131-142. Ehrhart Hans-Georg, *op. cit.,* p. 21. Apfel Lars, Lieutenant-colonel "Les militaires trompés par l'approche globale", *Le Monde*, 24 avril 2012.

[8] Ehrhart Hans-Georg, *op. cit.*, p. 21.

peut qu'entraîner des dysfonctionnements dans la mise en œuvre du concept de sécurité en réseau[1]. Nonobstant cela, il ne faut pas oublier les expériences d'application limitées du concept de sécurité en réseau. Les autres missions effectuées par la *Bundeswehr* n'ont en effet pas requis une application intensive de ce concept. Atalanta et la FINUL ne reposent sur aucun contact entre les militaires de la *Bundeswehr* et la population locale. Lors de l'opération en RDC, l'éloignement des Allemands du théâtre d'opérations a favorisé une absence de liens. Ne reste que les opérations dans les Balkans. Lorsque le concept de sécurité en réseau fut peu à peu élaboré, les zones de déploiement de la *Bundeswehr* dans cette région connaissaient déjà une situation sécuritaire suffisamment stable pour permettre une mise en retrait du rôle des soldats.

Autre raison à l'origine de l'échec du concept de sécurité en réseau, le manque d'experts civils est mis en lumière en tant que facteur de déséquilibre dans la mise en œuvre de l'approche. Le manque d'attractivité, le poids de leur famille et l'absence de gains perceptibles pour leur carrière expliquent cet état de fait qui démontre le rôle marginal que joue le centre pour les opérations de la paix malgré ses dix ans d'existence[2]. Pour les soldats, la situation est loin d'être enviable, car en l'absence d'experts civils ils sont utilisés par les décideurs politiques pour combler ces déficits. Cela conduit la *Bundeswehr* à un statut dangereux de « bonne à tout faire »[3]. S'engageant dans des domaines qui ne sont pas les siens, le risque de s'embourber pour les forces armées est bien réel. Dans son ouvrage *La guerre probable*[4], le général Vincent Desportes mettait en exergue ce danger latent. Face à ce dévoiement de leurs missions, de plus en plus de militaires allemands réclament, outre plus d'experts civils, une définition des tâches et fonctions des composants civils de l'action extérieure allemande dans les mandats votés au *Bundestag*. Le manque de civils touchant également les forces de police pouvant être envoyées à titre de formateurs, il serait dans l'intérêt de la République fédérale, à défaut d'instaurer une gendarmerie[5], d'améliorer l'attractivité des théâtres d'opérations extérieures pour les forces de l'ordre, en misant par exemple sur des perspectives de carrière grâce à la participation à de telle mission. Jusqu'ici, ainsi que le souligne l'expert Schneider, les rares volontaires pour ces opérations le sont par idéalisme.

---

[1] Voir *infra*, pp. 45-51.

[2] Voir *infra*, p. 103.

[3] Borzillo Laurent, *La Bundeswehr*, tome II, *op. cit.*, pp. 131-142. Apfel Lars, *op. cit.*

[4] Desportes Vincent, *op. cit.*, p. 74.

[5] Borzillo Laurent, *La Bundeswehr*, tome II, *op. cit.*, pp. 34-36, pp. 48-53.

Ressenti et quotidien des soldats en opérations

Les conditions de réalisation des opérations pour les soldats ne sont pas d'ailleurs toujours optimales tant s'en faut. Les rapports du commissaire parlementaire aux forces armées et des témoignages vilipendent les défaillances chroniques en armement des hommes et des femmes de la *Bundeswehr.* Afin de pallier cela, les militaires achèteraient eux-mêmes une partie de leurs équipements, dépensant jusqu'à mille euros[1]. Couplé aux demandes ubuesques[2] que des soldats reçoivent de l'administration civile de la *Bundeswehr*, attestant du décalage entre ce que vivent les soldats en opérations et ce que l'administration à Bonn et à Berlin perçoit presque comme des exercices de routine sur le territoire fédéral, le moral des membres de la *Bundeswehr* en vient à s'affaisser. Ces événements contribuent à créer un sentiment de non-reconnaissance de la part de la population chez les soldats. Or ces soldats ne sont plus confrontés à des missions humanitaires mais à de véritables opérations de combat. Ceci entraîne un plus grand besoin de reconnaissance. C'est en outre une des leçons de l'Afghanistan pour la *Bundeswehr*, *id est* le réapprentissage des conséquences de la vocation de militaire pouvant forcer le « citoyen en uniforme » de la Bundeswehr à tuer ou à être tué.

Le recours à des prestataires de services

Autre enseignement des opérations de la *Bundeswehr*, les entreprises, relevant de ce que Jean Marguin dénommait en 2000 le mercenariat entrepreneurial[3], interviennent de plus en plus lors des opérations extérieures de la *Bundeswehr,* et ce malgré le fait qu'elles restent un sujet tabou au sein de l'opinion allemande. Cette immixtion est le résultat des processus d'externalisation[4] que connaît la *Bundeswehr* depuis plusieurs années et de la faiblesse de ses effectifs et moyens. Ces entreprises connaissent un véritable essor depuis une vingtaine d'années. Ce nouveau mercenariat est particulièrement prospère grâce à la multiplication des conflits interétatiques, dans lesquels les pays répugnent à intervenir selon Jean Marguin.

---

[1] Reinbold Fabian, Gebauer Matthias, "Bundeswehr knausert sich durch den Krieg", *Der Spiegel*, 5 octobre 2011. *10 Jahre Einsatzführungskommando der Bundeswehr*, *op. cit.*, p. 13. Deutscher Bundestag, *Jahresbericht 2011 des Wehrbeauftragten, op. cit.*, p. 17.

[2] Reinbold Fabian, Gebauer Matthias, *op. cit.* Un sous-officier aurait reçu une demande de remboursement pour la perte lors de sa présence en Afghanistan d'un gant de protection.

[3] Marguin Jean, "La privatisation des forces armées : une évolution inéluctable ?", *L'armement*, n° 69, mars 2000, pp. 144-150

[4] Pajon Christophe, Stöber Jan, *op. cit.*, p. 103.

« Dans ces conflits internes, des minorités armées s'opposent, pour la conquête du pouvoir, à des gouvernements affaiblis dénués de toute représentativité. Les armées locales, mal payées, mal entraînées et sous-équipées sont inefficaces. Des deux côtés, on fait donc appel aux sociétés de services armées qui fournissent encadrement et formation et recrutent localement sans aucune difficulté[1]. »

Les activités de ces entreprises recouvrent cinq domaines d'après l'étude de Jean Marguin : le soutien aux opérations militaires, le conseil militaire, le soutien logistique, la sécurité civile et la prévention de la criminalité[2]. Contrairement à l'image véhiculée et ce d'autant plus suite aux exactions de la société américaine de sécurité privée *Black Water* en Irak, il est à porter au crédit de ces entreprises certains succès. Dans les années 1990, leur emploi en Sierra Leone et en Angola aurait permis une nette amélioration de l'environnement sécuritaire[3]. Pour les États, ces sociétés permettent de recourir à des personnels possédant une expérience militaire, tout en ne déployant officiellement aucun soldat. Or les pertes au sein de ces personnels ne provoquent aucune réaction au sein de l'opinion publique[4].

En Allemagne, excepté les entreprises traitant de la logistique, ces prestataires de service ne disposent guère d'une réputation favorable selon l'expert Richter[5]. Les propos d'un député de la *CDU*[6], de la députée Susanne Kastner[7] ainsi que de l'expert Reiter[8] montrent une réticence à l'emploi de firmes privées dans un domaine où jusqu'ici, un monopole exclusif de l'État était en place. Selon des officiers d'état-major du ministère fédéral de la Défense, ainsi que le député chrétien-démocrate interviewé pour ce travail, peu d'anciens membres de la *Bundeswehr* intégreraient ces firmes[9]. Le rôle de l'*Innere Führung* est ici évoqué pour tenter d'expliquer cela. Mais ceci est en contradiction avec les informations de collaborateurs d'une agence de reconnaissance et de renseignement, côtoyant les firmes de sécurité privée[10]. Certes, ces données sont à manipuler avec précaution, étant donné le parti pris évident de leurs sources, induit de par leurs activités professionnelles. Toutefois, d'après elles, d'anciens soldats de la *Bundeswehr* servaient

---

[1] Marguin Jean, *op. cit.*

[2] *Ibidem.*

[3] *Ibid.*

[4] *Ibid.* Desportes Vincent, *op. cit.*, p. 74.

[5] Borzillo Laurent, *La Bundeswehr,* tome II, *op. cit.,* pp. 43-47.

[6] ,*Ibid.,* pp. 13-16.

[7] *Ibid.,* pp. 25-28.

[8] *Ibid.,* pp. 61-65.

[9] *Ibid.,* pp. 13-16 ; 77.

[10] *Ibid.,* pp. 159-160 : collaborateurs au sein d'une entreprise prestataire dans les domaines de la protection des personnes et de la sécurité en Allemagne et à l'étranger, entretien réalisé en mars 2012.

volontairement contre les Soviétiques en Afghanistan[1]. Lors des guerres en ex-Yougoslavie, mille anciens soldats de la *Bundeswehr* auraient combattu pour les forces croates[2]. Or ce phénomène continuerait, de nombreux anciens chasseurs parachutistes postulant dans ces entreprises. La majorité aurait servi lors des opérations de la *Bundeswehr* en Afghanistan[3]. En mai 2010, le *Tagesschau*[4] révéla qu'une société allemande, Asgaard, contribuait à la formation des milices d'un chef de clan somalien, se prétendant président du pays. S'appuyant sur la légitimité vacillante du gouvernement de transition de Mogadiscio, le directeur de cette société indiqua attendre une reconnaissance de son partenaire de la part des Nations Unies avant le déploiement d'employés allemands, ex-membres de la *Bundeswehr*. La baisse des effectifs de la *Bundeswehr* et la participation de certains soldats à de véritables missions de combat en Afghanistan, tels que les chasseurs alpins le vivent[5], pourraient entraîner une confirmation de ce phénomène. Toutefois ce domaine d'activité serait à l'heure actuelle dominé par des ex-soldats de pays de l'Est de l'Europe, bien moins chers que leurs semblables allemands, britanniques ou français[6]. L'absence de suivi de la part du ministère fédéral de la Défense des activités des anciens soldats suite à la fin de leur service au sein de l'armée fédérale empêche de connaître le nombre réel d'individus rejoignant ces entreprises, dont le nombre se limiterait en Allemagne à quatre[7]. Ce suivi pourrait s'avérer utile à titre d'essai, de crainte que d'ici quelques années nombre d'anciens soldats ayant servi en Afghanistan en viennent à collaborer avec ces entreprises ou des firmes étrangères. Si cela venait à être le cas, des désagréments pour le gouvernement allemand seraient sérieusement à envisager.

L'absence de prise en compte de cette situation semble potentiellement être préjudiciable voire l'est pour la République fédérale. Pour rappel, lors du début de l'opération en Afghanistan, les spécialistes de la culture et de l'histoire du pays n'ont pas été consultés[8]. Ils ne formaient cependant pas le seul groupe qui aurait pu aider le gouvernement allemand à analyser au mieux la situation. Selon une des personnes interrogées, de la centaine d'individus allemands ayant soutenu les Afghans contre les Soviétiques, aucun ne fut sollicité par le gouvernement[9]. Officiellement, le gouvernement allemand ne travaille pas avec les sociétés militaires privées, seules les

---

[1] *Ibidem.*
[2] *Ibid.*
[3] *Ibid.*
[4] Blechschmidt Peter, *op. cit.*
[5] Voir *supra,* pp. 63-66.
[6] Borzillo Laurent, *La Bundeswehr,* tome II, *op. cit.,* pp. 159-160.
[7] *Ibid.,* pp. 13-16, pp. 77.
[8] *Ibid.*, voir *supra*, pp. 26-33.
[9] *Ibid.,* pp. 159-160.

firmes dont les activités concernent les domaines de la logistique collaborent avec la *Bundeswehr* en Afghanistan. Pourtant indirectement une collaboration se fait, des prestataires ayant recours à la protection de telles sociétés afin d'assurer leur sécurité hors des camps de la *Bundeswehr,* lors de l'acheminement du matériel par exemple. En outre selon un collaborateur de la société Asgaard[1], les entreprises obtenant ces contrats de protection sont composées exclusivement d'étrangers. Une partie de l'approvisionnement de la *Bundeswehr* se trouve donc assurée par des sociétés militaires privées. De plus, cela s'effectue sans qu'il y ait de la part de la *Bundeswehr* la volonté de coordonner cette coopération indirecte, aux dires de l'officier d'état-major allemand, du centre de commandement des opérations de la *Bundeswehr*.

Il est donc dans l'intérêt de l'Allemagne de se pencher véritablement sur la question et également sur son processus d'externalisation. En effet, les opérations au Congo et en Afghanistan ont mis en avant des dysfonctionnements de la part des partenaires privés dans la gestion de la logistique. Enfin, bien que dans le cas du trafic maritime au large de la corne d'Afrique, les ministères de l'Économie et de l'Intérieur demeurent, selon la conception allemande, les ministères chargés des dossiers liés à l'emploi de garde de sécurité sur les navires de commerce, des échanges avec le ministère de la Défense et par extension une coordination avec celui-ci permettraient une conduite probablement plus efficace de la protection vis-à-vis des pirates. En outre, une telle coordination permettrait éventuellement d'éviter tout dérapage, ainsi que l'emploi de ces sociétés fait craindre à l'officier Nguyen[2].

---

[1] *Ibidem.*

[2] *Ibid.,* pp. 111-119.

CHAPITRE V

DE LA MODERNISATION ET RESTRUCTURATION DE LA BUNDESWEHR

Alors qu'au commencement de l'opération en Afghanistan, seuls les membres des *KSK*, pouvaient être confrontés à des situations de combat réel, le récit de Marco Seliger sur l'opération *Jadid* et les louanges du général David Petraeus, démontrent que la *Bundeswehr* est une armée désormais en grande partie équivalente à ses homologues. Cela ne masque point pour autant le fait que le nombre de soldats réellement confrontés aux missions de combats demeure extrêmement faible et les importants déficits en matériels et en équipements de la *Bundeswehr*. La résorption de ces déficits nécessite toutefois certaines réformes au sein des structures des forces armées allemandes.

Il semble par ailleurs qu'un fossé existe entre, d'une part ce que les membres de la *Bundeswehr* accomplissent en Afghanistan et le développement chez eux d'aptitudes à mener des missions qu'il y a encore quatre ans, il aurait été peu crédible d'imaginer et d'autre part la vision majoritaire qu'ont les dirigeants de la *Bundeswehr* et à Berlin du futur des engagements de la *Bundeswehr*. Alors que les forces armées grâce aux dix dernières années d'opérations semblent sortir de leurs oripeaux d'agence de développement en uniforme, la vision limitée de certains cercles dirigeants à Berlin quant à, par exemple, l'intérêt de la réflexion sur la contre-insurrection, peut faire craindre pour ainsi dire un retour en arrière. Ceci ne serait qu'au détriment de la réputation de la *Bundeswehr* parmi les alliés de l'Allemagne.

L'armée allemande semble également devoir pâtir d'une absence de prise en compte récurrente de la réalité des opérations par les politiques allemands. Il ne s'agit pas tant de critiquer les mandats et *caveats* des forces armées de la République fédérale. Ceux-ci ont en effet évolué au cours des années. Il est à noter toutefois que lors de l'intervention en Afghanistan, une nette faiblesse en analyse de la situation du pays et des possibilités pour la *Bundeswehr* a prédominé. Le refus de prise en compte de la modification des conditions de l'opération a par ailleurs perduré de longs mois durant. Au Congo, la date limite du mandat impose de se questionner sur la pertinence de l'envoi de soldats aux possibilités d'action si restreintes. Enfin l'opération Atalanta illustre sans ambiguïté un obstacle de taille à l'efficacité de la *Bundeswehr* en opération, obstacle présent aussi en Afghanistan dans le cadre de la mise en œuvre de la sécurité en réseau : une difficulté de coopération entre ministères, voire des luttes interministérielles intestines sabrant les efforts des soldats.

Les opérations maritimes de la marine allemande sont intéressantes à analyser car elles amènent celle-ci à se déployer à plusieurs milliers de kilomètres de ses bases. Étant donné la faiblesse de ses moyens, la réussite dans le maintien des engagements est à relever. Cela ne cache pas toutefois le caractère purement symbolique de la participation à la FINUL. Le cas de l'opération Atalanta diffère. En laissant clairement supposer que sa contribution résulte de ses intérêts économiques, l'Allemagne suscite la question de savoir si cette évolution s'inscrit dans une réflexion globale visant à développer ses engagements maritimes et donc sa modeste flotte. Les réformes qui se sont avérées nécessaires ces dernières années ont-elles pour autant pris en compte la multiplication potentielle de l'emploi de cet outil ?

Face à l'augmentation des opérations extérieures, en comparaison de celles qui eurent lieu dans les années 1990, une réorganisation de la *Bundeswehr*, s'est rapidement imposée au début des années 2000. Cette réforme ne fait pourtant qu'illustrer un état permanent de restructurations et d'aménagements de la *Bundeswehr,* vécu par celle-ci depuis la fin de la Guerre froide. Face à l'évolution constante des menaces, les rénovations successives de l'outil militaire ont-elles pour autant permis à ce dernier d'être plus opérationnel ? En outre, étant donné le décalage observé entre le quotidien de la *Bundeswehr* et la perception des politiques, la question qui vient à l'esprit, consiste à savoir si l'instrument militaire souhaité par les réformes bénéficie de la volonté politique indispensable à son emploi.

1. Les réformes du gouvernement Schröder et le processus de transformation

L'augmentation de la participation de la *Bundeswehr* à des opérations sur des théâtres étrangers ayant eu lieu sous un gouvernement mené par Gerhard Schröder et Joschka Fischer[1], c'est donc durant les quatorzième et quinzième législatures qu'une nouvelle vague de réformes eut lieu, prolongeant d'une certaine manière celle engagée par le ministre chrétien-démocrate Volker Rühe, tout en perpétuant la sacralisation de la conscription.

Le développement d'une approche multisectorielle du traitement des crises

Afin d'optimiser l'efficacité de ses forces et en se fondant sur les leçons issues des premières opérations extérieures des années 1990, un commandement des forces et organismes interarmées, *Die Streitkräftebasis,* fut instauré en octobre 2000. Composé de militaires des trois armes, il réunit

[1] Ce qui peut être analysé avec ironie, étant donné le parcours politique de ces deux hommes.

l'ensemble des fonctions de soutien, de renseignement, de logistique, d'appui au commandement et les services chargés des actions de la *CIMIC*. À l'aune des opérations menées dans les Balkans et de leur concomitance, un centre de commandement des opérations des forces armées, *Der Einsatzführungskommando,* fut mis en place dans l'objectif de conduire toutes les opérations effectuées par la *Bundeswehr* à partir s'un seul organisme[1]. Cet état-major se voit confier les tâches de planification et de direction des opérations, ainsi que le retour d'expérience ou retex de celles-ci.

La « civilisation » des opérations extérieures, à travers le recours à des experts en droit ou à des policiers, avait démontré dans les Balkans[2] les résultats positifs que cela entraînait quant à la réduction des effectifs de la *Bundeswehr* sur le théâtre d'opérations. Par conséquent un centre pour les opérations internationales de paix, *Das Zentrum für Internationale Friedenseinsätze*[3] fut créé en 2002, dans l'intention de dispenser des formations pour ces personnels civils d'opérations. Les stages qui y sont donnés, favorisent l'apprentissage des pratiques militaires et civiles pour les personnes prêtes à participer à une opération[4]. Parler de ce centre tel un réservoir de civils allemands pour les opérations, ainsi que l'écrit Aline Leboeuf, relève néanmoins de l'abus. Le nombre de volontaires formés par le *Zif* et prenant part à une opération demeure en effet marginal. Les experts civils formés peuvent être d'anciens militaires, ayant développé une certaine compétence dans les domaines de la *CIMIC,* mais aussi des opérations internationales dans lesquelles l'Allemagne s'engage. Le *Zif* n'a que peu de contact avec le *Einsatzführungskommando* et l'évolution immédiate des opérations[5]. Son rôle consiste plus à analyser les missions en cours, en vue d'améliorer les formations qu'il dispense. Ses moyens étant par ailleurs limités, le *Zif* ne mène des campagnes de recrutement que de faible ampleur auprès des militaires, et policiers qu'il peut former. Le lieutenant-colonel Ulrich Wittkampf[6] explique que les échanges qu'entretient le centre avec le ministère de la Défense ne comprennent pas, à titre d'exemple, l'envoi de données sur des militaires susceptibles de correspondre aux profils recherchés par le *Zif.*

La création de ce centre s'inscrit dans la stratégie de prévention et de gestion de crise élaborée par le gouvernement Schröder. Concept adopté en avril 2000 sous le nom de « prévention civile des crises, résolution des

---

1 *10 Jahre Einsatzführungskommando der Bundeswehr*, *op. cit.,* p. 1.

2 Voir *supra,* pp. 13-21.

3 *Zif.*

4 Leboeuf Aline, *op. cit.,* p. 13.

5 Borzillo Laurent, *La Bundeswehr*, tome II, *op. cit.,* pp. 37-40.

6 *Ibidem.*

conflits et consolidation de la paix »[1], il est suivi en 2004 du « plan d'action prévention civile des crises, résolution des conflits et consolidation de la paix ». Il s'agit de l'ensemble des mesures que peuvent entreprendre les divers ministères allemands, afin d'assurer l'établissement de la sécurité. Le plan de 2004 dresse une liste de ces mesures sans toutefois les hiérarchiser[2].

> « *Le plan d'action souligne la nécessité d'une stratégie d'ensemble pour la résolution des crises et des conflits qui soit coordonnée nationalement et internationalement et qui imbriquerait et coordonnerait soigneusement les différents instruments, notamment civils et militaires*[3] ».

Ce plan permettait d'intégrer les actions d'aide au développement poursuivies par la *Bundeswehr* en opération, dans un concept plus large regroupant ces actions avec celles des autres acteurs étatiques allemands. Hans-Gerhard Ehrhart met en exergue les divers bénéfices que représentait un tel regroupement pour le gouvernement allemand et pour l'action de la *Bundeswehr* à l'étranger. Outre le fait que la *Bundeswehr* avait accompli dans le cadre de ses missions dans les Balkans plusieurs actions relevant de l'aide au développement[4], intégrer les actions de l'armée allemande dans une stratégie plus vaste de prévention et de gestion des crises et des conflits faisant une grande part à l'application de mesures civiles, favorisait le soutien des citoyens allemands à l'égard des opérations extérieures. Le soldat allemand n'était ainsi déployé qu'en tant qu'auxiliaire d'aide au développement[5]. Ce n'est cependant que deux ans plus tard, dans le Livre blanc de la défense de 2006[6] que cette approche des actions militaires fut intégrée dans un document officiel du ministère de la Défense sous le vocable de *Vernetzte Sicherheit,* ou sécurité en réseau. Ce qui s'apparente à ce que l'OTAN conceptualisera plus tard sous le terme de *Comprehensive Approach,* et qui se fonde sur un besoin d'une étroite coopération entre les divers départements ministériels, fut cependant contesté par plusieurs acteurs de la société civile. La version allemande de l'approche globale, issue du principe vérifié du besoin d'une approche multisectorielle de la résolution des crises et du constat des limites de la force, provoquerait une dérive, entraînant le traitement de certains problèmes à partir d'une vision trop influencée par le secteur sécuritaire[7].

[1] Ehrhart Hans-Georg, *op. cit.*, p. 6.
[2] *Ibidem,* p. 9.
[3] *Ibid.*
[4] Voir *supra,* pp. 13-21.
[5] Ehrhart Hans-Georg, *op cit.*, p. 6.
[6] Voir *infra,* pp. 106-107.
[7] Borzillo Laurent, *La Bundeswehr,* tome II, *op. cit.,* pp. 37-40.

Lancement du processus de transformation

Face à la multiplication des opérations extérieures auxquelles les forces allemandes prenaient part et à l'obsolescence de l'organisation de la *Bundeswehr* datant de 1994, le ministre de la Défense Peter Struck publia de nouveaux principes directeurs de la défense en 2003[1]. L'objectif recherché, à travers ces nouveaux principes et la réforme de la *Bundeswehr* en résultant, était d'augmenter les capacités de la *Bundeswehr* pour les opérations extérieures. Ce faisant, cela revenait à poursuivre un peu plus la mise en retrait de ce qui fut son unique mission durant la Guerre froide, *id est* la défense territoriale. Nonobstant le constat des contraintes imposées par la conscription sur les capacités de projection et son caractère injuste[2], le document précisa que celle-ci serait maintenue[3].

Catégorisation des forces et structure des effectifs[4]

<table>
<tr><td>Forces d'intervention</td><td>35 000</td><td>- combats à haute intensité
- opérations d'évacuation
- opérations spéciales
- contributions EU-BG et NRF</td></tr>
<tr><td>Forces de stabilisation</td><td>70 000</td><td>- opérations de soutien de la paix
- renforcement des forces d'intervention
- contributions EU-BG</td></tr>
<tr><td>Forces de soutien</td><td>97 500</td><td>- soutien
- services
- instruction</td></tr>
<tr><td colspan="2">+10 000 Réserve opérationnelle</td><td></td></tr>
<tr><td>Total</td><td>202 500</td><td></td></tr>
<tr><td colspan="2">+ 40 000 stagiaires de longue durée</td><td></td></tr>
</table>

Afin de souligner la spécificité de la réforme qui se préparait et son envergure conséquente, le projet pris le nom de transformation de la *Bundeswehr*[5]. Un centre dédié à cette transformation fut par ailleurs créé en

[1] *Verteidigungspolitische Richtlinien.*

[2] Moins du quart de la classe d'âge des 18-19 ans l'effectuerait. Voir *infra*, pp. 109-117.

[3] Schlomach Gerrit F., "La nouvelle doctrine militaire de l'Allemagne", Fondation Robert Schuman, 9 juin 2003.
http://www.robert-schuman.eu/question_europe.php?num=sy-94

[4] "Le rééquilibrage de l'armée de terre allemande", *Doctrine*, numéro spécial, mai 2008. Les quarante mille stagiaires correspondent aux conscrits.

[5] Hellerforth Heinz Michael, "La Transformation de la Bundeswehr : Réforme, relance ou révolution de la Défense allemande ?", 2008
http://www.european-security.com/n_index.php?id=5752

2004. La même année, dans le document *Grundzüge der Konzeption der Bundeswehr*[1], la nouvelle structure des forces armées allemandes fut présentée. Ce nouveau concept prévoyait pour les forces de stabilisation, la capacité de mener jusqu'à cinq opérations extérieures en compagnie de Casques bleus. « *Avec un effectif total de 14 000 militaires, elles doivent pouvoir, le cas échéant, monter en puissance dans un conflit et livrer un combat mécanisé contre une force moderne*[2] ».

Le Livre blanc de 2006

En 2006, un nouveau Livre blanc de la défense succéda à celui de 1994, confirmant le processus de transformation en cours et donnant la priorité au déploiement stratégique[3]. L'objectif de 14 000 soldats déployables fut maintenu. À l'époque, selon un communiqué de l'agence presse *DPA,* 10 111 soldats étaient engagés dans des missions sur un théâtre d'opérations extérieures[4]. Pourtant un an plus tard, le colonel Hervé de Wek ne comptabilise que 7 300 militaires allemands en opération et fait état de la difficulté allemande d'augmenter ces effectifs[5]. Une note du Cerfa rédigée par Franz Joseph Meiers en février 2007 atteste de l'état de tension dans lequel se trouvait la *Bundeswehr* du fait des enchaînements intenses des opérations. Moins d'une semaine après la publication du Livre blanc, le ministre de la Défense, Franz Josef Jung, émettait le souhait d'entreprendre un retrait des troupes présentes en Bosnie-Herzégovine[6].

Le Livre blanc identifie trois principales menaces et défis pour l'Allemagne : le terrorisme international, la prolifération d'armes de destruction massive et les conflits intra-étatiques et régionaux pouvant amener une déliquescence des États. Par conséquent selon le document, la prévention des conflits et la gestion des crises sont les missions à venir les plus probables pour les forces armées allemandes[7]. Il mentionne dans un chapitre entier l'approche globale à mener dans la gestion des crises et le souci d'accomplir les actions de l'État dans ce domaine, en développant une plus forte intégration et fusion des instruments de prévention des conflits

---

[1] Concept pour la *Bundeswehr.*

[2] Hellerforth Heinz Michael, *op. cit.*

[3] Meiers Franz Joseph, *op. cit.*, p. 5.

[4] Henning Dietmar, Wagner Kurt, "le nouveau rôle de l'armée allemande", *World Socialist*, 20 novembre 2006.
http://www.wsws.org/francais/News/2006/novembre06/201106_ArmeAlle.shtml

[5] De Weck Hervé, "La politique de défense allemande", *Revue Militaire Suisse*, juillet 2007. http://www.revuemilitairesuisse.ch/node/272

[6] Meiers Franz Joseph, *op. cit.*, p. 4.

[7] Ministère fédéral de la Défense, *Livre blanc sur la politique de sécurité de l'Allemagne et sur l'avenir de la Bundeswehr. Résumé*, 2006, 12 p.
http://merln.ndu.edu/whitepapers/Germany2006_Livre_blanc_Resume.pdf

appartenant aux domaines de la politique, des forces armées, de l'aide humanitaire, des services de renseignement, de l'économie et de l'aide au développement[1]. Cette approche prend alors le nom de sécurité en réseau.

Sont reconnus comme faisant partie des intérêts allemands :
- la sauvegarde et la préservation du droit, de la liberté, de la démocratie, de la sécurité et de la prospérité des citoyennes et citoyens de l'Allemagne ;
- la garantie de la souveraineté et de l'intégrité du territoire allemand,
- la prévention dans la mesure du possible des crises et conflits régionaux susceptibles de compromettre la sécurité de l'Allemagne et la contribution à la maîtrise des crises,
- la lutte contre le terrorisme international et la prolifération des armes de destruction massive,
- la contribution au respect des droits de l'homme et au renforcement de l'ordre international sur la base du droit international,
- le développement libre et sans entraves du commerce mondial, fondement de la prospérité allemande ainsi que la diminution du fossé entre les régions riches et pauvres de la planète[2].

Les missions de la *Bundeswehr* consistent à s'engager dans la prévention des conflits et la gestion des crises à l'échelle mondiale, à lutter contre le terrorisme international, à soutenir ses alliés, à assurer la protection de l'Allemagne et de ses citoyens, et à prendre part au développement de partenariat et de coopération[3].

Pour la première fois depuis quatorze ans une augmentation du budget de la défense (de l'ordre de 480 millions) fut décidée. Néanmoins, les coûts engendrés par les opérations ne sont pas pris en compte ou du moins qu'en partie[4]. La conscription continuait à être considérée comme un pilier de la politique de défense du pays, et ce malgré l'orientation du Livre blanc vers une armée plus expéditionnaire[5].

Jugements sur le Livre blanc

Si certains ont pu saluer la rédaction d'un tel ouvrage, d'autres émettent de sévères critiques à son encontre. Pour Yves Boyer et Anne-Marie Le Gloannec, il ne fait que « *sanctionner des demi-mesures*[6] », que le maintien de la conscription entérine. Françoise Manfrass-Sirjacques le juge décevant, le Livre blanc n'étant qu'une compilation de principes et de

[1] *Ibidem.*
[2] *Ibid.*
[3] *Ibid.*
[4] Henning Dietmar, Wagner Kurt, *op. cit.*
[5] Meiers Franz Joseph, *op. cit.*, p. 3.
[6] Boyer Yves, Le Gloannec Anne-Marie, *op. cit.*, p. 5.

données connus. Il se caractérise selon elle pas son absence de vision d'avenir, de toute doctrine militaire et de définition d'intérêts spécifiques[1]. Sa rédaction démontre aussi qu'il s'agit plus d'une entreprise isolée de la chancellerie, que d'un document politique ayant reçu l'approbation et le soutien de l'ensemble du gouvernement. Les dissensions au sein des ministères lors de son élaboration, évoquées par Françoise Manfrass-Sirjacques, mais aussi par l'officier Leroy[2], dénotent une réticence à la coopération entre ministères ; coopération se trouvant pourtant au cœur du concept de sécurité en réseau. Détails à prendre en compte, si les propos de l'officier Leroy concernant la reprise en main de l'élaboration de l'ouvrage par la chancellerie étaient avérés, il est intéressant de souligner qu'à l'époque son directeur se trouvait être Thomas de Maizière, ministre fédéral de la défense depuis 2011.

La mise à l'épreuve de cette nouvelle structure démontra les limites de celle-ci assez rapidement. Pour Franz-Josph Meiers, elle entraîne une pénurie de forces spéciales dans les domaines de la logistique, du commandement, du contrôle, de la communication et des services médicaux.

> « *En résumé, les forces armées allemandes restent encore les moins déployables et viables parmi les principales puissances alliées. Elles sont hypertendues et ne peuvent soutenir une plus forte demande de forces employables sur le long terme*[3]. »

Le théâtre afghan a également démontré que la nette division entre les forces d'intervention et les forces de stabilisation n'est pas réalisable, ce que souligne le rapport de l'inspecteur général Volker Wieker[4]. Les interventions peuvent en effet basculer rapidement d'une faible à une haute intensité. Le rapport évoque également les difficultés pour la *Bundeswehr* de maintenir sur le long terme plus de 7 000 hommes en opérations et 10 000 sur de courtes périodes. L'intervention en Afghanistan a par ailleurs révélé les nombreuses insuffisances du concept de sécurité en réseau, marqué par un manque de coopération efficace entre ministères, une pénurie en personnel civil et l'absence d'établissement de priorité parmi les divers objectifs de celui-ci et la palette de mesures à sa disposition. La création d'une sous-

---

[1] Manfrass-Sirjacques Françoise, "Le Livre blanc allemand 2006 : une absence de vision d'avenir", *Défense & Stratégie*, n° 21/2007, Observatoire européen de la sécurité, pp. 9-14.

[2] Borzillo Laurent, *La Bundeswehr, tome II, op. cit.*, pp. 131-142 : "*J'ai vu que, visiblement, mon interlocuteur ne souhaitait pas revivre l'expérience du dernier Livre blanc où, en fin de compte, de par les difficultés à faire travailler ensemble les différents ministères, c'était pratiquement la chancellerie qui avait écrit celui-ci.*"

[3] Meiers Franz Joseph, *op. cit.*, p. 4.

[4] "Bericht des Generalinspekteurs der Bundeswehr zum Prüfauftrag aus der Kabinettsklausur vom 7. Juni 2010", 63 p., p. 13.

commission au sein du *Bundestag* sur la prévention de crise est toutefois une avancée[1]. Pour autant, celle-ci ne dissimule pas les obstacles rencontrés dans la mise en œuvre de ce concept qui est loin d'avoir atteint la plénitude de ses ambitions selon le lieutenant-colonel Ulrich Wittkampf.

À la veille du retour au pouvoir d'une coalition entre chrétiens-démocrates et libéraux, la *Bundeswehr* comptait dans ses rangs 248 000 soldats, dont 102 000 au sein de l'armée de terre, 45 000 au sein de la *Luftwaffe*, 19 000 dans la marine, 19 000 rattachés au service de santé et 54 000 servant dans les *Streitkräftebasis*[2].

Évolution des effectifs de la *Bundeswehr* sous les gouvernements Schröder et celui de la grande coalition[3]

	2000	2005	2007	2008
effectifs	310 200	252 500	250 827	248 000

1. La fin du service militaire

Lorsque la coalition noire jaune arrive au pouvoir en octobre 2009, du fait, des difficultés de la *Bundeswehr* à atteindre les objectifs des *VPR* de 2003 et du Livre blanc de 2006, du contexte de la crise financière impliquant pour chaque ministère une réduction de ses dépenses renforcée par l'ancrage du frein à la dette dans la Loi Fondamentale, et de l'arrivée au pouvoir d'un *FDP* tout aussi opposé à la conscription que l'étaient les Verts, l'impératif d'une nouvelle réforme des forces armées germa peu à peu. En avril 2010 le ministre fédéral de la défense Karl-Theodor zu Guttenberg mit sur pied une commission dirigée par le directeur de l'agence fédérale pour l'emploi, Frank-Jürgen Weise, chargée d'établir des recommandations en vue d'une restructuration de la *Bundeswehr*. Parallèlement l'inspecteur général rédigea un rapport sur les formats futurs envisageables pour la *Bundeswehr,* compte tenu des missions et du budget restreint qu'il lui était fixé.

Le rapport de l'inspecteur général Wieker

Premier rapport sur l'état de la *Bundeswehr* et les possibilités de réforme et de restructuration de celle-ci, le rapport de l'inspecteur général Volker Wieker du 7 juin 2010 soumit cinq modèles d'armée potentiels[4].

---

[1] Borzillo Laurent, *La Bundeswehr, tome II, op. cit.*, pp. 34-40.
[2] Böckenförde Stephan, *op. cit.*, p. 85.
[3] *Ibidem*, p. 58.
[4] "Bericht des Generalinspekteurs der Bundeswehr zum Prüfauftrag aus der Kabinettsklausur vom 7. Juni 2010", 63 p.

	Nombre de soldats de carrière et sous contrat	Conscrits	Service militaire volontaire	Effectif total
Modèle n°1	155 000	25 000	25 000	205 000
Modèle n°2	150 000	0	0	150 000
Modèle n°3	156 000	0	0	156 000
Modèle n°4	156 000	0	7 500	163 500
Modèle n°5	180 000	30 000	0	210 000

Pour le général Wieker, le modèle n°4 constituait la limite en dessous de laquelle la *Bundeswehr* ne serait plus en mesure d'accomplir l'ensemble du spectre de ses missions. Il permettait d'atteindre l'effectif de 10 000 soldats en opérations pour de longues durées et un contingent même supérieur pour les opérations plus courtes[1]. C'est vers ce modèle qu'allait sa préférence. En effet, selon ses estimations, le modèle n°1 obérerait tout processus d'optimisation des capacités de la *Bundeswehr*, obligeant à renoncer à certaines missions. Il aurait fait chuter le nombre de soldats déployables en opérations extérieures, à un effectif inférieur à celui actuellement observable. Ceci est également le cas du modèle n°5. Qui plus est, ce modèle extrêmement gourmand en financements, aurait privé la *Bundeswehr* de la capacité à investir dans de nouveaux équipements et réduit les possibilités de mesures pour renforcer l'attractivité de la *Bundeswehr*. Le modèle n°2 aurait eu pour conséquence une baisse considérable des capacités de la *Bundeswehr*, remettant en question toute volonté d'être un pays leader au sein de l'OTAN. Le modèle n°3 n'aurait fourni qu'une légère amélioration du modèle n°2, sans apporter d'éléments rectificatifs suffisants pour tenir un rôle central au sein de l'Alliance atlantique[2].

Le coût financier de ces réformes fut précisé par le général Volker Wieker, qui mit en garde contre une absence de rallonges de financements. Seul le modèle n°2 pouvait être appliqué avec les prévisions budgétaires. Étant donné les conséquences qu'il impliquait, le général le considéra comme une voie à éviter fortement, mais souligna que même le modèle n°4 qui avait sa préférence, coûterait quatre milliards d'euros de plus, que ne l'autorisait les prévisions budgétaires de la défense.

La durée de la mise en œuvre évaluée pour ces projets variait entre deux à six ans. À l'exception des modèles 1 et 5, ils signifiaient une réduction du nombre de soldats supérieure à 80 000[3].

---

[1] Meiers Franz-Josef, "La réorganisation de la Bundeswehr. La quadrature du cercle", *Note du Cerfa,* n° 87, juin 2011, Comité d'études des relations franco-allemandes, 29 p, p. 19.

[2] *Ibidem.* "Bericht des Generalinspekteurs der Bundeswehr …", *op. cit.*

[3] *Ibid.*

	Modèle n°1	Modèle n°2	Modèle n°3	Modèle n°4	Modèle n°5
Nombre de postes à supprimer	45 000	100 000	94 000	86 500	40 000
Durée de la réforme	2 ans	3 ans	6 ans	6 ans	3 ans

Dans le même document, le général jugea que la *Bundeswehr,* contribuait à la sécurité et à la défense nationale, à la défense des alliés de l'Allemagne ; assurait des capacités d'action à l'internationale et encourageait la coopération multinationale[1]. Une évocation des missions et possibles interventions futures de la *Bundeswehr* fut également réalisée dans ce rapport[2].

À l'exception des modèles 1 et 5, la fin du service militaire était clairement envisagée et souhaitée. Cette analyse fut reprise par la commission Weise qui remit son rapport le 26 octobre 2010[3]. Toutefois, contrairement au rapport de l'inspecteur général, elle proposa l'effectif de 15 000 volontaires dans le cadre du système devant remplacer le service militaire. Elle préconisa une durée comprise entre quinze à vingt-trois mois pour cet ersatz de service militaire. La fin du service militaire et la mise en place d'un service volontaire composé seulement de 15 000 individus dans les forces armées sont analysées à partir du nombre de soldats supplémentaires que cela autoriserait à participer aux déploiements[4]. La commission estima que ce système libérerait 10 000 soldats des tâches d'instruction sur les 12 500 chargés actuellement de la formation des conscrits.

Les conclusions de la commission Weise

La commission Weise recommanda également une baisse drastique des effectifs de la *Bundeswehr* et de son administration. Néanmoins à l'inverse du général Volker Wieker, elle proposa l'effectif de 180 000 soldats et la réduction du personnel civil de 75 000 à 50 000. Elle spécifia vouloir une diminution de moitié des postes au sein du ministère de la Défense, ceux-ci étant au nombre de 3 000, tout en souhaitant vivement un rapatriement de l'ensemble du ministère à Berlin. Particularité allemande et fruit de la Guerre froide, Bonn ayant été la capitale administrative jusqu'en 1999, la

[1] "Bericht des Generalinspekteurs der Bundeswehr ...", *op. cit.*, p. 10.
[2] *Ibidem*, p. 10, p. 24.
[3] Meyer Berthold, "Vom Ende her denken. Bundeswehrreform und Parteiendemokratie", *Aus Politik und Zeitgeschichte*, n°48/2011, pp. 16-23, p. 20.
[4] *Ibidem,* p. 21.

ville garde un certain nombre de ministères. Dans le cas du ministère de la Défense, la majeure partie de son personnel travaille actuellement dans l'ancienne capitale. L'objectif ambitieux des propositions du rapport de la commission était, grâce à cette restructuration, de rendre possible le déploiement en opérations de près de 15 000 hommes, soit le double des effectifs engagés depuis plusieurs années[1].

La commission suggéra en outre le renforcement de l'ancrage de la *Bundeswehr* au sein de la population à travers l'instauration d'un débat public sur les forces armées allemandes, ses devoirs et ses opérations[2]. Le rôle possible des réservistes est mis en avant dans cette volonté d'approfondissement des liens entre l'armée fédérale et la population, conséquence de la fin du service militaire[3]. Afin de remédier aux pertes que la fin du service militaire induit pour la *Bundeswehr* en termes de recrutement, elle souligna le besoin de développement de l'attractivité des forces armées[4], à travers une meilleure compatibilité entre les exigences familiales et le métier de soldat. Une amélioration de l'identification des capacités nécessaires pour les opérations, à travers une meilleure répartition des fonctions avec l'industrie, fut également préconisée[5].

Le rapport de la commission Weise souffre malgré tout d'un défaut d'approche selon Christos Katsioulis et Marius Müller-Henning[6]. La commission ne s'est concentrée que sur les gains possibles en efficacité et effectivité, sans pour autant effectuer un examen des menaces et nouvelles dynamiques stratégiques de la scène internationale. C'est d'ailleurs un trait commun des deux rapports, tant celui de l'inspecteur général Volker Wieker que celui de la commission. Bien que préconisant des mesures afin de renforcer les capacités de la *Bundeswehr* à participer à des opérations extérieures, les contours de celles-ci sont à peine effleurés. Rien n'indique si les forces armées doivent se préparer à effectuer à l'avenir des missions proches de celles menées en Afghanistan, *id est* comportant de rudes combats, ou bien si les missions seront davantage réalisées dans un contexte plus pacifique tel qu'en ex-Yougoslavie. Rien n'est non plus évoqué concernant les missions de formation, et des soldats nécessaires à ce type d'opération. Le développement des opérations maritimes de la marine

---

1 *Ibidem,* p. 22.
2 Rapport de la commission Weise sur la *Bundeswehr*, "Vom Einsatz her denken Konzentration, Flexibilität, Effizienz", octobre 2010, 112 p., p. 28.
3 *Ibidem,* p. 100.
4 *Ibid,* p. 88, p. 94.
5 *Ibid,* p. 40.
6 Katsioulis Christos, Müller-Henning Marius, "La politique allemande de défense à la croisée des chemins. Une transformation structurelle de dimension européenne ?", *Diplomatie,* n° 49, 2011, pp. 43-48.

allemande que la FINUL et Atalanta laissent entrevoir est également absent des deux documents.

La suspension de la conscription, ébauche de réforme

Pourtant c'est en se fondant sur ces deux études que le ministre de la Défense, Karl-Theodor zu Guttenberg, décida de lancer une importante réforme de la *Bundeswehr*. Celle-ci s'inscrivit alors dans une recherche d'économies par la *Bundeswehr* de 8,3 milliards d'euros d'ici 2015. Il était prévu initialement d'atteindre la fin du processus de réforme en cinq ans. La réforme était censée transformer la *Bundeswehr* en une armée en opérations selon l'analyse de Louis-Marie Clouet et Andreas Marchetti, état dans lequel elle se trouve *de facto* déjà en 2010[1]. Il s'agit en fait d'obtenir une armée plus opérationnelle pour des théâtres d'opérations extérieures et donc d'améliorer les capacités de projection de la *Bundeswehr*[2]. La particularité de la vision des forces armées du ministre fédéral vient du paradigme dont il se réclame pour justifier la nécessité de la restructuration des forces armées. Selon lui,

> « *l'objectif national de consolidation du budget inscrit dans la Loi fondamentale était la condition sine qua non, le paramètre stratégique le plus important de la réorganisation de la Bundeswehr. Le principe d'austérité budgétaire imposait un changement de paradigme. À l'avenir, le cadre structurel ne pourra plus déterminer le cadre financier. Au contraire, c'est le cadre financier qui devra déterminer le cadre structurel et donc les ambitions. Pour lui, la donnée stratégique essentielle concernant les dépenses d'armement était ce que la République fédérale allemande peut ou veut s'offrir* »[3].

C'est donc à raison que certains commentateurs ont fustigé la réforme mise en chantier, la traitant de « *Reform nach Kassenlage*"[4] et vilipendé la nouvelle raison d'État allemande, c'est-à-dire la réduction des déficits.

Mais grâce à cet impératif budgétaire, véritable épée de Damoclès, le ministre réussit à convaincre les membres de la *CDU* et de la *CSU* de suspendre la conscription. Le 1er juillet 2011, celle-ci cessait d'exister, non pas à cause du contexte opérationnel dans lequel la *Bundeswehr* évolue

---

[1] Marchetti Andreas, Clouet Louis-Marie, "Incertitudes sur la PSDC - Une nécessaire réflexion franco-allemande", *Visions franco-allemandes*, n° 19, Comité d'études des relations franco-allemandes juillet 2011, 29 p., p. 10.

[2] Guttenberg Karl-Theodor zu, "Für eine neue Bundeswehr: einsatzorientiert und zukunftsfähig", *Europäische Sicherheit : Politik, Streitkräfte, Wirtschaft, Technik*, N°1/2011, pp. 16-22.

[3] Meiers Franz-Josef, "La réorganisation de la Bundeswehr. La quadrature du cercle", *op. cit.*, p. 15.

[4] Réforme selon l'état des finances.

depuis plus de vingt ans, mais pour des raisons financières, son coût devenant trop élevé pour le budget de la défense. Avant cette décision la durée du service militaire avait derechef était réduite au printemps 2010, à la suite des arrangements contenus dans le contrat de coalition entre le *FDP*, la *CDU* et la *CSU*. D'une longueur de six mois, ce temps de formation était remis en cause par plusieurs politiques dont le député Ernst-Reinhardt Beck[1]. À l'époque, ce dernier se déclarait d'ailleurs contre la suppression de la conscription, compte tenu de la dégradation du lien entre les forces armées et la population qu'elle entraînerait, mais également à cause des coûts financiers qu'elle impliquait. Les motivations du changement de positionnement des partis démocrates chrétiens s'expliquent selon Berthold Meyer par cette raison « incantatoire » de l'état des finances et le charisme du baron zu Guttenberg, étoile montante de son parti[2]. Si les raisons ainsi évoquées peuvent être remises en doute, face à la désuétude de la conscription les contempteurs de celle-ci reconnaissent la dette qu'ils doivent au ministre de la Défense[3]. Les arguments valables ne manquaient certes pas. Premièrement, le service ne concernait dans les faits plus que 18 % de la population masculine d'une classe d'âge[4]. Ce taux s'explique d'une part à travers le système allemand d'objecteurs de conscience et l'alternative du service civil existant en Allemagne, et d'autre part par le manque de moyens de la *Bundeswehr,* incapable d'accueillir et de former toute une classe d'âge. De plus, eu égard à l'augmentation du nombre d'opérations extérieures, la conscription ne faisait que restreindre le nombre de troupes disponibles pour ces opérations[5]. Pour les partisans du maintien du service militaire, celui-ci participait au maintien d'un lien fort entre les forces armées et les citoyens et correspondait à l'image du citoyen en uniforme[6], modèle idéalisé du soldat de la *Bundeswehr*. Or le faible nombre de jeunes l'effectuant contredit cette hypothèse[7]. Ironie des arguments principaux de sa suspension, le gain économique à en retirer repose sur un mythe. En effet, toutes les réformes des armées occidentales ayant abouti à une suspension du service militaire ont débouché sur une augmentation des dépenses.

---

[1] Keller Patrick, "Zukunft der Wehrpflicht – "5 plus 1". Was leistet der neue Grundwehrdienst ?", Contribution lors d'une conférence, mars 2010. http://www.kas.de/wf/de/33.18966/

[2] Meyer Berthold, "Vom Ende her denken…", *op. cit.*, p. 21.

[3] Borzillo Laurent, *La Bundeswehr, tome II, op. cit.,* pp. 17-24. Source anonyme, dénommée "Expert Reinhold", expert pour les politiques de défense au sein du groupe parlementaire du *FDP* au *Bundestag*, entretien réalisé en mars 2012.

[4] Keller Patrick, "Zukunft der Wehrpflicht – "5 plus 1", *op. cit.*

[5] Feldmeyer Karl, "Die neue Bundeswehr Von der Verteidigungs- zur Interventionsarmee", *Internationale Politik* , n°6, Juni 2005, pp. 68-75.

[6] *Staatsbürger im Uniform.*

[7] Borzillo Laurent, *La Bundeswehr,* tome II, *op. cit.,* pp. 17-24 ; 29-33.

Dans la vie politique allemande de ces vingt dernières années, le débat sur la suspension du service militaire comportait dès la fin des années 1990, les mêmes arguments utilisés dix ans plus tard[1]. L'expert Reinhold du groupe parlementaire du *FDP* n'a pas tort de souligner la précipitation avec laquelle cette suspension a été mise en œuvre. Toutefois, il a également raison de souligner que sans ce concours de circonstances – pression budgétaire et popularité du ministre – cette décision aurait pu être encore reportée[2]. Pour rappel, la commission Weizsäcker de 2000 sur l'avenir de la *Bundeswehr* en était déjà venue à la conclusion que la conscription représentait un handicap en ressources humaines pour les capacités d'intervention à l'étranger de la *Bundeswehr*[3]. Une des causes du maintien de la conscription est l'existence du service civil pour les objecteurs de conscience. Ce système permettait pour ceux qui refusaient d'entrer dans la *Bundeswehr*, de travailler dans le domaine social, au sein d'hôpitaux ou de maisons de retraite. En tout, 100 000 jeunes fournissaient par an une main-d'œuvre bon marché à l'ensemble de ces organismes. Ce service étant lié à la conscription, nombreuses furent les personnes qui s'opposèrent à la fin du service militaire par crainte de la disparition de ce service civil. Lors de l'été 2011, afin de remédier à cette situation, le gouvernement introduisit un système de volontariat, palliant ainsi les conséquences de la fin de la conscription.

À la place du service militaire qui avait jusqu'alors prévalu, un service militaire sur la base du volontariat fut mis en place. Le gouvernement ayant décidé de reprendre le modèle d'armée esquissé par la commission Weise, la *Bundeswehr* doit à l'avenir être composée de 170 000 soldats de carrière ou sous contrat et d'au moins 5 000 volontaires pour le nouveau service militaire, ce dernier pouvant atteindre l'effectif maximum de 15 000 hommes. La formation dispensée est d'au moins douze mois et la période sous les drapeaux peut durer jusqu'à vingt-trois mois. Les six premiers mois constituent une période d'essai. Le succès de ce système constitue un enjeu majeur pour la *Bundeswehr*. En effet, le service militaire fournissait 40 % des recrues de la *Bundeswehr*, qui ne dépensait aucun denier en publicité et campagne publicitaire, pour toutes les personnes s'engageant après leur service dans les forces armées. Or le contexte démographique de la société allemande place l'armée dans une situation difficile. En effet, désormais simple employeur, ne disposant d'aucun avantage sur le marché du travail, avantage que lui conférait la conscription, elle doit se résoudre à se transformer en organisme attractif pour les demandeurs d'emploi. La baisse

[1] Pajon Christophe, *Forces armées et société dans l'Allemagne contemporaine*, l'Harmattan, 2003, 428 p.

[2] Borzillo Laurent, *La Bundeswehr, tome II, op. cit.*, pp. 17-24.

[3] Sinjen Svenja, Puglierin Jana, "Sparen als Staatsräson Zur Debatte über die Bundeswehrreform", *Internationale Politik*, janvier/ février 2011, pp. 56-61.

de la population allemande ne fait qu'augmenter ces contraintes auxquelles les forces armées sont soumises. L'intégration des femmes[1] dans ce nouveau service militaire et le recrutement d'étrangers résidant[2] en Allemagne risquent de ne pas suffire à assurer sur le long terme un renouvellement suffisant du personnel.

Les conséquences de la fin de la conscription pour la Bundeswehr

Nouvelle thématique et « champ de bataille » inconnu pour la *Bundeswehr*, le développement de son attractivité en tant qu'employeur fait l'objet désormais de plusieurs réflexions. L'inspecteur général Volker Wieker a émis un rapport sur le sujet comprenant quatre-vingt-deux mesures, mettant l'accent entre autres sur les divers métiers auxquels l'armée pouvait former un individu, sur la solde, sur la réputation de la *Bundeswehr* dans l'opinion publique et sur la recherche d'un équilibre entre exigences familiales et celles du service dans les armées[3]. De nos jours, la réalité est tout autre que celle qu'ont connue les engagés du temps de la Guerre froide. Le soldat allemand, souvent déployé à l'étranger, se retrouve confronté au dilemme suivant : tuer ou être tué. Cette situation est lourde de conséquences dans un pays marqué par une profonde méfiance à l'égard de l'emploi de l'outil militaire, ce dernier pouvant causer la mort[4].

Évolution de la population en Allemagne de 2010 à 2060[5]

	Population	Taux de variation	Classe d'âge des dix-huit dix-neuf ans	Taux de variation
2010	81 545 000	100 %	848 000	100 %
2020	79 914 000	98 %	733 000	86 %
2030	77 350 000	95 %	676 000	80 %
2040	73 829 000	91 %	667 000	79 %
2050	69 412 000	85 %	586 000	69 %
2060	64 651 000	79 %	536 000	63 %

Alors que pendant les premiers mois de ce nouveau système de service militaire, la presse s'est fait l'écho d'un échec prévisible, 20 % en moyenne

---

[1] Le devoir de défense ne s'adressait qu'aux hommes.

[2] DPA, "Bundeswehr will auch Ausländer aufnehmen", *Der Spiegel,* 12 février 2011

[3] "Bericht des Generalinspekteurs der Bundeswehr ...", *op. cit.* Keller Patrick, "Zukunft der Wehrpflicht", Konrad Adenauer Stiftung, 4 mars 2010, http://www.kas.de/wf/de/33.18966/ Trenkamp Oliver, "Unwillige Freiwillige", *Der Spiegel*, 25 septembre 2011.

[4] DPA, "Stell dir vor, es ist Krieg, und du musst hin", *Der Spiegel,* 12 juin 2011.

[5] Apt Wenke, "Herausforderungen für die Personalgewinnung der Bundeswehr", *Das Parlament*, 28 novembre 2011.

des candidats quittant la *Bundeswehr* au bout de quelques semaines, il semblerait que celui-ci se déroule dans des conditions meilleures qu'envisagées[1]. Le besoin d'une perception positive des forces armées par l'ensemble de la société s'avère cependant indispensable désormais, compte tenu du poids des proches dans toute décision relative à un engagement dans la *Bundeswehr*[2].

---

[1] Borzillo Laurent, *La Bundeswehr,* tome II, *op. cit.,* pp. 17-24, pp. 48-53, p. 77.
[2] Apt Wenke, *op. cit.*

CHAPITRE VI

LA NOUVELLE ORIENTATION DE LA BUNDESWEHR

1. L'élaboration d'un document d'analyse stratégique

Bien que saluée au nom de son adéquation avec les réalités issues des missions et opérations de la *Bundeswehr*, la suspension de la conscription eut rapidement à subir d'une part les regrets et la nostalgie d'une partie non négligeable de la classe politique allemande, et d'autre part des critiques qui se fondaient sur l'absence d'analyse géostratégique avec laquelle le nouveau processus de réforme était mis en œuvre.

La fin du paradigme budgétaire

La démission de Karl-Theodor zu Guttenberg début mars 2011 propulsa Thomas de Maizière au *Bendlerblock*. Ce fut l'occasion d'un bilan de l'action de son prédécesseur qui n'est pas sans être sévère. Si la suspension de la conscription reste à son crédit, il lui est reproché un manque de vision d'une politique de sécurité et une focalisation sur les finances, au détriment de l'analyse des dynamiques stratégiques. C'est justement là où se situe la différence la plus marquante avec son successeur, ancien directeur de la chancellerie ayant contribué à la rédaction du dernier Livre blanc. La terminologie de réforme, vocable en cours au sein de la *Bundeswehr* depuis plus de vingt ans, disparut pour celle de nouvelle orientation. Ce terme sous-entend une évolution de la *Bundeswehr* fondée sur l'existence d'un budget limité mais aussi sur une démographie en mutation[1] et une analyse de l'environnement international dans lequel la *Bundeswehr* se meut[2]. Parallèlement, aux yeux de certains officiers d'état-major, tant français que néerlandais, le ministre tend à définir peu à peu par des déclarations « *un modèle général* »[3] dans lequel les actions de la *Bundeswehr* s'effectueraient[4]. Sa déclaration sur les possibles futurs théâtres d'opérations des forces allemandes, à savoir éventuellement le Soudan, le Pakistan, la Somalie ou

[1] Borzillo Laurent, *La Bundeswehr*, tome II, *op. cit.*, pp. 131-142.
[2] Keller Patrick, "Die Strategische Neuausrichtung der Bundeswehr. Zehn Thesen zu den Verteidigungspolitischen Richtlinien", Ausgabe 92, fondation Konrad Adenauer, juin 2011.
[3] Borzillo Laurent, *La Bundeswehr*, tome II, *op. cit.*, pp. 131-142.
[4] *Ibidem*, pp. 148-153.

encore le Yémen s'intègre à cette démarche[1]. Le nouvel occupant du *Bendlerblock* se détache du paradigme évoqué par son prédécesseur, en remettant en cause les restrictions budgétaires et les délais initialement prévus pour la réalisation de la réforme[2]. La restructuration des forces armées s'échelonne désormais sur une période de six à huit ans[3]. Mais c'est en élaborant de nouveaux principes directeurs pour la politique de défense[4], publiés le 18 mai 2011 que le ministre démontra sa volonté d'asseoir le processus de réorganisation en cours.

Les principes directeurs de la politique de défense de 2011

La définition même des principes directeurs donnée en introduction du document insiste sur leur fonction, *id est* la description du cadre stratégique dans lequel la *Bundeswehr* joue un rôle et accomplit ses opérations[5]. L'ouvrage rappelle les principales menaces et dangers pour l'Allemagne au premier rang desquels sont cités les États défaillants et les réseaux terroristes, mais aussi les régimes dictatoriaux et les conséquences en cas d'ébranlement voire de chute de ceux-ci, suggérant une prise en compte du printemps arabe. Une menace directe pour le territoire allemand étant à écarter, les principes directeurs soulignent la nécessaire participation et contribution de la République fédérale aux actions de prévention et d'endiguement des crises et des conflits pouvant se dérouler à plusieurs milliers de kilomètres du pays[6]. « *La prévention des conflits et la gestion des crises au niveau international* » sont estimées « *comme étant les tâches les plus probables* », par conséquent elles « *détermineront les nouvelles structures de la Bundeswehr dans leurs grandes lignes* »[7].

Sont définis comme faisant partie des intérêts de sécurité :
- la prévention, l'endiguement et la maîtrise des crises et des conflits susceptibles de porter atteinte à la sécurité de l'Allemagne et de ses alliés,
- le renforcement de la sécurité et du partenariat transatlantique et européen,
- l'engagement allemand pour l'application, à l'échelle internationale, des droits de l'homme et des principes démocratiques ainsi que pour le respect du droit international,

---

[1] Stark Hans, *op. cit.*

[2] Borzillo Laurent, *La Bundeswehr,* tome II, *op. cit.,* pp. 131-142.

[3] Schubert Volker, "Die Neuausrichtung der Bundeswehr", *Wehrtechnick*, n°3/ 2011, pp. 18-19.

[4] *VPR, Verteidigungspolitische Richtlinien.*

[5] *Bundesministerium für Verteidigung, Les principes directeurs de la politique de défense*, 2011, 20 p.

[6] *Ibidem.*

[7] *Ibid.*

- le libre échange des marchandises au niveau global ainsi que le libre accès à la haute mer et aux ressources naturelles[1].
Le ministre Thomas de Maizière précise qui plus est, le lien étroit entre les intérêts de l'Allemagne à l'échelle mondiale et son statut de nation exportatrice[2].

Il est recommandé de doter la *Bundeswehr* des capacités requises, afin de lui permettre d'accomplir ses missions tant présentes que futures, et de pouvoir s'adapter à toute évolution future. La réorientation doit être, selon le document, axée sur la diversité et la diversification des futurs engagements des forces armées[3]. Une énumération de ses futurs engagements, ou du moins des hypothèses quant à ceux-ci font toutefois défaut au document. Les tâches de la *Bundeswehr* sont ainsi précisées, à savoir :

« - *la défense nationale en tant que défense collective dans le cadre de l'Alliance atlantique,*
- la prévention des conflits et gestion des crises au niveau international incluant la lutte contre le terrorisme international,
- la participation aux missions militaires dans le cadre de la politique de sécurité et de défense commune de l'UE,
- les contributions à la sécurité du territoire, en l'occurrence, assurer des missions de défense sur le sol allemand, assurer l'entraide administrative en cas de catastrophes naturelles et de sinistres majeurs, pour la protection d'infrastructures sensibles et en cas d'état d'urgence nationale,
- le sauvetage et l'évacuation ainsi que libération d'otages à l'étranger,
-le partenariat et la coopération comme un des volets de l'intégration multinationale et de la coopération globale en matière de sécurité et s'inscrivant dans la logique d'une diplomatie moderne spécifique au domaine de la défense,
- l'aide humanitaire à l'étranger. »

Dans le dessein de pouvoir accomplir ces missions, il est prévu de pouvoir engager simultanément et dans des opérations de longues durées 10 000 soldats. Étrangement, si les principes directeurs recommandent d'intensifier les coopérations entre les « *services des affaires étrangères, les instances en charge de l'aide au développement, la police, les forces armées, les organismes de protection civile et les services de renseignement* »[4], et donc d'améliorer la mise en œuvre de l'approche globale, le terme de sécurité en réseau n'est point utilisé, ce que note le lieutenant-colonel Ulrich Wittkampf[5] À défaut de souligner l'échec de ce concept, on peut considérer son absence comme révélatrice des difficultés que ce dernier rencontre.

---

[1] *Ibidem.*
[2] Schubert Volker, *op. cit.*
[3] *Ibidem.*
[4] *Ibid.*
[5] Borzillo Laurent, *La Bundeswehr,* tome II, *op. cit.*, pp. 37-40.

Le maintien d'un cadre budgétaire étroit

Même si les *VPR* donnent un substrat d'analyse stratégique à la nouvelle orientation de la *Bundeswehr*, les évolutions qu'elle connaît restent dépendantes du budget disponible. Une réduction de la contrainte financière a lieu avec l'arrivée au ministère de son dernier occupant. Des 8,3 milliards d'euros d'économie exigée, quatre en sont ôtés[1]. D'ici 2015, il est néanmoins planifié une légère baisse des ressources financières à disposition de la *Bundeswehr*. La baisse de moitié des réductions demandées à l'égard du ministère laisse supposer que les nombreux argumentaires, exposant le projet de 8,3 milliards de coupes comme irréaliste, ont été entendus par le cabinet fédéral.

Évolution du budget de la défense de 2008 à 2015[2]

	2008	2009	2010	2011	2012	2013	2014	2015
Montant du budget en milliards d'euros	29,5	31,2	31,11	31,55	31,87	31,35	30,95	30,43

Ce montant ne prenait en compte, aux yeux de ses détracteurs[3], ni les fonds nécessaires à la réduction des effectifs, ni ceux indispensables pour la poursuite de certains projets d'armements. Le chimérique montant initial d'économie conduisit d'ailleurs à un rapport de l'état-major allemand, considérant que ce budget ne permettait d'équiper que 158 000 soldats au lieu des 185 000 envisagés[4]. En mai 2011, le ministre Thomas de Maizière qualifia ce montant d'irréaliste. Cette situation financière demeure malheureusement une constante de la *Bundeswehr*, ce que Hans Stark met en exergue dans son ouvrage sur la politique étrangère allemande, évoquant un sous-financement chronique[5], qui, en plus des conséquences

---

[1] *Ibidem,* pp. 131-142 ; 148-153.

[2] Brandl Reinhard, "Qualifizierten Nachwuchs für die Bundeswehr finden", CDU/ CSU, 23 novembre 2011.
http://www.cducsu.de/Titel__rede_qualifizierten_nachwuchs_fuer_die_bundeswehr_finden/TabID__1/SubTabID__2/InhaltTypID__2/InhaltID__20459/Inhalte.aspx
Pajon Christophe, Stöber Jan *op. cit.*, p. 103.
Böckenförde Stephan, *op. cit.,* p. 119.

[3] Meiers Franz-Josef, "La réorganisation de la Bundeswehr. La quadrature du cercle", *op. cit.*

[4] *Ibidem,* p. 21. "Radikalere Bundeswehrreform nötig als angenommen", *Der Spiegel*, 2 avril 2011.

[5] Stark Hans, *op. cit.,* p. 221.

susmentionnées, réduit selon lui le nombre de soldats que l'Allemagne pourrait déployer en opération.

2. Une succession de réductions et de coupes drastiques

Même si les *VRP* ont donné à la réforme le substrat de réflexions et d'analyses qui lui faisait défaut, le maintien d'importantes coupes en ressources humaines au sein de la *Bundeswehr* rappelle indubitablement la nécessité promue par le gouvernement de réduction des dépenses de cette dernière, et ce tant pour des raisons budgétaires que démographiques, la population allemande ne cessant de vieillir.

Le nouveau format de la Bundeswehr

Le format d'armée retenu pour les années à venir ne comprenant plus que 185 000 soldats, le gouvernement a dans le cadre de la réforme mis en œuvre de nombreuses suppressions de postes. Selon *Der Spiegel* en septembre 2011, les forces armées de la République fédérale comptaient 220 000 soldats dont 188 000 de carrière ou sous contrat. Par rapport à l'objectif visé, il restait à cette date 18 000 personnels en surplus[1]. Selon Berthold Meyer, l'armée de terre devrait atteindre un effectif de 57 750 soldats, la *Luftwaffe* 22 550, la marine allemande 13 050, le commandement des forces et organismes interarmées, *Die Streitkräftebasis,* 36 750 et le service de santé 14 620. L'ensemble de ces personnels sera tenu à disposition pour toute opération. 30 460 individus serviront également sous les drapeaux mais ne prendront pas part aux opérations, ce nombre correspondant aux soldats en formation[2]. D'après les données de Jean-Pierre Maulny, les forces d'intervention et de stabilisation sont réduites à 54 500 personnes. Précédemment, elles comptaient 105 000 hommes et femmes[3]. « *Le nombre de compagnies de chars sera réduit de dix-huit à douze, le nombre de compagnies d'infanterie blindée sera réduit de vingt-quatre à dix-huit. En revanche, le nombre de compagnies d'infanterie légère croîtra de onze à quarante-trois*[4] ». Selon Franz-Joseph Meiers, « *la proportion d'officiers devrait diminuer au profit du nombre d'hommes de troupe et la part des soldats de métier au profit de celle des engagés sous contrat*[5] ». Le dessein

---

[1] Trenkamp Oliver, *op. cit.*

[2] Meyer Berthold, "Vom Ende her denken…", *op. cit.*, p. 22.

[3] Maulny Jean-Pierre, "L'Union européenne et le défi de la réduction des budgets de défense", *Les notes de l'IRIS*, Institut des relations internationales et stratégiques, septembre 2010, 14 p.

[4] *Ibidem.*

[5] Meiers Franz-Josef, "La réorganisation de la Bundeswehr. La quadrature du cercle", *op. cit.*, p. 22.

poursuivi derrière ces diminutions de personnel est pour la *Bundeswehr* de disposer dans des conditions difficiles et exigeantes de forces armées professionnelles, mobilisables dans un court délai[1]. Les nombres exacts de suppressions de postes par armée semblent toutefois confus aux dires d'un officier allemand[2]. Si Jean-Pierre Maulny[3] cite un effectif de 11 500 soldats pour la marine allemande, une fois les suppressions de postes réalisées, Berthold Meyer, lui, donne le nombre de 13 050. La présence de membres de cette arme au sein du *Streitkräftebasis,* pourrait être éventuellement une des raisons de ces chiffres contradictoires. Le personnel civil de la *Bundeswehr* se voit également réduit à 55 000 postes, tandis que le ministère perd 1 000 de ses 3 000 collaborateurs[4]. Afin de réaliser ceci, les fonctionnaires civils de plus de cinquante-cinq ans pourront être mis en retraite anticipée[5]. Le ministère voit sa structure évoluer, des seize départements, seul douze existeront à l'avenir, les sous-départements sont réduits à vingt-six et les services à cent soixante et un, au lieu respectivement des quarante et des deux cent soixante-sept existants[6]. Cependant le vaste projet de « délocalisation » et de concentration du personnel du ministère à Berlin demeure irréalisable. La commission Weise l'avait pourtant fortement recommandé. Mais du fait d'une loi de 1994 sur la répartition des ministères entre Bonn et Berlin, cette double structure subsistera. Le siège de Berlin connaît néanmoins un doublement de ses effectifs qui devraient atteindre 1 000 personnes. À l'inverse, le siège à Bonn devrait être amputé des trois cinquièmes de son personnel actuel[7].

Un manque persistant de personnel

Ce mouvement de diminution du personnel ne concerne pas l'ensemble des postes. Sur ceux nécessitant des individus hautement qualifiés, des primes seront même versées d'un montant potentiel de plusieurs dizaines de milliers d'euros par personne selon *Der Spiegel*. Le but recherché est de pouvoir concurrencer le secteur privé. Cela permet de souligner un paradoxe qui persiste depuis de nombreuses années. Malgré l'importance de ses

---

[1] *Ibidem,* p. 25.
[2] Borzillo Laurent, *La Bundeswehr,* tome II, *op. cit.,* pp. 101-106.
[3] Maulny Jean-Pierre, *op. cit.*
[4] Meyer Berthold, "Vom Ende her denken...", *op. cit.*
[5] Gros-Verheyde Nicolas, "Achtung ! Sparung, sparen", *Bruxelles2*, 19 octobre 2011.
[6] Reimann Anna, "De Maizière will Schwerpunkt in Berlin", *Der Spiegel*, 10 octobre 2011.
[7] Reimann Anna, *op. cit.* Meyer Berthold, "Vom Ende her denken...", *op. cit.*

effectifs, la *Bundeswehr* souffre d'un déficit de personnel pour certains postes en particulier[1].

Ces baisses de personnel sont accompagnées de programmes de réinsertion et d'indemnités pour les personnes quittant la *Bundeswehr*[2]. L'effectivité de ces mesures est contestée par certains observateurs. La réinsertion promise aux personnels serait loin de ressembler aux promesses formulées. Cela ne serait pas sans créer des tensions et une grogne au sein de la *Bundeswehr*.

La réorganisation de la carte militaire

Autre composante de la réforme, représentative tant de la nécessité d'optimisation des moyens que de la pression budgétaire, la réorganisation de la carte militaire et donc la suppression de casernes et le déplacement, voire la dissolution d'unité va de concert avec la baisse d'effectifs de la *Bundeswehr*. Les décisions furent présentées dans un rapport du ministère de la Défense rendu public en octobre 2011[3]. Les *Länder* subissant en valeur relative le plus de suppressions de postes sont la Sarre, le Schleswig-Holstein, la Bavière, la Hesse et Brême. En valeur absolue cependant, la Basse-Saxe, la Rhénanie du Nord Westphalie, la Bavière sont les principaux *Länder* concernés suivi du Schleswig-Holstein et de la Rhénanie-Palatinat. Les deux *Länder* au cœur de la restructuration sont donc essentiellement le Schleswig-Holstein, qui accueille plusieurs unités de marine, et la Bavière.

Suppression de postes par *Länder*

	Nombre initial de postes	Nombre prévu de postes	Postes supprimés	% de réduction
Bade-Wurtemberg	25 500	15 800	9 700	38
Bavière	50 700	31 000	19 700	39
Berlin	5 200	5 000	200	3,8
Brandebourg	8 800	7 400	1 400	16
Brême	1 100	700	400	36
Hambourg	2 700	2 400	300	11
Hesse	8 600	5 400	3 200	37
Mecklembourg Poméranie	14 200	10 600	3 600	25

---

[1] Meiers Franz-Josef, "La réorganisation de la Bundeswehr. La quadrature du cercle", *op. cit.*, p. 22.

[2] Hebel Christina, "Kabinett beschließt Bundeswehrreform-Begleitgesetz", *Der Spiegel*, 15 février 2012.

[3] Bundesministerium für Verteidigung, *Die Stationierung der Bundeswehr in Deutschland,* octobre 2011, 138 p.

Basse-Saxe	51 600	40 800	20 800	20
Rhénanie du Nord Westphalie	36 600	26 800	19 800	26
Rhénanie-Palatinat	28 700	20 600	8 100	28
Sarre	2 700	1 400	1 300	48
Saxe	4 500	3 600	900	20
Saxe-Anhalt	5 600	4 400	1 200	21
Schleswig-Holstein	26 000	15 300	10 700	41
Thuringe	9 000	6 300	2 700	30

Il est intéressant de constater que d'après un classement du taux des réductions, parmi les sept *Länder* ayant le plus faible taux de réduction se trouvent cinq des six *Länder* de l'ex-Allemagne de l'Est. Initialement, l'Est de l'Allemagne disposait en effet de moins de soldats de la *Bundeswehr* dans ses *Länder,*

En divisant l'Allemagne en quatre régions, Sud avec le Bade-Wurtemberg et la Bavière, Nord avec la Basse-Saxe, le Schleswig-Holstein, Brême et Hambourg, Est avec les six *Länder* de l'ex-République démocratique allemande, et Ouest avec la Rhénanie du Nord Westphalie, la Rhénanie-Palatinat, la Sarre et la Hesse, le classement effectué dans les deux tableaux précédents donne pour résultat avant la réforme la région Est comme ayant le plus haut taux de soldat pour 1 000 habitants, suivi de celle du Nord, de celle de l'Ouest puis de la région Sud. Malgré la réforme, le même classement demeure valable.

Nombre de postes pour mille habitants par *Länder*

	Aujourd'hui	prévision
Bade-Wurtemberg	2,4	1,5
Bavière	4,1	2,5
Berlin	1,5	1,5
Brandebourg	3,5	2,9
Brême	1,7	1,1
Hambourg	1,5	1,4
Hesse	1,4	0,9
Mecklembourg Poméranie	8,6	6,4
Basse-Saxe	6,5	5,1
Rhénanie du Nord Westphalie	2,0	1,5
Rhénanie-Palatinat	7,2	5,1
Sarre	2,6	1,4
Saxe	1,1	0,9
Saxe-Anhalt	2,4	1,9
Schleswig-Holstein	9,2	5,4
Thuringe	4,0	2,8

Classement des *Länder* selon le nombre de postes pour mille habitants

	Avant la réforme	Prévu par la réforme
1	Schleswig-Holstein	Mecklembourg Poméranie
2	Mecklembourg Poméranie	Schleswig-Holstein
3	Basse-Saxe	Rhénanie-Palatinat
4	Rhénanie-Palatinat	Basse-Saxe
5	Bavière	Brandebourg
6	Thuringe	Thuringe
7	Brandebourg	Bavière
8	Sarre	Saxe-Anhalt
9	Saxe-Anhalt	Rhénanie du Nord Westphalie
10	Bade-Wurtemberg	Berlin
11	Rhénanie du Nord Westphalie	Bade-Wurtemberg
12	Brême	Sarre
13	Berlin	Hambourg
14	Hambourg	Brême
15	Hesse	Hesse
16	Saxe	Saxe

Nombre de postes pour mille habitants par zone

	Avant la réforme	Après la réforme
Est	4,86	3,48
Nord	4,75	3,4
Ouest	4,3	2,2
Sud	3,6	2

Il semble donc, que compte tenu de l'origine géographique de nombre de recrues de la *Bundeswehr* ces dernières années, en provenance majoritaire de l'Est[1], la réforme de la carte militaire ait été effectuée en considération de cette donnée. Le taux relatif de réduction des effectifs et le taux de postes pour mille habitants confirment cette hypothèse.

Le nombre élevé de recrues en provenance des *Länder* de l'Est est vraisemblablement dû au contexte économique difficile que connaissent ces régions[2]. Dans le sud de l'Allemagne, seuls 39 % des hommes selon un sondage voient en la *Bundeswehr* une option d'emploi contre 52 % dans les *Länder* de l'Est[3]. Ce manque d'appétence pour la *Bundeswehr* en tant

[1] Borzillo Laurent, *La Bundeswehr,* tome II, *op. cit.*, pp. 93-95 : officier d'état-major allemand de la Brigade franco-allemande, entretien réalisé en avril 2012.
[2] *Ibidem,* pp. 107-110. *Aus Politik und Zeitgeschichte,* n°48, 2011. Apt Wenke, *op. cit.*
[3] Apt Wenke, *op. cit.*

qu'employeur, est d'ailleurs démontré à travers la déclaration du 27 mai 2012 du ministre fédéral de la défense faisant part à la presse, de ses souhaits de voir l'armée fédérale compter plus d'individus originaires du sud de l'Allemagne[1].

Plusieurs postes étant supprimés, la réforme de la carte militaire de la *Bundeswehr* prévoit la fermeture de trente et un sites. À compter du mois d'octobre 2011, la *Bundeswehr* comptabilisait 381 sites, plus treize en cours de fermeture[2]. Selon le document du ministère sur la réorganisation des bases de la *Bundeswehr*, toutes celles inférieures à quinze postes perdront leur dénomination officielle de site de la *Bundeswehr*. En tout, en prenant en compte les réductions d'effectifs, quatre-vingt-onze sites sont ainsi visés. Sur les trente et un sites fermés, huit comprennent un effectif de quinze à cent personnes, quatre possèdent entre cent à cinq cents postes, treize entre cinq cents et mille places et six sites dénombrent plus de mille postes. Quatre-vingt-onze sites ont à subir en outre une réduction importante de leurs personnels, ce qui signifie soit une baisse de plus de 50 %, soit cinq cents postes en moins. La *Bundeswehr* à terme ne devrait plus compter que 254 sites. Cinq nouveaux sites étant cependant en préparation, le chiffre total sera donc de 259.

Parmi les mesures prises, plusieurs services sont délocalisés à Berlin ou dans son voisinage tels le commandement aérien, et celui de l'armée de terre. Les centres de recherches de la *Bundeswehr*, le *MGFA* et le *SOWI* sont rassemblés à Potsdam. Enfin preuve de l'appartenance au passé de la phase de transformation de la *Bundeswehr*, le centre pour la transformation de la *Bundeswehr* est dissout. Le centre s'étant attardé ces dernières années dans diverses études et réflexions, sa fonction de boîte à idées est peut-être à regretter, même si son fait d'armes le plus médiatisé fut un rapport sur le pic pétrolier[3], sujet à polémique en 2010.

La fermeture et la destruction des sites de l'armée fédérale représentent un certain coût financier non négligeable, même si ces fermetures ont lieu dans l'objectif de réduire les dépenses de la *Bundeswehr*. Selon *Der Spiegel*, la démolition des sites coûterait 1,2 milliard d'euros. Mis en avant avec amertume par Alwin Schroder, à l'exception d'un seul, sur les trente et un sites, entre 2007 et 2011, 160 millions d'euros avaient été investis[4]. En outre, le rôle d'employeur de la *Bundeswehr* dans de nombreuses localités a

---

[1] AFP, "De Maizière will mehr Soldaten aus Süddeutschland", *Der Spiegel*, 27 mai 2012.

[2] Bundesministerium für Verteidigung, *Die Stationierung der Bundeswehr in Deutschland,* octobre 2011, 138 p.

[3] Schultz Stefan, "Bundeswehr-Studie warnt vor dramatischer Ölkrise", *Der Spiegel*, 31 août 2010.

[4] Schröder Alwin, "Ausbau von Kasernen kostet 1,2 Milliarden Euro", *Der Spiegel*, 2 mars 2011.

déclenché, à la suite des annonces de fermeture ou de réduction, des mouvements d'aigreur de certains élus et de ministre président de *Länder*. Planifiées depuis plusieurs mois, c'est dans la plus grande discrétion que les décisions semblent avoir été prises au ministère de la Défense, de crainte de soulever une levée de boucliers de la part des édiles.

La réduction des quantités d'équipement de la Bundeswehr

Les effectifs diminuant et le budget demeurant limité, une baisse du matériel de la *Bundeswehr* est également mise en œuvre. Cela se concrétise par la revente de ces matériels ou la renégociation des contrats relatifs aux futurs équipements de la *Bundeswehr*.

Réduction des équipements de la *Bundeswehr*[1]

Deutsche Marine	- 6 corvettes au lieu des 8 commandées. - 6 sous-marins au lieu des 8 planifiés. - retrait des sous-marins 206A. - retrait d'une dizaine de bâtiments de soutien, de chasseurs de mines et de frégates. - retrait du service de 4 des 8 frégates classe Brême. - seules 3 frégates F125 sont commandées au lieu de 4.
Luftwaffe	- 140 *Eurofighter* au lieu des 177 prévus. - 60 *Transall*. 20 sont retirés du service. - 40 A400M à la place des 60 prévus. - 4 drones UAV *Global Hawk* au lieu des 6 envisagés. - plusieurs avions Tornado sont retirés du service. - le projet Talarion de drone européen est maintenu même si certains avaient suggéré la fin de la participation allemande.
Armée de terre	- 80 chars léopard seront revendus. 255 seulement restent en service. - 350 Pumas (véhicule blindé léger) au lieu des 410 prévus. - Boxer (véhicule de transport blindé). Leur nombre resterait *a priori* inchangé. - 40 hélicoptères Tigre au lieu de 60. - 80 hélicoptères de transport NH-90 à la place des 122 initialement commandés.

[1] Gros-Verheyde Nicolas, "Achtung ! Sparung, sparen", *op. cit.* Erdmann Lisa, "De Maizière will für Reform Milliarden springen lassen", *Der Spiegel*, 18 octobre 2011, "Uhr Weniger U-Boote, weniger Panzer, weniger Kampfjets", *Der Spiegel,* 22 avril 2011. Maulny Jean-Pierre, *op. cit.*, p. 5. Meiers Franz-Josef, "La réorganisation de la Bundeswehr. La quadrature du cercle", *op. cit.*, p. 16.

La réflexion sur un nouveau processus d'acquisition des armements

Ces baisses d'équipement, bien que logiques étant donné la baisse des effectifs, mettent en évidence les nombreuses difficultés et échecs rencontrés par la *Bundeswehr* et le ministère de la Défense dans le cadre des programmes d'armement. La particularité du système allemand est la primauté en son sein d'une administration civile. C'est cette administration qui est chargée de satisfaire les besoins en équipements des forces armées selon l'article 87 b de la Loi Fondamentale[1]. À partir des années 1990, une réhabilitation de l'expertise des acteurs militaires se fit, dans le cadre du processus d'acquisition des nouveaux équipements selon Catherine Hoeffler. Une nouvelle procédure d'acquisition fut adoptée en 2000. Elle se fonde sur

> « *l'évaluation des coûts-bénéfices [...] : il s'agit tout d'abord d'évaluer l'opportunité de lancer un programme d'armement, et ensuite de contrôler les coûts d'un programme une fois lancé. [...] L'évaluation doit permettre de choisir entre l'abandon du lancement d'un programme, la modernisation d'équipements existants, l'achat sur étagère et le lancement d'une production*[2] ».

Parallèlement, un conseil de l'armement fut instauré. L'inspecteur général le dirige et est le responsable de la planification des armements et de l'équipement de la *Bundeswehr*[3]. Ces modifications tendent vraisemblablement à mettre fin à l'absence de marges d'initiatives pour les militaires allemands et à la lourdeur administrative présente dans les processus d'acquisition. Ces deux aspects ont été constatés vers la fin des années 1990 par un officier supérieur français, ayant participé aux travaux de la commission franco-allemande relative à la création de l'EFA et des hélicoptères Tigre[4].

Néanmoins le processus aboutissant à l'équipement de la *Bundeswehr* au moyen d'un nouvel armement laisse à penser, au vu de l'expérience des Tigre *KHS*, que le système allemand souffre de contraintes structurelles, peu en adéquation avec celles qu'entraîne un nouvel armement. Plusieurs officiers français[5] ont fait état des lourdeurs des mécanismes de certification et de qualification du matériel. Au sein de l'armée française, un nouvel

[1] Borzillo Laurent, *La Bundeswehr,* tome II, *op. cit.*, pp. 81-87. Höffler Catherine, "Les réformes des systèmes d'acquisition d'armement en France et en Allemagne : un retour paradoxal des militaires ?", *Revue internationale de politique comparée,* n° 1, 2008, Volume 15, p. 133-150.

[2] *Ibidem.*

[3] *Ibid.*

[4] *Ibid.*, pp. 120-130. "*À mes yeux il y a un problème de leadership chez les Allemands, une lourdeur administrative entre le gouvernement, les industriels et une absence de marge d'initiatives pour les militaires.*"

[5] Borzillo Laurent, *La Bundeswehr,* tome II, *op. cit.*, pp. 120-130.

équipement est utilisé et mis à contribution dès qu'il le peut suffisamment, et ce même si l'ensemble de son cahier des charges n'est pas rempli. Cela s'explique par la caractéristique des programmes d'armement français qui répondent davantage à une nécessité d'emploi opérationnel de l'équipement, à destination des troupes en opérations[1]. Cela n'est pas sans poser quelques problèmes en termes de maintenance et de fourniture de pièces détachées. Cela implique également le développement de plusieurs modèles d'armement avant d'aboutir à un type standard[2]. Cela correspond néanmoins à la réalité d'emploi de tous nouveaux équipements, les premières utilisations démontrant les besoins d'amélioration de conception et de fabrication. La mise en route et l'emploi d'un nouvel équipement dans le cas allemand ne se fait qu'à l'issue de l'accomplissement de l'ensemble des objectifs du cahier des charges. Certes, la pression sur l'industriel est plus forte que dans le cas français, mais cette réglementation peut également causer un retard non négligeable dans la livraison de nouveaux équipements par souci de respect des exigences initiales, sans pour autant garantir la pertinence du premier modèle utilisé. Le rapport de la commission Weise d'octobre 2010 souligne justement le non-respect coutumier des délais dans les contrats d'armements de la *Bundeswehr*.

Deux points semblent caractériser en particulier les programmes d'armement. Le nombre de matériels commandés se retrouve très souvent en déphasage avec les effectifs de la *Bundeswehr*. Ainsi que le souligne un officier allemand détaché auprès du *MFGA*, les commandes sont faites, non pas à partir des prévisions des volumes des forces armées pour les prochaines années, mais à partir du volume des forces à dater de l'instant de la commande[3]. Compte tenu des réductions permanentes d'effectifs que connaît la *Bundeswehr* depuis plus de vingt ans, elle doit faire face à des dépenses correspondantes à des surplus d'équipements qu'elle n'utilisera jamais[4]. Mise en corrélation avec le cadre budgétaire toujours plus restreint dans lequel la *Bundeswehr* évolue, celle-ci est acculée à une perpétuelle pénurie de financements, renforcée par les coûts supplémentaires de nombreux projets d'équipement[5]. Cet environnement a pour résultat de récurrents rééchelonnements, voire annulations de programmes, et engendre

---

[1] Marchetti Andreas, Clouet Louis-Marie, "Incertitudes sur la PSDC...", *op. cit.*, p. 16.

[2] Borzillo Laurent, *La Bundeswehr*, tome II, *op. cit.*, pp. 120-130.

[3] *Ibidem,* pp. 54-60, pp. 72-76.

[4] *Ibidem,* pp. 54-60.

[5] Meiers Franz-Josef, "La réorganisation de la Bundeswehr. La quadrature du cercle", *op. cit.*, p. 16. Du même auteur : "La politique allemande de sécurité et de défense... ", *op. cit.*, p. 6.

des lacunes capacitaires pour la *Bundeswehr*[1]. Malheureusement, ces annulations sont difficilement réalisables, le ministère de la Défense ne disposant que d'une faible marge de manœuvre face aux industries privées d'armement[2]. Ces contraintes financières concernent également la maintenance des équipements actuels des forces armées sous-financées aux dires de Franz Joseph Meiers[3].

Deux nouveaux matériels, qui équiperont la *Bundeswehr* dans les mois à venir, mettent en exergue les incohérences des commandes d'armements réalisées pour la *Bundeswehr* : l'A400M, avion de transport militaire, et l'hélicoptère d'attaque Tigre.

En ce qui concerne l'A400M, lors du lancement du projet, l'Allemagne se déclara premier client avec soixante-treize commandes. Or, selon Louis-Marie Clouet et Andreas Marchetti, « *il était évident que la Luftwaffe – armée de l'air la moins engagée dans des opérations extérieures – n'avait pas besoin d'autant d'avions de transport, en comparaison avec l'armée de l'air britannique ou française* »[4]. Les commandes furent en outre clairement faites sans tenir compte du format futur de la *Luftwaffe*[5] en termes d'effectifs. Les retards accumulés par ce programme ainsi que les marges de plus en plus réduites du budget allemand de la défense amenèrent l'Allemagne à réduire sa commande à soixante appareils, puis à cinquante-trois, pour n'atteindre désormais plus que quarante, soit presque la moitié de la commande initiale[6].

Le programme Tigre illustre également une mauvaise appréciation du nombre d'appareils nécessaires pour l'armée et une absence de capacité de réorientation d'un programme d'après divers témoignages. Conçu à l'origine comme une arme anti-char dans l'éventualité d'un conflit en Europe contre l'URSS, le programme Tigre ne fit l'objet de la part de l'Allemagne d'aucune révision malgré le caractère peu probable d'un tel conflit après 1991. Selon l'officier allemand précédemment cité, le modèle allemand dit

---

1 Meiers Franz-Josef, "La réorganisation de la Bundeswehr. La quadrature du cercle", *op. cit.*, p. 17.

2 Borzillo Laurent, *La Bundeswehr*, tome II, *op. cit.*, pp. 148-153.

3 Meiers Franz Joseph, "La politique allemande de sécurité et de défense…", *op. cit.*, p. 6.

4 Marchetti Andreas, Clouet Louis-Marie, "Incertitudes sur la PSDC…", *op. cit.*, p. 16.

5 Borzillo Laurent, *La Bundeswehr*, tome II, *op. cit.*, pp. 72-76.

6 Gros-Verheyde Nicolas, "Berlin s'interroge sur l'avenir de l'Airbus A400M. Londres aussi !", *Bruxelles2*, 2 mars 2009. Du même auteur : "L'Airbus A400M : la cause…les causes du retard", *Bruxelles2*, 30 avril 2009. Et aussi : "L'A400M sort du tunnel : termes de l'accord et "nuages" futurs", *Bruxelles2*, 8 mars 2010. "L'Allemagne approuve le contrat des A400M mais revend certains appareils", *Bruxelles2*, 26 janvier 2011.

KHS[1] serait un excellent exemple d'une voilure tournante multirôles[2], tout aussi performante que la future version française du Tigre, le HAD[3]. Or les propos de plusieurs experts[4] démontrent plutôt la continuation de la fonction antichar du Tigre allemand.

Dans les conflits actuels, où prédomine l'affrontement asymétrique, la non-pertinence de cet armement semble avérée. La non-adaptation de cette version aux nouveaux théâtres d'opérations est par ailleurs confirmée par le modèle australien du Tigre, proche du futur HAD, ainsi que les commandes espagnoles de HAD. Tout comme pour l'A400M, des quatre-vingts prototypes prévus, seuls quarante sont à présent planifiés. Par ailleurs, le processus de certification allemand a pour conséquence de doter la *Bundeswehr* de Tigre opérationnel plus de trois ans après l'entrée en service du premier HAP au sein des armées françaises. Les commandes initiales sont également contestables. Certes, du temps de l'URSS, elles étaient valables mais, dès la disparition de celle-ci, outre l'obsolescence d'un développement en grande quantité d'un appareil aérien anti-char, le peu d'appétence de la République fédérale pour les conflits et zones de crise *Out of Area,* aurait dû entraîner une baisse des commandes. Cette diminution ne fut pourtant effectuée qu'à partir du milieu des années 2000.

Ces deux programmes d'armement d'une part soulignent l'incapacité de réorientation d'un nouvel équipement due à une lourdeur administrative et mettent en exergue un processus de certification remettant en question la pertinence de l'appareil par l'augmentation des délais de livraison. D'autre part, ils révèlent un décalage réel entre les besoins de la *Bundeswehr* et les commandes en armements, enclenchant une pression budgétaire supplémentaire pour le budget de la défense en Allemagne. Une réforme du processus d'acquisition et du rôle de l'industriel semble donc être indispensable. La réforme en cours évoque cette nécessité[5], réclamée également par certains partis politiques[6]. La réévaluation des projets d'armements qui s'est déroulée récemment, et qui a débouché sur des révisions de contrat s'inscrit également dans cette approche de refonte du processus d'équipement, que la réforme ne fait toutefois qu'effleurer jusqu'ici.

Dernier aspect de la réorientation de la *Bundeswehr* sanctionnée par le décret de Dresde du ministre de la Défense publié le 23 mars 2012, les

---

[1] *Kampfhubschrauber Tiger.*

[2] Voir *supra*, p. 39.

[3] Hélicoptère d'Appui et de Destruction.

[4] Borzillo Laurent, *La Bundeswehr,* tome II, *op. cit.,* pp. 54-60 ; 72-76.

[5] *Ibidem*, pp. 131-142.

[6] Site Internet du groupe parlementaire des Verts : http://www.gruene-bundestag.de/themen/sicherheitspolitik/bundeswehrreform-reloaded.html

pouvoirs et le rôle de l'inspecteur général sont augmentés, ce dernier devenant le plus haut gradé de la *Bundeswehr*. Simple conseiller du gouvernement jusqu'ici, il prend en charge désormais la direction générale des forces armées et le commandement des opérations extérieures. Le projet du ministre fédéral vise à renforcer les interactions et échanges entre l'expertise des civils du ministère de la Défense et celle des militaires[1]. Il s'inscrit dans une démarche cherchant à rationaliser la structure de commandement, la *Bundeswehr* souffrant de l'existence d'un trop grand nombre d'états-majors et d'un système dont les rouages diluent les responsabilités, compromettant par conséquent le bon fonctionnement des forces armées[2].

3. La nouvelle orientation : vers la réforme ultime de la Bundeswehr ?

Malgré la présence d'un document de réflexion la réforme, ou, pour être exact, la nouvelle orientation de la *Bundeswehr*, souffre d'une analyse insuffisante et par trop fondée, au mieux sur une absence d'analyse des potentielles évolutions, et au pire sur des besoins et constats révolus, aux dires de certains analystes.

Un manque d'analyse de l'environnement géostratégique de l'Allemagne

Le jugement porté par nombre d'experts sur la réforme pointe l'absence d'analyse stratégique ayant précédé son élaboration. Même si l'approche du ministre actuel tend à pallier ceci à travers la publication des principes directeurs de la politique de défense allemande, cette critique se retrouve dans de nombreux écrits[3]. Certes, la réforme permettra lorsqu'elle sera achevée, de disposer d'un outil plus performant[4] aux dires de ses promoteurs, mais elle ne précise pas quels seront les futurs formats des missions de la *Bundeswehr*. Même la première assertion est contestée par Franz-Josef Meiers pour qui

> « *cette réforme ne permet pas un renforcement significatif des capacités d'intervention et d'endurance de la Bundeswehr et de la capacité d'action de l'Allemagne au sein des systèmes d'alliances multinationales, Union européenne et Organisation du traité de l'Atlantique Nord* »[5].

---

[1] Bundesministerium für Verteidigung, *Dresdner Erlass*, 21 mars 2012.

[2] Fischer Sebastian, "De Maizière schrumpft die Armee", *Der Spiegel*, 18 mai 2011.

[3] Borzillo Laurent, *La Bundeswehr*, tome II, *op. cit.*, pp. 48-53. Meiers Franz-Josef, "La réorganisation de la Bundeswehr...", *op. cit.*, p. 4. Katsioulis Christos, Müller-Henning Marius, *op. cit.*, pp. 43-44.

[4] *Ibidem*, pp. 54-60.

[5] Meiers Franz-Josef, "La réorganisation de la Bundeswehr...", *op. cit.*, p. 4.

Le manque d'analyse stratégique notable se retrouve également dans les propos de l'officier Leroy[1] :

> « *Là, nous sommes encore en train en Allemagne d'adapter un modèle du passé, qui était cohérent, avec le contexte géostratégique présent. Toutefois, la mise en cohérence avec ce nouveau contexte géostratégique n'est pas encore faite. Dans le cas présent, on a mis les modalités concourantes avant de réfléchir à la question, dans quels buts et pour quoi faire* ».

Une réforme en retard d'une décennie

Pour ces raisons, l'expert Schneider de la fondation Friedrich Ebert[2] en conclut que la réforme et la restructuration de la *Bundeswehr* n'auront d'incidences positives qu'en cas de nouvelles opérations semblables à celle menée en Afghanistan. Or ce scénario demeure le moins probable pour la *Bundeswehr*. Selon le même expert, la réforme réalise la même erreur que le processus de transformation avait accomplie, à savoir l'amélioration des capacités des forces armées allemandes en fonction des opérations en cours et non de celles de demain. Ceci est confirmé par l'étude de la réforme de Marius Müller Henning et de Christos Katsioulis. Les missions maritimes ayant par exemple pour objectif la protection des routes commerciales sont absentes des projets de restructuration. La marine allemande demeure le parent pauvre[3] de la *Bundeswehr,* et ce malgré la forte dépendance de l'Allemagne vis-à-vis du commerce international et sa position géopolitique actuelle en Europe où pour la première fois de son histoire elle n'est entourée que d'alliés[4]. Malgré le « succès » militaire des opérations de la marine allemande et la croyance d'un officier français d'état-major en la possibilité pour celle-ci de connaître potentiellement à l'avenir un important développement, la réforme actuelle ne prévoit rien dans ce sens. Le concept de la haute mer en tant que base pour conduire des opérations interarmées[5] développé depuis plus de six ans par la marine n'est malheureusement qu'une vue de l'esprit[6]. Autre incohérence de la réforme soulignée par Marius Müller Henning et Christos Katsioulis, celle-ci se fait en dehors de

---

[1] Borzillo Laurent, *La Bundeswehr,* tome II, *op. cit.*, pp. 131-142.

[2] *Ibidem,* pp. 48-53.

[3] Boyer Yves, Le Gloannec Anne-Marie, *op. cit.*, p. 5.

[4] Stockfisch Dieter, "Deutschlands Sicherheit maritime Aspekte globaler Sicherheitspolitik", *Strategie und Technik:* : *Streitkräfte, Rüstung, Sicherheit,* n°3/2011, pp. 42-45.

[5] *See als Basis für streitkräftegemeinsame Operationen.*

[6] Borzillo Laurent, *La Bundeswehr, tome II, op. cit.*, pp. 72-76 ; 111-119. Schneider Karsten, "Deutschland - Die See als Basis für streitkräftegemeinsame Operationen", 48. Historisch-Taktische Tagung der Flotte, 2008. http://www.globaldefence.net/artikel-analysen/6898-deutschland-die-see-als-basis-fuer-streitkraeftegemeinsame-operationen.html

toute réflexion avec les projets européens de *Pooling and Sharing*[1] ; l'initiative germano-suédoise de Gand étant menée indépendamment de la réforme actuelle[2]. Même si les principes directeurs évoquent ces projets européens, pour l'expert Richter et des experts de la fondation Friedrich Ebert, aucune coordination n'est en fait poursuivie[3].

L'importance de la réforme en termes de changement pour la *Bundeswehr* est aussi sujette à polémique. Officiellement, la réorientation fait figure de réforme la plus approfondie que la *Bundeswehr* est connue. L'appellation de réforme d'une dimension digne de Scharnhorst[4] est largement remise en cause, tant par l'officier néerlandais cité précédemment[5] que par l'ancien inspecteur de l'armée de terre, le général Helmut Willman[6]. La conduite et la mise en œuvre font l'objet de critique. L'action du ministre actuel semble toutefois être louée. La remise en cause concerne essentiellement la chancelière et l'ensemble du gouvernement, qui ne montrent que peu d'intérêt pour les mutations que subit la *Bundeswehr*, suscitant un malaise au sein des troupes[7].

---

[1] Les États membres faisant face à des menaces sécuritaires similaires et aux mêmes contraintes financières, une stratégie efficace et intelligente de mutualisation et de partage des moyens, le *Pooling and Sharing*, visant à réduire les coûts et à optimiser l'efficacité des capacités européennes fut élaborée fin 2010. Site Internet du ministère de la Défense :
http://www.defense.gouv.fr/das/relations-internationales/l-europe-de-la-defense/la-capacite-de-l-ue-a-agir/capacites-militaires/(language)/fre-FR#SearchText=pooling and sharing#xtcr=1

[2] Le document prévoit d'identifier trois catégories de domaines de coopération, ceux où les partenaires peuvent se fier entièrement les uns aux autres, permettant la mise en œuvre d'une répartition des tâches, ceux où une coopération renforcée est envisageable et ceux qui demeurent l'apanage exclusif de chaque pays. Gros-Verheyde Nicolas, "Allemands et Suédois prennent l'initiative", *Bruxelles2*, 30 novembre 2010.

[3] Borzillo Laurent, *La Bundeswehr,* tome II, *op. cit.,* pp. 43-53. Katsioulis Christos, Müller-Henning Marius, *op. cit.*

[4] Les généraux von Scharnhorst et von Gneisenau furent à l'origine de l'importante restructuration de l'armée prussienne à la suite de ses défaites à Iéna et Auerstaedt, en 1806.

[5] Voir *supra,* p. 48.

[6] Beste Ralf, Schwennicke Christoph, *op. cit.*

[7] Borzillo Laurent, *La Bundeswehr*, tome II, *op. cit.,* pp. 143-147. Hengst Björn, "Soldatenverband wirft Merkel mangelndes Engagement vor", *Der Spiegel,* 29 mai 2012.

Vers un concept de sécurité en réseau disposant des moyens pour atteindre ses finalités

Bien que les mutations que la *Bundeswehr* ait vécues au cours des dernières années soient considérables, d'autres réformes et processus semblent être nécessaires à conduire. Le retour d'expérience des opérations actuelles et plusieurs prises de position mettent en avant ce besoin, non pas tant de révolution que de mise en œuvre complète des logiques ayant prévalu jusqu'ici dans le cadre des réformes.

Premier domaine dans lequel la *Bundeswehr*, mais en fait plus particulièrement le gouvernement allemand doivent améliorer leurs capacités et moyens, l'approche globale en matière d'intervention et le concept de sécurité en réseau devraient, au vu du bilan de ceux-ci, voir leur application modifier. Afin de dépasser un statut de slogan qui lui est attribué par ses contempteurs[1], ce concept nécessite un renforcement de ses personnels civils et policiers selon Dr Patrick Keller[2]. Le constat d'un manque de personnel civil, que l'étude des opérations extérieures allemandes confirme, est partagé par un membre du ministère fédéral de la Coopération[3]. Il se retrouve également dans une étude de la fondation Konrad Adenauer sur la politique extérieure allemande[4]. Une optimisation des capacités en termes de personnels serait plus que pertinente[5], ainsi qu'une plus grande coopération entre le gouvernement fédéral et les *Länder* selon l'analyse de la fondation Konrad Adenauer[6].

La coopération entre acteurs étatiques et non étatiques est également à perfectionner, aux dires d'un officier d'état-major néerlandais[7] et des recommandations de l'étude de la fondation Konrad Adenauer[8]. Là encore, l'analyse effectuée dans la première partie de ce travail de recherche concorde avec cette estimation. Une élaboration des stratégies et des programmes à réaliser en commun semble avoir la préférence de l'expert Schneider.

---

[1] *Ibidem*, pp. 131-142. "*Je pense qu'ils ont trouvé un bon nom, en fait une transposition nationale de la "Global Approach" [...] mais il lui reste encore à trouver un objectif et à avoir du corps*".

[2] Keller Patrick, "Nichttraditionelle Herausforderungen für deutsche Sicherheitspolitik", fondation Konrad Adenauer, 8 juin 2011. http://www.kas.de/wf/de/33.23050/

[3] Borzillo Laurent, *La Bundeswehr,* tome II, *op. cit.,* pp. 34-36.

[4] Perspektive 2020. Empfehlungen für eine aktive deutsche Außenpolitik, fondation Konrad Adenauer, 2011, 111 p., p. 29.

[5] Borzillo Laurent, *La Bundeswehr,* tome II, *op. cit.,* pp. 34-36.

[6] Perspektive 2020, *op. cit.,* p. 29.

[7] *Ibidem,* pp. 148-153.

[8] *Perspektive 2020, op. cit.,* p. 83.

L'instauration d'un conseil de sécurité renforcé

Afin d'affiner les stratégies adoptées et de mieux coordonner l'action de l'Allemagne, certains estiment que la création d'un conseil fédéral de sécurité s'imposerait. En vérité, un tel conseil existe déjà, le *Bundessicherheitsrat,* qui réunit la chancelière et les ministres de la Défense, des Affaires étrangères, de l'Intérieur et de l'Économie, ainsi que le chef de la chancellerie. Il faudrait cependant l'élargir selon certains experts et lui donner des pouvoirs proches du Conseil de sécurité national dont dispose la démocratie américaine. L'objectif est de permettre à ce conseil de piloter l'action allemande ainsi que celle de la *Bundeswehr* d'une seule main. Les politiques et *Think Tanks* proches de la *CDU* sont les plus favorables à cet élargissement du conseil fédéral de sécurité actuel[1]. Les missions de cette instance seraient *de*

> « *servir de centre d'analyse, de coordination et de décision, impliquant l'État fédéral et les responsables des Länder. Il serait chargé de la prévention et de la gestion civilo-militaire des crises et, surtout, du pilotage des missions de la Bundeswehr non seulement à l'étranger, mais aussi en Allemagne, en cas de catastrophe dépassant les moyens de réaction des Länder* »[2].

Un projet de création de cet organe présenté par la *CDU* en 2009 avait été vivement rejeté par le *SPD.* Parmi les griefs reprochés de la part des sociaux-démocrates, cette réforme aurait « *privé le Bundestag de son droit constitutionnel de décider de l'emploi de l'armée à l'étranger*[3] » tout en ôtant la plupart de ses prérogatives au ministère des Affaires étrangères. L'attitude du *SPD* peut néanmoins s'expliquer par sa détention, à l'époque de cette proposition, du portefeuille des Affaires étrangères, ministère qu'il n'avait plus détenu depuis 1969. La principale caractéristique de la réforme consisterait à remettre nombre des compétences du ministère à la chancellerie[4]. Le vice-président de la *DGAP*, Fritjof von Nordenskjöld avait d'ailleurs pris position pour cela dans un article dont le titre résumait bien les conséquences de ce changement : « *Alle Macht dem Kanzler*[5] ».

Les arguments pour justifier l'instauration de ce conseil sont issus de l'expérience des opérations extérieures accomplies par la *Bundeswehr.* Pour ses partisans, ce conseil en associant l'expertise des ministères, des *Länder* et d'organisations civiles, permettrait une meilleure analyse stratégique, ce

---

[1] *Ibidem.* Stark Hans, "La politique étrangère allemande: entre polarisation et politisation", *Note du Cerfa 60,* Comité d'études des relations franco-allemandes, janvier 2009, 19 p.

[2] *Ibidem,* p. 15.

[3] *Ibid.*

[4] *Ibid.*

[5] *Ibid.,* pp. 54-60.

qui avait fait défaut au début de l'intervention de la *Bundeswehr* en Afghanistan. En outre, en confiant la direction des mesures résultantes de l'engagement allemand à la chancellerie, la difficulté de coopération entre ministères en serait diminuée. Cependant cette réforme entre en contradiction avec la culture allemande de répartition des pouvoirs qu'évoque l'expert Theissen[1]. Ce dernier doute de la faisabilité d'un tel projet et précise le risque de blocage encouru dans un organisme trop élargi. Face au besoin de prise de décision rapide, la recherche de l'exhaustivité pourrait ainsi devenir un défaut.

Processus en cours mais loin d'être parachevé, la prise de conscience de la transformation et des réformes de la *Bundeswehr* constitue également un impératif de la politique de défense allemande. « *Les forces armées sont un instrument indispensable de la politique étrangère et de sécurité de notre pays* »[2]. Cette affirmation issue des principes directeurs de 2011 ne semble pas être assimilée dans sa globalité par les dirigeants allemands selon un officier allemand[3]. La brochure sur la politique étrangère allemande mentionnée par un officier néerlandais démontre, par l'absence du mot *Bundeswehr* dans celle-ci, que des progrès sont encore à réaliser par la classe politique allemande[4] dans la compréhension des fonctions contemporaines des forces armées de la République fédérale.

Vers l'élaboration d'un nouveau Livre blanc

Outre la mise en œuvre réelle de documents récents de la politique de défense, la nécessité d'établir une stratégie complète relative à l'emploi de l'outil militaire est une demande et un constat qui se retrouvent aussi bien parmi les partis politiques allemands que parmi les plus proches partenaires de Berlin. Les Verts[5] souhaitent d'ailleurs un véritable débat sur les missions de la *Bundeswehr* à l'avenir et sur le rôle que l'instrument militaire pourrait avoir à jouer. Le *FDP*[6], quant à lui, estime qu'une définition et une identification précise des intérêts et objectifs de la politique de sécurité allemande s'impose, ce qui est exprimé dans le document sur la *Bundeswehr* du futur rédigé par son groupe parlementaire. Cette analyse est également

---

[1] *Ibid.*, pp. 54-60.
[2] Bundesministerium für Verteidigung, *Les principes directeurs de la politique de défense*, *op. cit.*, p. 9.
[3] Borzillo Laurent, *La Bundeswehr,* tome II, *op. cit.*, pp. 93-95.
[4] *Ibidem,* pp. 148-153.
[5] Site Internet du groupe parlementaire des verts : http://www.gruene-bundestag.de/themen/sicherheitspolitik/ressortuebergreifende-friedens-und-sicherheits strategie.html
[6] "Bundeswehr der Zukunft", *Positionspapier,* FDP-Bundestagsfraktion, 2010, 28 p., p. 5.

partagée par l'officier Nguyen, qui recommande que les questions relatives à l'emploi de la *Bundeswehr* soient clairement posées et que des réponses précises y soient apportées[1]. Un tel processus couplé à une identification des zones possibles d'intervention de la *Bundeswehr*, identique à l'arc de crise que le Livre blanc français de 2008 avait désigné, serait également profitable. La valeur de cette identification serait un renforcement du sentiment de fiabilité des partenaires de l'OTAN à l'égard de l'Allemagne, ses actions devenant prévisibles. C'est le constat que dresse indirectement l'expert Theissen[2]. Les propos cités précédemment[3] du ministre Thomas de Maizière correspondent à cette nécessité d'identification des potentielles futures zones de déploiement de la *Bundeswehr*.

Pour l'officier Leroy, afin de parvenir à cette élaboration d'une stratégie globale, un nouveau Livre blanc allemand serait éminemment souhaitable[4]. Ceci n'est pas toutefois l'avis d'un officier supérieur de la *Bundeswehr* de l'ambassade allemande à Paris, pour qui la nécessité d'un nouveau Livre blanc n'est pas prouvée[5]. Aucun travail sur un nouveau Livre blanc ne serait mené en Allemagne selon lui. Pourtant, la majorité des personnes interrogées lors de la campagne de terrain conduite pour ce travail de recherche ont toutes, de par leur réponse, confirmé l'existence de réflexions quant à un nouveau Livre blanc allemand de la défense. En outre, l'examen des précédents principes directeurs pour la politique de défense de 1992 et de 2003 montre que dans un intervalle de deux à trois ans ils furent suivis de l'écriture d'un Livre blanc[6]. Les prochaines élections parlementaires pourraient néanmoins ralentir l'élaboration de cet ouvrage d'analyse.

---

[1] Borzillo Laurent, *La Bundeswehr,* tome II, *op. cit.,* pp. 111-119.
[2] *Ibidem,* pp. 54-60.
[3] Voir *supra*, p. 134.
[4] *Ibid.,* pp. 131-142.
[5] *Ibid.,* pp. 154-158. Source anonyme, officier supérieur de la *Bundeswehr* de l'ambassade de la République fédérale d'Allemagne en France, entretien réalisé le 29 juin 2012.
[6] Derniers livres blancs de la défense en Allemagne : 1994 et 2006.

CHAPITRE VII

LA CRISE LIBYENNE ET LES QUESTIONS QU'ELLE SOULEVE

1. La crise libyenne

L'attitude adoptée par le gouvernement allemand lors de la crise libyenne permet de s'interroger sur la portée des réformes entreprises jusqu'ici et sur la manière dont les dirigeants allemands réagissent face à une *Bundeswehr* qui désormais n'est plus considérée par les pays alliés de l'Allemagne comme une agence d'aide au développement en uniforme. Alors qu'au vu des opérations accomplies de ces dernières années et des objectifs de la politique de défense, nous aurions été en droit de nous attendre à un soutien politique allemand, voire à une participation à travers ses navires présents en Méditerranée à l'époque, c'est pourtant l'inverse qui se produisit.

Le 17 mars 2011, lors du vote portant sur l'adoption de la résolution 1973 du Conseil de sécurité de l'ONU, l'Allemagne prit la décision de s'abstenir. Pour de nombreux analystes, en agissant ainsi, elle allait pour la toute première fois à l'encontre de l'ensemble de ses partenaires historiques. Cette décision fut considérée comme une remise en cause des deux piliers de la politique étrangère et de défense allemande depuis 1949, à savoir la relation transatlantique et l'OTAN d'une part et les relations avec la France d'autre part. Plusieurs voix s'élevèrent en Allemagne pour dénoncer cette décision du gouvernement de la chancelière Angela Merkel.

Déroulement des faits

Comment ce choix s'explique-t-il ? À la suite du déclenchement des manifestations dans son pays, Mouammar Kadhafi se lança dans une répression sanglante de tout mouvement de contestation. Dans ce contexte, et eu égard à la chute quelques semaines plus tôt des autocrates Ben Ali et Hosni Moubarak, les pays occidentaux prirent position publiquement contre les actions du régime libyen et adoptèrent une série de sanctions. La résolution 1970 accentua ces sanctions et entraîna la rédaction d'un mandat d'arrêt de la cour pénale internationale vis-à-vis du guide libyen, de son fils Saif al-Islam et de son chef des services secrets[1]. Dans ce contexte, le ministre allemand des Affaires étrangères fit des déclarations exigeant le

[1] Lehmann Volker, Schütte Robert, "Die Zukunft der "Responsibility to Protect" nach dem Fall Gaddafis", *Fes Perspektive* , octobre 2011, 9 p., p. 3.

départ de Mouammar Kadhafi[1], déclarations qu'il n'avait pas tenues à l'égard des présidents tunisien et égyptien. Afin de lutter contre le régime de Tripoli, un conseil de transition fut formé par les opposants. La Cyrénaïque se libéra seule au même moment du joug kadhafiste. Néanmoins regroupant ses forces, le guide libyen réussit à reprendre l'offensive et en quelques jours il fut sur le point de reprendre Benghazi. Cette perspective de conquête fut proclamée par un « Kadhafi », annonçant que lors de celle-ci, un bain de sang serait effectué contre ses ennemis. Face à cette menace, une majorité d'observateurs et de pays estimèrent que la situation nécessitait le recours au concept de responsabilité de protéger de 2005[2]. Il était évident que sans aide extérieure, les opposants se feraient massacrer sans pitié, annihilant tout mouvement de protestation. Si le régime arrivait à ses fins, les demandes de retrait du pouvoir formulé par les pays occidentaux, dont l'Allemagne, seraient devenues caduques, de par l'extinction de toute opposition au guide libyen. Devant l'échec des sanctions et du mandat d'arrêt de la cour pénale internationale, la Ligue arabe décida de demander la mise sur pied d'une opération créant une zone d'exclusion aérienne[3]. Portée à l'attention du Conseil de sécurité, la résolution 1973 obtint le soutien de dix pays dont celui des trois pays occidentaux disposant d'un siège permanent au conseil. Pays peu amènes avec les situations pouvant entraîner ce qu'ils considèrent comme des ingérences, l'Inde et le Brésil s'abstinrent. Étonnamment la Chine et la Russie en firent de même, n'employant pas leur veto et donc *de facto* donnant leur accord à l'instauration d'une opération militaire créant une zone d'exclusivité aérienne. La véritable surprise fut le fait de l'Allemagne, qui fit le choix de s'abstenir également, votant ainsi différemment de Londres, Paris et Washington.

La décision allemande et ses arguments

Dans les jours précédant le vote, Berlin avait répété son opposition à une opération militaire en Libye. Il justifia son vote par cette croyance[4] selon laquelle, une opération aérienne n'apporterait rien dans la résolution de la crise libyenne. Par ailleurs, le ministre fédéral des Affaires étrangères prétendit qu'en cas de vote positif allemand, son pays aurait été dans l'obligation de participer à l'opération militaire. Enfin, il estimait que cette

---

[1] Weiland Severin, Nelles Roland, "Berlin lässt seine Verbündeten alleine kämpfen", *Der Spiegel*, 18 mars 2011.

[2] Katsioulis Christos, "Die deutsche Außen- und Sicherheitspolitik nach der Intervention in Libyen", *Zeitschrift: Internationale Politik und Gesellschaft*, n°4/2011, pp. 27-44, p. 35.

[3] Lehmann Volker, Schütte Robert, *op. cit.*, p. 3.

[4] Weiland Severin, Nelles Roland, *op. cit.*

intervention impliquerait la présence de soldats au sol[1]. Autrement dit, l'argumentation du Dr Guido Westerwelle reposait sur le refus de voir la République fédérale s'engager dans un nouvel Afghanistan, au moment même où elle mettait en œuvre le retrait de ses troupes de l'Hindu Kush. La chancelière Angela Merkel eut le souci de préciser que ce choix de vote ne remettait toutefois pas en cause les objectifs de la politique allemande pour la Libye, identique à ceux de ses alliés, *id est* le départ du Colonel[2].

L'ensemble de ces arguments se révèle pourtant peu crédible. Le refus d'opération aérienne sous prétexte que celle-ci n'apporterait rien, avancé par la chancelière, fait l'impasse sur le massacre des opposants et de nombre d'habitants de la Cyrénaïque qu'aurait provoqué l'absence d'intervention. En outre, cela aurait mis fin définitivement à la contestation contre le régime, transformant les discours sur une transition en Libye et un retrait de Kadhafi en pure lubie. Si exiger le départ d'un despote en cas de mouvement d'opposition structuré peut être une politique crédible, le faire en l'absence de ces mouvements est un non-sens. Or le ministre Guido Westerwelle ainsi que la chancelière avaient tout comme leurs alliés exigé le retrait du Colonel. L'ancien représentant de l'Union européenne pour la Bosnie Christian Schwarz-Schilling y voit une décision d'un cynisme historique, comparant le sort de Benghazi en cas de non-intervention à celui de Srebrenica[3].

Autre argument central utilisé par le ministre fédéral et encore perçu comme recevable par l'expert Reinhold[4], la logique selon laquelle une approbation d'une intervention militaire signifierait une participation automatique à celle-ci, laisse la majeure partie des analystes dubitatifs. Il s'appuie sur le précédent de l'opération Eufor Tchad. Afin de permettre à ses alliés d'effectuer cette mission, Berlin donna son aval au conseil de l'Union européenne mais déclara ne pas vouloir y participer. Peu de temps après le vote, le gouvernement fédéral fut selon cet expert pris à partie par ses alliés et vivement critiqué pour son absence de participation. Dans le cas de la Libye, cette approche est pourtant plus que contestable. Le système même des Nations Unies n'oblige pas en effet un pays à prendre part à la mise en œuvre d'un point de vue militaire d'une résolution, même si ce dernier l'a approuvé. Bien que n'ayant pas pris part à l'opération, le Portugal, membre de l'OTAN, vota la résolution. Le général D. Naumann, inspecteur général de la *Bundeswehr* de 1991 à 1996, critiqua cette argumentation du gouvernement[5] trois jours seulement après le vote de la résolution. Cette même critique se retrouve dans une analyse sur l'avenir du concept de

---

[1] Lehmann Volker, Schütte Robert, *op. cit.,* p. 5.
[2] Weiland Severin, Nelles Roland, *op. cit.*
[3] "Schwerer Fehler von historischer Dimension", *Der Spiegel*, 26 mars 2011.
[4] Borzillo Laurent, *La Bundeswehr, tome II, op. cit.,* pp. 17-24.
[5] Außenansicht von General a. D. Naumann, "Ich schäme mich für die Haltung meines Landes", *Süddeutsche*, 20 mars 2011.

responsabilité de protéger, réalisée par la fondation Friedrich Ebert en octobre 2011[1].

Pourtant, la chancelière prétendit que cette analyse des implications d'un vote positif était partagée par le président américain lors d'une déclaration en septembre 2011. L'article du journaliste Markus Horeld du journal *Die Zeit,* rédigé quelques jours avant cette déclaration, contredit cette version des faits. Lors des discussions sur une opération en Libye précédant le vote de la résolution, aucun des cercles de réflexions au sein de l'OTAN ou dans les capitales britanniques, françaises et américaines n'aurait mentionné une éventuelle contribution militaire allemande. Les raisons de cette absence de mention sont résumées par ces propos acerbes : « *Aux États-Unis, au Royaume-Uni et en France, on connaît les états d'âmes allemands en cas d'opération militaire. Et depuis les mandats en Afghanistan, on est conscient aussi des possibilités limitées de la Bundeswehr*[2] ».

L'obligation invoquée de participation militaire à une opération d'instauration d'une zone d'exclusivité aérienne en cas de vote en faveur de la résolution résiste mal à l'analyse du matériel disponible de la *Bundeswehr* pour une telle mission. Selon le général D. Naumann[3], excepté les ECR-Tornado, l'Allemagne ne pouvait participer à une opération de ce type. Un officier français de l'armée de l'air et son homologue allemand laissent cependant sous-entendre le contraire[4].

Le gouvernement allemand prétendit également qu'une intervention en Libye ne pouvait qu'entraîner à terme une opération sur sol libyen de soldats de pays occidentaux. En se fondant sur les difficultés rencontrées par les Américains en Irak et par les forces de la FIAS, Berlin mettait en avant son refus de se lancer dans une telle aventure à durée indéterminée, et justifiait par la même occasion sa non-participation militaire. Ce raisonnement *a priori* valable ne résiste pas à la lecture de la résolution 1973 qui exclut tout déploiement au sol de troupes étrangères en Libye. Le raisonnement ne tient donc pas. Qui plus est, il implique de la part de Berlin un soupçon vis-à-vis de ses partenaires de non-respect de la résolution, allant bien au-delà d'une interprétation large du texte voté[5]. L'analyse de Berlin quant à l'état d'esprit de ses proches alliés après l'Afghanistan comprendrait-elle de considérables

---

[1] Lehmann Volker, Schütte Robert, *op. cit.,* p. 5.

[2] Horeld Markus, "Westerwelle verhöhnt das libysche Volk", *Die Zeit,* 23 août 2011. "*In den USA, in Großbritannien und Frankreich kennt man die deutschen Befindlichkeiten bei Militäreinsätzen. Und seit dem Afghanistan-Mandat weiß man auch um die beschränkten Möglichkeiten der Bundeswehr*".

[3] Außenansicht von General a. D. Naumann, *op. cit.*

[4] Borzillo Laurent, *La Bundeswehr,* tome II, *op. cit.,* pp. 101-106.

[5] Vaillant Jérôme, "De l'abstention de l'Allemagne sur la Libye au conseil de sécurité de l'ONU. Entre recherche de l'autonomie de décision et solidarité internationale", *Allemagne d'aujourd'hui,* n° 196, avril-juin 2011, pp. 3-6.

lacunes ? Il semble avoir été oublié au sein du gouvernement allemand, que l'intervention en Afghanistan a autant éprouvé Londres, Paris et Washington que Berlin. La même lassitude à l'égard des opérations contre les *talibans* touche les opinions publiques de ces trois pays. Le gouvernement allemand aurait-il cru qu'à quelques mois d'élections majeures, les gouvernements américains et français se seraient embourbés dans une intervention au sol – que rien ne justifiait – en ignorant totalement la durée qu'une telle opération pourrait avoir ?

Autre point avancé par le gouvernement fédéral et repris par l'expert Reinhold[1], le caractère trouble du conseil de transition est évoqué. Plusieurs doutes subsistaient quant aux passifs de ces membres, et à leurs intentions. Bien que recevable cette justification a ses limites du fait de la politique suivie par l'Allemagne. En effet dans l'état de guerre civile dans lequel la Libye s'enfonçait vers la fin février début mars, si les deux camps laissaient à désirer quant à leurs motivations, et leurs desseins politiques, une prise de position neutre encourageant la négociation aurait peut-être été indiquée. Au lieu de cela, le ministre fédéral des Affaires étrangères, en exigeant le retrait de Mouammar Kadhafi, fit le choix de soutenir indirectement un des deux camps belligérants. Mais lorsqu'un soutien militaire fut évoqué non pas pour permettre la victoire des rebelles mais pour éviter leur destruction, le ministre, tout en exigeant encore le retrait de Mouammar Kadhafi, estima qu'une intervention militaire serait contre-productive. La question qui se pose est donc de savoir sur quel fondement Guido Westerwelle demandait le retrait du Colonel, s'il mettait en doute le conseil de transition et était prêt à accepter le massacre des rebelles.

Dans l'argumentaire du gouvernement fédéral, si les conséquences supposées néfastes d'une intervention militaire étaient souvent rappelées, rien n'était dit sur celles d'une non-intervention. Outre la fin hautement probable de toute contestation en Libye par un recours aux massacres, pour Hubert Védrine, l'absence d'intervention aurait consacré l'impuissance des Occidentaux et des autres pays arabes face à la barbarie d'un chef tribal et le renforcement de celui-ci en tant que leader du camp arabe anti-démocrate. L'ancien ministre français des Affaires étrangères met en relief le danger de nuisance qu'il aurait représenté alors pour les jeunes révolutions qui se déroulaient en Tunisie et en Égypte[2].

Les conséquences de la chute du régime du colonel Kadhafi sur la stabilité des pays du Sahel ne semblent pas, à l'époque, avoir été employées pour justifier la décision allemande. Bien que suite aux événements survenus au Mali de janvier à avril 2012, certains partisans de l'attitude allemande lors du vote au conseil de sécurité aient utilisé cet argument, rien ne tend à prouver qu'au sein de la classe politique allemande et du gouvernement

---

[1] Borzillo Laurent, *La Bundeswehr*, tome II, *op. cit.*, pp. 17-24

[2] Védrine Hubert, *Dans la mêlée mondiale*, 2009-2012, Fayard, 2012, 513 p.

celui-ci ait servi en mars 2011. Ce qui peut être rétrospectivement considéré comme le meilleur atout pour un refus d'intervention, au nom des conséquences géopolitiques dans la région, n'a donc visiblement pas été invoqué. Son emploi aurait pu pourtant atténuer les critiques que provoqua l'abstention allemande.

L'ancien ministre Joschka Fischer reprocha au gouvernement une perte des réalités et une absence de conviction[1] dans sa propre politique. Les débats en Allemagne après le vote de la résolution 1973 furent plus que houleux, car les conséquences de cette décision poussaient l'Allemagne dans l'isolement[2]. « *L'Allemagne pour sa toute première mise à l'épreuve en tant que membre non permanent du conseil de sécurité, s'est positionnée contre les États-Unis, ses alliés européens et la ligue arabe et s'est abstenu avec la Russie, la Chine, l'Inde et le Brésil. Une décision erronée historique*[3] » selon le général D. Naumann. Il fut également reproché au gouvernement de s'être opposé à l'opération militaire, sans pour autant proposer une autre mesure susceptible d'empêcher les exactions commises par les fidèles du Colonel, alors qu'il était évident que les sanctions adoptées ne pouvaient avoir d'impact immédiat sur les événements en cours[4]. Pour le *Frankfurter Allgemeine Zeitung,* cette décision revenait à emprunter derechef le chemin du *Sonderweg*[5]. *Der Spiegel* jugea que le gouvernement appliquait une politique étrangère « à la carte », changeant ses alliances selon les sujets et les circonstances[6].

Cette abstention fut également difficile à justifier compte tenu du consensus qui paraît avoir dominé la communauté de chercheurs et de spécialistes des politiques étrangères et de défense en Allemagne[7]. Rolland Nelles, journaliste de *Der Spiegel*, note par ailleurs, que plusieurs hauts diplomates du ministère des Affaires étrangères soutenaient un vote en faveur de la résolution 1973, au nom du principe de la solidarité avec les alliés occidentaux de Berlin[8].

---

[1] Fischer Joschka, "Ein einziges Debakel", *Der Spiegel*, 29 août 2011.
[2] Borzillo Laurent, *La Bundeswehr,* tome II, *op. cit.*, pp. 111-119.
Möller Almut "L'Allemagne face au printemps arabe", *Note du cerfa*, n°88, comité d'études des relations franco-allemandes, juin 2011, 25 p., p. 11.
[3] Außenansicht von General a. D. Naumann, *op. cit.* "*Deutschland hat sich in seiner ersten Bewährungsprobe als nicht-ständiges Mitglied des Sicherheitsrates gegen die USA, seine europäischen Verbündeten und die Arabische Liga entschieden und sich zusammen mit Russland, China, Indien und Brasilien der Stimme enthalten. Eine historische Fehlentscheidung.* "
[4] Lehmann Volker, Schütte Robert, *op. cit.,* p. 5.
[5] Stark Hans, *op. cit.*, p. 288.
[6] *Ibidem.*
[7] Borzillo Laurent, *La Bundeswehr,* tome II, *op. cit.,* pp. 101-106. Stark Hans, *op. cit.*, p. 289.
[8] Nelles Roland, "Sarkozys Triumph, Merkels Blamage" *Der Spiegel*, 22 août 2011.

Les motivations de l'abstention

Afin d'expliquer ce choix, il convient de revenir sur le déroulement du vote au conseil de sécurité de l'ONU. Les critiques envers la position allemande ont en effet principalement concerné sa décision lors du vote, plus que l'absence d'une hypothétique participation militaire. La question ici est de savoir si l'abstention allemande s'est faite en connaissance de l'attitude des autres pays membres du conseil ou si à l'inverse, les votes chinois, russes et américains ont pris de court les Allemands. Selon un des officiers français interrogés, les Allemands auraient été surpris par le changement d'avis des États-Unis. Ceux-ci ne leur auraient pas communiqué cette modification de leur intention de vote[1]. Le fait qu'un jour entier se soit écoulé entre cette réévaluation des intentions américaines et le vote contredit cette explication. Selon Frank Baasner[2], Berlin fut pris au dépourvu par l'abstention chinoise et russe. Selon ces explications, l'abstention allemande ne serait le résultat que d'une mauvaise analyse de la part de la représentation allemande à l'ONU qui n'aurait pas communiqué les évolutions des positions respectives de certains pays au gouvernement.

Les propos d'un officier français laissent néanmoins subodorer que le gouvernement connaissait les intentions américaines[3]. Doit-on en conclure que Berlin comptait se reposer sur les vetos chinois et russes et apparaître ainsi en médiateur entre les pays occidentaux et ces derniers ? Si tel est le cas, quelles analyses des positions chinoises et russes furent réalisées par le service diplomatique allemand ? Celui-ci était-il conscient du risque d'abstention des deux pays ? Malheureusement, nous ne disposons pas d'éléments de réponses à ces diverses interrogations.

Elles ont toutefois une grande importance. Selon les réponses qu'elles apporteraient, elles signifieraient soit une défaillance de la diplomatie allemande – partiellement expliquée par le manque de communication et d'échange entre l'Allemagne et les États-Unis mais aussi entre l'Allemagne et la France[4] –, soit dans le cas où les services diplomatiques auraient anticipé correctement les votes des autres pays membres du conseil, et au vue des effets de ce vote, une absence totale d'appréhension des conséquences pour la République fédérale sur les relations avec ses alliés, et donc par extension sur les piliers de la politique étrangère allemande depuis 1949 de la part du gouvernement fédéral.

---

[1] Borzillo Laurent, *La Bundeswehr,* tome II, *op. cit.,* pp. 101-106.

[2] Baasner Frank, conférence : regards croisés franco-allemands sur l'espace euro-méditerranéen, jeudi 6 octobre 2011. Directeur de l'Institut Franco-Allemand, Ludwigsburg.

[3] Borzillo Laurent, *La Bundeswehr,* tome II, *op. cit.,* pp. 101-106.

[4] *Ibidem,* pp. 17-24.

Le manque de soutien à une opération militaire au sein de l'opinion publique allemande semble avoir été une des raisons de la ligne adoptée par Berlin sur le dossier libyen. Un sondage datant du 21 mars 2011[1] indiquait que plus de 88 % des Allemands étaient contre une intervention. Toutefois, ce sondage ne fait pas état de la question exacte posée, à savoir si les sondés devaient répondre à une question portant sur une participation militaire allemande ou bien sur le lancement d'une opération militaire internationale en Libye. Quelques jours plus tard, d'après d'autres sondages, une majorité d'Allemands soutenaient l'intervention tout en se déclarant satisfaits de l'absence de la *Bundeswehr* au sein de la coalition internationale.

Ce rejet d'une participation de la *Bundeswehr* s'explique par l'influence de l'expérience afghane sur l'opinion allemande. Le caractère strictement militaire de l'intervention et faiblement humanitaire, tel qu'il fut retranscrit dans la presse, a pu rebuter les citoyens allemands[2]. Cela démontre l'attachement fort, toujours présent en Allemagne, aux opérations humanitaires de la *Bundeswehr* et rappelle la difficulté pour l'opinion d'accepter l'évolution des missions de l'armée fédérale en Afghanistan. Autre leçon issue de l'intervention en Afghanistan, l'absence de données sur les belligérants et de date précise de retrait des troupes allemandes en cas de participation a sans doute influé sur le rejet de l'opinion allemande d'une contribution militaire allemande en Libye selon Rüdiger Fiebig[3].

L'absence de soutien à une opération militaire et la perspective d'élections régionales dans les *Länder* de Saxe-Anhalt, de Rhénanie-Palatinat et du Bade-Wurtemberg semblent avoir été à l'origine de la position du cabinet fédéral. Le *FDP* en difficulté dans les sondages et son chef auraient alors adopté une attitude populiste[4] afin de garder des élus dans ces assemblées régionales. La *CDU* de Mme Merkel en aurait fait autant, son bastion historique de Bade-Wurtemberg risquant de lui échapper. *Der Spiegel*[5] confirme cette explication, tout comme Christos Katsioulis[6] et le

---

[1] Vaillant Jérôme, "L'Allemagne se révèle incapable d'une politique étrangère digne de ce nom", *Toute l'Europe*, 21 mars 2011. http://www.touteleurope.eu/fr/actions/relations-exterieures/politique-etrangere-et-de-defense/analyses-et-opinions/analyses-vue-detaillee/afficher/fiche/5163/t/44096/from/2381/breve/jerome-vaillant-lallemagne-se-revele-incapable-dune-politique-etrangere-digne-de-ce-nom.html?cHash=0af7f5e124

[2] Borzillo Laurent, *La Bundeswehr, tome II, op. cit.*, pp. 66-71 : Fiebig Rüdiger, analyste à l'institut des sciences sociales de la Bundeswehr (*Sozialwissenschaftliches Institut der Bundeswehr)*, entretien réalisé le 22 mars 2012.

[3] *Ibidem.*

[4] Stark Hans, *op. cit.*, p. 289.

[5] Weiland Severin, Nelles Roland, *op. cit.* Weiland Severin, Medick Veit, "Die Jeinsager-Koalition" *Der Spiegel*, 18 mars 2011.

[6] Katsioulis Christos, "Die deutsche Außen- und Sicherheitspolitik...", *op. cit.*, p. 34.

professeur Jérôme Vaillant[1]. Joschka Fischer qualifia durement ce comportement, déclarant que l'Allemagne se figeait dans un provincialisme aveuglant[2].

2. Les conséquences de l'abstention

Réactions en Allemagne

Ainsi que mentionné auparavant l'abstention lors du vote de la résolution 1973 déclencha un intense débat en Allemagne, y compris au sein des partis politiques. Les diverses réactions à ce choix de politique étrangère du gouvernement de la chancelière Merkel démontrèrent une division sur le sujet dans l'ensemble des partis, à l'exception notable de *Die Linke* et du *FDP*[3]. Si pour le premier, son comportement s'explique par ses positions sur les interventions militaires, pour le second, il tient à la défense qu'il fit pendant plusieurs mois du ministre Guido Westerwelle dans un contexte général de pronostics électoraux dramatiques pour le *FDP*.

Certains membres de la *CDU* ont dans un premier temps soutenu la décision, puis ont adopté un ton bien plus critique à l'égard de la décision qui avait été prise et envers le ministre Guido Westerwelle. Quelques chrétiens-démocrates se sont malgré tout déclarés en faveur d'une opération aérienne dès mars 2011, tel le porte-parole du groupe parlementaire de la *CDU/CSU* au *Bundestag* Philipp Mißfelder[4]. Les députés chrétiens-démocrates Ruprecht Polenz et Manfred Kolbe critiquèrent l'incohérence du gouvernement entre ses demandes de retrait du guide libyen et son absence d'action rapidement efficace contre lui[5]. L'ancien ministre de la Défense Volker Rühe reprocha à la chancelière et à son ministre d'avoir, par leur abstention, porté atteinte aux piliers de la politique étrangère de la *CDU*[6].

Rares furent les critiques émises dans les rangs du *FDP*. L'ancien ministre de l'Intérieur Baum vilipenda cependant la « doctrine Westerwelle », coupable de trahir les valeurs poursuivies par le *FDP* en matière de politique étrangère[7]. Pour Hans Stark l'attitude du *FDP*

---

[1] Vaillant Jérôme, "L'Allemagne se révèle ...", *op. cit.*

[2] http://www.welt.de/politik/deutschland/article12918989/Joschka-Fischer-geisselt-deutsche-Aussenpolitik-als-Farce.html

[3] Weiland Severin, Medick Veit, *op. cit.*

[4] Weiland Severin, Gathmann Florian, Medick Veit, "Koalition der Kämpfer", *Der Spiegel*, 22 mars 2011.

[5] *Ibidem.*

[6] "Schwerer Fehler von historischer Dimension", *Der Spiegel*, 26 mars 2011.

[7] Kaiser Stefan, "Rösler erhöht den Druck auf Westerwelle", *Der Spiegel*, 28 août 2011.

s'expliquerait par sa faible connaissance des dossiers internationaux, résultat de onze années passées dans l'opposition. La dureté de ce jugement pourrait être corroborée par l'ancienneté des députés du *FDP* siégeant au sein des commissions des Affaires étrangères et de la défense au *Bundestag*. Sur six députés libéraux membres de la commission défense, seul un participait aux débats de cette commission lors de la législature précédente. Dans la commission des Affaires étrangères, trois députés sur cinq ne font partie de cette commission que depuis les élections de 2009[1].

Les réactions au choix diplomatique du gouvernement ont montré la pertinence de la division entre les *Fundis* et les *Realos* parmi les Verts allemands[2]. Rares sont ceux qui ont critiqué le choix du ministre et qui ont déclaré qu'une zone d'exclusion aérienne pouvait être nécessaire. Au sein de la direction du parti, seul Cem Özdemir[3] abonda dans ce sens, après toutefois l'intervention dans la presse de Joschka Fischer, qui déclara avoir honte pour ceux qui applaudissaient cette erreur historique[4]. Jürgen Trittin, coprésident du groupe parlementaire, Claudia Roth, coprésidente du parti, et Omid Nouripour, porte-parole des Verts au sein de la commission défense du *Bundestag,* louèrent l'abstention allemande, estimant que les sanctions adoptées à l'encontre de Mouammar Kadhafi étaient suffisantes[5]. Claudia Roth déclara même qu'une zone d'exclusion aérienne serait sans effet[6] et Omid Nouripour fit état de ses doutes quant à l'absence d'intervention au sol à terme, en cas de lancement d'une opération aérienne[7]. Face au mécontentement des autres députés, six jours après le vote au conseil de sécurité, les Verts remirent en cause dans une prise de position du parti la décision du gouvernement, mais réaffirmèrent par la même occasion leur opposition à la participation de la *Bundeswehr* à l'intervention en Libye[8].

La même attitude eut lieu au sein du *SPD*. L'ancienne ministre de la Coopération économique et du Développement Heidemarie Wieczorek-Zeul, et le porte-parole pour la politique étrangère du groupe parlementaire Rolf Mützenich s'insurgèrent contre la décision de la chancelière et de son ministre[9]. Cela ne fut pas le cas de Sigmar Gabriel, président du *SPD* et de

---

[1] Voir *infra,* p. 166.

[2] Weiland Severin, Medick Veit, *op. cit.*

[3] *Ibidem.*

[4] Peters Katharina, "Cohn-Bendit attackiert Grünen-Spitze", *Der Spiegel*, 30 août 2011 : "*Er schäme sich für diejenigen, die diesem skandalösen Fehler anfänglich auch noch Beifall spendeten*".

[5] Weiland Severin, Nelles Roland, *op. cit.*

[6] Weiland Severin, Medick Veit, *op. cit.*

[7] Peters Katharina, *op. cit.*

[8] Site Internet du groupe parlementaire des Verts : http://www.gruene-bundestag.de/themen/internationale-politik/aufstaende-in-der-arabischen-welt.html

[9] Weiland Severin, Medick Veit, *op. cit.*

Frank-Walter Steinmeier, ancien candidat à la chancellerie en 2009 et président du groupe parlementaire au *Bundestag*. Les deux firent part de leur compréhension à l'égard de la décision prise par le gouvernement[1]. La majorité des élus du *SPD* étant choquée par l'abstention, un retournement se fit au bout de quelques jours, Sigmar Gabriel adoptant un ton plus critique vis-à-vis du gouvernement[2].

L'attitude du *SPD* et des Verts s'explique tout autant par l'impact des opérations en Afghanistan, qu'éventuellement par une logique tout aussi populiste que celle reprochée aux partis au pouvoir. Dans le *Land* du Bade-Wurtemberg, les sondages précédant l'élection laissaient en effet entrevoir une faible majorité, soit à l'avantage du *SPD* et des Verts soit à celui de la *CDU* et du *FDP*.

Les dommages causés à l'image de la République fédérale

Les conséquences de l'abstention allemande durant les semaines qui suivirent furent dommageables, tant pour sa réputation que pour ses relations avec ses plus proches alliés. Volker Lehmann et Robert Schütte parlent d'une perte de capital et de confiance politique sur la scène internationale dans une analyse datant de l'automne de la même année[3]. Gernot Erler jugea que ce choix avait provoqué d'importants dégâts sur l'image allemande parmi les pays arabes. L'Allemagne, défenseur des droits de l'homme et de la démocratie, perdait toute crédibilité selon le journaliste Rolland Nelles[4]. Pour le général D. Naumann, cette décision disqualifiait son pays en tant que membre du conseil de sécurité de l'ONU et l'isolait en Europe[5], ses alliés ne lui accordant plus sa confiance[6].

Les réactions des alliés traditionnels de la République fédérale furent sévères selon Almut Möller. Dans les capitales européennes et à Washington, Berlin fut perçu comme hésitant et isolé[7]. L'affaire libyenne provoqua de nombreuses tensions et une brouille notable entre la France et l'Allemagne aux dires d'Almut Möller et de plusieurs journalistes de *Der Spiegel*[8]. Cette brouille se poursuivit au mois de mai 2011 lors de la rencontre des ministres des Affaires étrangères du G8, selon Andreas Rinke[9].

---

[1] *Ibidem.*

[2] Medick Veit, "Westerwelles roter Freund", *Der Spiegel*, 24 mars 2011.

[3] Lehmann Volker, Schütte Robert, *op. cit.*, p. 5.

[4] Nelles Roland, "Sarkozys Triumph...", *op. cit.*

[5] Möller Almut, *op. cit.*, p. 11.

[6] Außenansicht von General a. D. Naumann, *op. cit.* Katsioulis Christos, "Die deutsche Außen- und Sicherheitspolitik...", *op. cit.*, p. 35.

[7] Möller Almut, *op. cit.*, p. 6.

[8] Möller Almut, *op. cit.*, p. 11. Meiritz Annett, Reimann Anna, Simons Stefan, Volkery Carsten, "Wo Kohl recht hat – und wo nicht", *Der Spiegel*, 25 août 2011.

[9] Möller Almut, *op. cit.*, p. 12.

« *Le fossé entre la France, qui se pose en nouveau moteur d'une intervention militaire, et l'Allemagne, qui joue le rôle de frein, est désormais manifeste*[1] » selon lui. Hans Stark citant des articles du quotidien *Le Monde* confirme ces tensions[2]. Les remises en cause à peine voilées des motivations françaises par l'Allemagne accentuèrent la dégradation des relations au printemps 2011. Le gouvernement allemand estimait que les motifs du président français se fondaient sur l'échec patent que la diplomatie française avait subi en Tunisie. La presse britannique quant à elle, se fit l'écho des griefs du gouvernement de Londres à l'égard de son homologue allemand. Toutefois pour Londres, le comportement allemand ne fit que le conforter dans l'idée selon laquelle la France demeurait l'unique partenaire européen fiable pour les questions militaires[3]. Washington jugea tout aussi durement l'abstention allemande[4].

Fort heureusement pour la chancelière, même si son crédit sur la scène internationale en fut amoindri, le comportement et les prises de position maladroites du ministre des Affaires étrangères, et ce, même lors de la chute du guide libyen[5], laissèrent le ministre endosser seul la responsabilité du choix allemand[6]. Les rumeurs prétendant que Guido Westerwelle aurait à l'origine souhaité voter contre la résolution en firent de même[7]. L'historien et expert renommé en politique de défense et en relations internationales, Christian Hacke, déclara que le ministre était le plus « borné » des individus ayant occupé ce poste depuis Ribbentrop[8]. Profitant de ses erreurs et de la campagne de presse à son égard, des membres de l'opposition, qui avaient soutenu l'abstention lors du vote de la résolution, réclamèrent la démission de Guido Westerwelle, tout en manifestant une certaine amnésie vis-à-vis des propos qu'ils avaient pu tenir plus tôt[9].

Durant les premières semaines, le *FDP* soutint son chef, rappelant que la décision qui avait été prise, l'avait été par le ministre des Affaire étrangères

---

[1] *Ibidem.*

[2] Stark Hans, *op. cit.*, p. 293.

[3] Meiritz Annett, Reimann Anna, Simons Stefan, Volkery Carsten, *op. cit.*

[4] *Ibidem.* Stark Hans, *op. cit.*

[5] Le Dr Westerwelle estima que la chute de Kadhafi était le résultat de la brillante politique de sanction qu'il avait encouragée lors d'un discours dans lequel il ne mentionna nullement le rôle de l'OTAN ou des alliés de l'Allemagne. Weiland Severin, Wittrock Philipp, "Merkels Minus-Minister", *Der Spiegel*, 25 août 2011. Weiland Severin, "Westerwelles peinliche Libyen-Show", *Der Spiegel*, 23 août 2011.

[6] Riecke Henning, "La culture stratégique de la politique étrangère allemande", *Note du Cerfa 90,* novembre 2011, 29 p., p. 4.

[7] Weiland Severin, Wittrock Philipp, "Wie es zu dem deutschen Jein kam", *Der Spiegel*, 23 mars 2011.

[8] "Borniertester Außenminister seit von Ribbentrop", *Der Spiegel,* 22 avril 2011.

[9] Ce fut le cas de Claudia Roth. Peters Katharina, *op. cit.*

mais aussi par la chancelière et le ministre de la Défense, Thomas de Maizère[1]. Le rôle de ce dernier reste cependant mystérieux. Ministre de la Défense depuis seize jours seulement lors du vote de la résolution, Karl-Theodor zu Guttenberg ayant démissionné à cause des plagiats réalisés lors de sa thèse, la presse allemande n'a jamais relaté le rôle qui fut le sien lors de la décision allemande. À l'inverse, l'attitude du ministre Guido Westerwelle fut longuement analysée. Pour le professeur Jérôme Vaillant, le ministre a peut-être voulu tirer profit de la démission du baron zu Guttenberg, afin de rehausser son prestige et son autorité[2]. Pour rappel, avant qu'il ne quitte son poste, Karl-Theodor zu Guttenberg était perçu comme l'étoile montante de la *CSU* mais aussi de la *CDU,* et nombre de commentateurs voyaient en lui un successeur voire un challenger à la chancelière Angela Merkel à moyen terme. La rivalité[3] entre les deux ministres avait caractérisé les mois précédant l'hiver 2011. Une divergence de fond se développait entre un ministre de la défense plaidant pour une plus grande participation de l'Allemagne à des opérations de combats, et un ministre des Affaires étrangères affichant ses positions pacifistes[4]. Par ses discours et son argumentaire afin de se justifier, le ministre Guido Westerwelle donna l'impression, aux yeux d'une partie non négligeable d'experts allemands en politique étrangère, de vouloir mener une nouvelle politique wilhelminienne, faite d'alliances fluctuantes[5]. Il fut accusé par extension de replacer l'Allemagne sur un *Sonderweg*.

Quelles conséquences sur la politique internationale et de défense allemande ?

Pour Hans Stark, la décision allemande ne relève pas d'une telle ambition. Il s'agirait plus d'un accident de parcours, certes douloureux mais ne signifiant pas pour autant un retour du *Sonderweg.* Cet accident a pourtant un prédécesseur. Le 23 décembre 1991, l'Allemagne reconnut l'indépendance de la Croatie unilatéralement[6], violant le calendrier établi de la communauté européenne relatif à l'évolution de la situation en ex-Yougoslavie. Paris évoqua un retour de la question allemande et l'administration Bush fustigea la politique présomptueuse allemande. Les deux capitales cherchaient alors à éviter l'éclatement du pays, par crainte d'une guerre civile. Lorsque les premiers combats se déclenchèrent après les

[1] Weiland Severin, Wittrock Philipp, *op. cit.*
[2] Vaillant Jérôme, "L'Allemagne se révèle incapable...", *op. cit.*
[3] Gros-Verheyde Nicolas, "Comment la nomination du directeur de l'AED a échoué (au premier tour)", *Bruxelles2*, 16 décembre 2010. Stark Hans, *op. cit.,* pp. 250- 251.
[4] Weiland Severin, Nelles Roland, *op. cit.*
[5] "Borniertester Außenminister seit von Ribbentrop", *Der Spiegel,* 22 avril 2011.
[6] Stark Hans, *op. cit.,* pp. 37- 44.

déclarations d'indépendance au printemps 1992, les alliés de l'Allemagne décidèrent l'envoi de troupes afin de permettre l'instauration d'un cessez-le-feu. Or prétextant des obstacles juridiques et les dispositions prévues par la Loi Fondamentale, le gouvernement du chancelier Helmut Kohl n'envoya aucun soldat allemand. Pour ses alliés, la politique de l'Allemagne avait contribué à attiser les risques de conflit intra-étatique. En outre, lorsque le conflit se déclara, elle refusa de prendre part à l'intervention militaire.

Pour plusieurs experts en Allemagne, la ligne diplomatique suivie par le gouvernement fédéral avait remis en cause les fondements mêmes de la politique étrangère allemande, *id est* le lien transatlantique et la relation franco-allemande. Plus jamais d'action unilatérale et contre la volonté de leurs principaux partenaires, telle fut le mot d'ordre et la conclusion des débats houleux dans la classe politique allemande qui suivirent ces événements. Deux ans furent nécessaires à l'Allemagne pour retrouver un rôle actif dans la gestion de la crise en ex-Yougoslavie. Les fortes contributions en troupes pour l'*Ifor* et la *SFOR*[1] sont à analyser en prenant en compte l'isolement allemand de 1991. Comment expliquer que malgré cette leçon, l'Allemagne se retrouva il y a un an dans la même situation qu'en 1991 ? Le renouvellement des élites politiques tendrait à expliquer l'oubli des leçons tirées de 1991. À l'exception de Wolfgang Schaüble et de Rainer Brüderle, les membres de l'actuel gouvernement ne faisaient que débuter sur la scène politique allemande à l'époque.

Les conséquences de la décision allemande de mars 2011 sur les partenariats et les alliances historiques de Berlin semblent désormais avoir été retenues. Les propos de l'expert Theissen[2] et de l'officier Nguyen[3] ainsi que le jugement d'Hans Stark corroborent l'hypothèse de l'incident exceptionnel.

3. De la nécessité d'un débat public sur les questions stratégiques

La frilosité et peut-être pusillanimité de la classe politique berlinoise lors de l'affaire libyenne rappellent les réticences qu'éprouve cette même classe politique à l'égard des questions de défense. Cela amène à s'interroger sur l'utilité des réformes accomplies et menées jusqu'ici, et sur le besoin éventuel de mettre à l'avenir celles-ci clairement en lumière auprès de l'opinion publique et des politiques.

---

[1] Voir *supra*, pp. 15-24.

[2] Borzillo Laurent, *La Bundeswehr,* tome II, *op. cit.,* pp. 54-60.

[3] *Ibidem,* pp. 111-119.

La position de l'opinion publique vis-à-vis des interventions

La décision qui fut prise par le gouvernement allemand lors de la crise libyenne révèle l'écart entre, d'une part, ce que la *Bundeswehr* a accompli ces dernières années en termes d'opérations et les objectifs des réformes, et d'autre part, la persistance d'une certaine culture de retenue présente tant dans la classe politique que dans l'opinion publique à l'égard de l'emploi de l'outil militaire. Doit-on pour autant en conclure que la nouvelle orientation de la *Bundeswehr* serait vaine ? En effet quelle serait l'utilité d'un instrument militaire perfectionné pour les opérations extérieures, si ce dernier venait à connaître le même sort réservé actuellement aux groupements tactiques de l'Union européenne, à savoir leur non-emploi[1]. Si la population allemande venait à professer une sorte de répulsion envers toute participation des forces armées allemandes à des interventions, voire présenterait déjà celle-ci à l'état latent, les restructurations de la *Bundeswehr* auraient été vaines. Les études de l'institut en sciences sociales de la *Bundeswehr*[2] sont particulièrement intéressantes, car elles prouvent que contrairement à l'image véhiculée d'une opinion allemande foncièrement opposée à toute intervention militaire, la population semble être consciente des nécessités éventuelles de réalisation de telles interventions. En 2009, plus de 95 % des Allemands souscrivaient à des opérations de la *Bundeswehr* en vue de défendre la République fédérale sur son territoire même. 80 % se déclaraient prêts à soutenir des opérations de consolidation ou de maintien de la paix sous mandat onusien. Plus de deux tiers des sondés répondaient favorablement à une contribution des forces armées allemandes en cas d'opération de défense d'un territoire d'un pays membre de l'OTAN. Enfin, un peu plus de 50 % acceptaient la participation de la *Bundeswehr* à des missions de combats visant à rétablir la paix sous mandat onusien. Certes, depuis cette enquête, le bombardement des camions citernes de Kunduz et la volonté affichée de mettre fin à l'intervention en Afghanistan ont pu affaiblir ces données. Mais l'impact de l'opération en Afghanistan, même s'il signifie une montée du scepticisme à l'encontre des opérations[3], n'implique pas pour autant un rejet des opérations militaires et le développement d'un puissant mais chimérique sentiment isolationniste en Allemagne.

Dans un entretien accordé au *Süddeutsche Zeitung*, l'ancien ministre des Affaires étrangères Joschka Fischer[4] prouve indirectement que si le gouvernement allemand s'en était donné la peine, il n'aurait eu aucun mal à

---

[1] *Ibid.*, pp. 13-24 ; 148-153.

[2] *Ibid.*, pp. 66-71.

[3] *Ibid.*, pp. 54-71.

[4] Fischer Joschka, "Deutsche Außenpolitik - eine Farce", *Die Süddeutschzeitung*, 24 mars 2011.

convaincre une majorité de la population de la justesse d'un vote en faveur de la résolution 1973, voire même d'une participation allemande à l'application de celle-ci. Cette contribution aurait en effet pu se faire à travers des éléments exclusivement maritimes, dans la logique des « engagements propres » de la FINUL et d'EUNAVFOR Atalanta[1]. Joschka Fischer déclare en effet qu'en comparaison à l'opération *Allied Force* au Kosovo, une participation à une mission en Libye aurait eu des fondements juridiques et géopolitiques bien supérieurs : un accord entre les cinq puissances détentrices du droit de veto[2], une majorité au conseil de sécurité, le soutien de la Ligue arabe et de l'organisation de la coopération islamique ainsi que la participation de deux États arabes à l'opération militaire. Sans même citer en outre l'existence d'un conseil rassemblant les rebelles, Joschka Fischer finit sa démonstration en posant cette question : que souhaitait donc le cabinet fédéral de plus, pour envisager d'accepter la résolution ?

Autrement dit, pour Joschka Fischer, en se donnant les moyens et la volonté, le gouvernement aurait pu obtenir le soutien de l'opinion allemande et ce, malgré l'impact négatif de l'intervention en Afghanistan et ses conséquences[3]. Le réel enseignement du comportement de la classe politique lors de l'affaire libyenne réside par conséquent dans le constat d'absence de débat public sur les missions et interventions de la *Bundeswehr*. C'est à cause de son absence et compte tenu du peu d'appétence de l'opinion allemande pour l'emploi de l'outil militaire que l'on arrive à des situations extrêmes : en cas de gouvernement fort, ce dernier passe outre les premières réticences de l'opinion et arrive à obtenir un soutien populaire pour l'opération ; en cas de gouvernement faible et sujet à la division, ce dernier se complaît dans une politique que certains n'hésiteraient pas à nommer de populiste et à court-termiste. L'actuel gouvernement étant sujet à des crises à répétition depuis son entrée en fonction et les élections régionales ayant mis à mal la *CDU* mais surtout le *FDP*, la décision du 17 mars 2011 est à analyser plus au regard de ce manque de clarté de l'ensemble de la classe politique à l'égard des interventions potentielles de la *Bundeswehr*, qu'à la lumière d'un hypothétique pacifisme farouche des citoyens allemands.

---

[1] Borzillo Laurent, *La Bundeswehr*, tome II, *op. cit.*, pp. 111-119.

[2] L'ancien ministre part en effet de l'analyse communément admise par plusieurs analystes que, lors du vote, les abstentions russes et chinoises équivalaient à un acquiescement.

[3] Borzillo Laurent, *La Bundeswehr*, tome II, *op. cit.*, pp. 48-53.

La faiblesse d'un débat réclamé désespérément par la communauté des experts en défense

De l'avis de la majorité des experts en politique étrangère et de défense, la République fédérale pâtit depuis plusieurs années de l'absence de débat public sur les questions stratégiques et sur les réponses détaillées que l'Allemagne devrait élaborer face aux nouveaux enjeux et menaces[1]. Ainsi que le souligne l'expert Schneider, peu de réflexions rencontrant un écho auprès de la population sont conduites relatives à l'évolution des rapports de force mondiaux et aux conséquences qu'un monde multipolaire implique[2]. Le débat existe cependant, mais est limité à certains cercles d'experts et d'individus professant un intérêt pour les questions de défense et de géostratégie. Des progrès ont lieu depuis quelque temps selon l'avis général[3]. Le rôle du ministre Thomas de Maizière est d'ailleurs unanimement salué par les officiers de pays alliés de l'Allemagne[4]. Par des phrases et des déclarations, il chercherait à lancer une réflexion générale sur les questions stratégiques et les futures opérations des forces armées allemandes. Sa déclaration sur les éventuels théâtres de déploiement de la *Bundeswehr* à l'avenir cadre avec cette supposition[5]. Lors de la conférence sur la sécurité de Munich de 2011, il s'est également exprimé sur les obligations découlant de la prospérité pour un pays de la taille et de la puissance économique de l'Allemagne[6].

Le besoin d'instaurer un débat se retrouve dans les écrits de Stephan Böckenförde, de Christos Katsioulis ou encore d'Hennig Riecke. L'avantage mis en avant bien souvent par ces auteurs serait qu'une discussion stratégique aurait pour résultat l'établissement d'un concept global. Concept global qui permettrait à l'Allemagne de redevenir un partenaire fiable pour ses alliés[7]. En outre en aboutissant à une définition précise des intérêts allemands, cela induirait une plus grande aisance des dirigeants pour justifier les interventions de la *Bundeswehr* vis-à-vis des électeurs allemands[8]. Ainsi que le soulignent les Verts, un tel débat permettrait la mise sur pied d'une stratégie globale de paix et de sécurité[9]. Ces derniers sont d'ailleurs

---

[1] *Ibid.*, pp. 29-33. Katsioulis Christos, Müller-Henning Marius, *op. cit.* Böckenförde Stephan, *op. cit.*
[2] *Ibid.*, pp. 48-53.
[3] *Ibid.*, pp. 10-12 ; 17-24 ; 43-47 ; 54-60 ; 131-142 ; 148-153.
[4] *Ibid.*, pp. 111-119 ; 131-153.
[5] Voir *supra*, p. 134.
[6] Ibid., pp. 148-153.
[7] Böckenförde Stefan, *op. cit.* Riecke Henning, *op. cit.* Katsioulis Christos, "Die deutsche Außen- und Sicherheitspolitik...", *op. cit.*, p. 34.
[8] Borzillo Laurent, *La Bundeswehr*, tome II, *op. cit.*, pp. 43-47 ; 143-147.
[9] Site Internet du groupe parlementaire des Verts :

particulièrement critiques envers la méthode utilisée par le gouvernement et le ministre de la Défense lors de l'écriture des principes directeurs de la politique de défense[1]. L'absence de collaboration des autres ministères, du parlement et de l'opinion fait de ce type de document l'équivalent d'un simple décret selon eux. Il s'agit pourtant d'un fait non nouveau. Ainsi que cela a été évoqué précédemment, il semblerait que le Livre blanc de 2006 fut l'œuvre de la chancellerie seule et non du gouvernement. Une oeuvre dont le principal artisan serait le rédacteur des derniers principes directeurs. Ces processus menés en aparté de l'opinion expliquent certains paradoxes qu'a connus la scène politique allemande. En 2010, pour avoir mentionné la participation future de la *Bundeswehr* à des opérations militaires au nom des intérêts économiques de l'Allemagne, ce qu'elle effectuait déjà en participant à Eunavfor Atalanta, le président fédéral Horst Köhler suscita une polémique inattendue qui ne fut close qu'avec sa démission[2]. Or le Livre blanc de 2006 y faisait nettement allusion. Ceci souligne un des autres aspects de l'absence de débat, à savoir des réformes de la *Bundeswehr*, dont les implications sont méconnues ou incomprises par l'opinion.

La mise en cause de la Parlamentsbeteiligungsgesetz

Les experts en politique étrangère et de défense s'opposent sur l'influence de la loi de 2005[3] réglementant les mandats votés au *Bundestag* pour les missions de la *Bundeswehr*. Pour certains, l'absence de fiabilité de l'Allemagne à l'égard de ses alliés est due moins à l'absence de débat qu'à l'existence d'une loi en inadéquation avec les exigences d'un système de sécurité collective à l'image de l'OTAN ou de l'Union européenne[4]. La *Bundeswehr* étant une armée parlementaire, chaque déploiement hors d'Allemagne nécessite une approbation préalable du *Bundestag* au travers d'un mandat précisant la durée de l'opération, le nombre de forces maximum affectées, les objectifs, les fondements juridiques, et la zone d'intervention. Chez de nombreux auteurs, la vision d'une loi établissant un plébiscite permanent pour les opérations extérieures prédomine[5]. Elle est considérée par certains comme étant un obstacle pour une politique de défense et de

---

http://www.gruene-bundestag.de/themen/sicherheitspolitik/bundeswehrreform-reloaded.html

[1] Site Internet du groupe parlementaire des Verts : http://www.gruene-bundestag.de/themen/sicherheitspolitik/ressortuebergreifende-friedens-und-sicherheits strategie.html

[2] Il est cependant à prendre à compte que la décision de retrait du président résulterait également partiellement de causes strictement privées.

[3] *Parlamentsbeteiligungsgesetz.*

[4] Borzillo Laurent, *La Bundeswehr*, tome II, *op. cit.*, pp. 13-16.

[5] Stark Hans, *op. cit.*, p. 246. Marchetti Andreas, Clouet Louis-Marie, "Incertitudes sur la PSDC... ", *op. cit.*

sécurité réactive, chaque adaptation à un nouveau phénomène sur le théâtre d'opérations devant d'abord faire l'objet d'un débat et d'un vote. Toute rapidité d'action est donc fortement amoindrie. Elle fait également l'objet de critiques de la part des pays alliés de l'Allemagne[1], ce qui pourrait expliquer les réticences de ceux-ci quant à des mises en commun de capacités avec l'Allemagne[2], à travers la concrétisation des concepts des *Pooling and Sharing.*

Les partisans de la forme actuelle de la loi font valoir que des variantes assez proches existent dans d'autres pays européens et qu'elles ne constituent pas pour autant un obstacle à l'envoi rapide de troupes[3]. Qui plus est, des clauses spécifiques permettent l'envoi de troupes sans aval préalable du parlement s'il est considéré par le gouvernement que les délais indispensables au vote de la loi pourraient entraîner des pertes humaines. Bien que la majorité de la classe politique y soit opposée[4], des propositions de modification ou d'aménagement voient le jour depuis quelques mois. La *CDU* et surtout la fondation Konrad Adenauer seraient plutôt favorables à l'adaptation de la loi aux exigences de la réalité des interventions militaires[5]. L'idée avancée le plus souvent est celle d'un déploiement de la *Bundeswehr* qu'avec l'accord des présidents des commissions de défense et des Affaires étrangères ainsi que des rapporteurs des groupes parlementaires au sein de ces commissions. Dans l'objectif de ne pas léser le *Bundestag*, ce dernier se verrait doter d'un droit de rappel des soldats envoyés[6]. Une modification semble néanmoins peu réalisable à l'heure actuelle. Même s'il rapporte les propos du secrétaire d'État Stephane Beemelmans sur la lenteur de la réactivité des troupes allemandes[7], l'officier Leroy évoque le réel problème que connaissent les interventions allemandes, *id est* une interprétation trop extensive des limitations de l'emploi de l'outil militaire[8]. La difficulté ne

---

[1] *10 Jahre Einsatzführungskommando der Bundeswehr*, *op. cit.*, p. 19.

[2] Gros-Verheyde Nicolas, "La nouvelle bataille d'Ulm. Les Allemands cherchent à fourguer leur FHQ", *Bruxelles2*, 7 février 2012.

[3] Borzillo Laurent, *La Bundeswehr*, tome II, *op. cit.*, pp. 43-47 ; 148-153.

[4] *Ibidem*, pp. 17-28.

[5] *Ibid.*, pp. 13-16. ; 43-47. Gros-Verheyde Nicolas, "La petite bombe de Christian Schmidt", *Bruxelles2*, 26 septembre 2011.

[6] *Ibid.*, pp. 54-60.

[7] *Ibid.*, pp. 131-142. "*La meilleure illustration sort de la bouche du secrétaire d'État Monsieur Beemelmans lorsqu'on lui pose la question : quelle est la différence entre la France et l'Allemagne dans la prise de décision d'action militaire extérieure ? Sa réponse est simple : quatre semaines. Il faut quatre semaines, car il faut l'aval du Bundestag et un consensus entre les partis avant seulement de pouvoir commencer la planification des opérations.*"

[8] *Ibid.*, pp. 131-142. "*Je pense qu'il serait intéressant que les politiques allemands revisitent les réelles contraintes de la loi fondamentale et de la loi sur les opérations*

viendrait donc pas de la loi mais des mentalités et des comportements, ce que l'expert de la fondation Friedrich Ebert confirme, en mettant en avant qu'en cas de forte volonté et d'une ligne de conduite claire, le gouvernement aurait pu engager des troupes en Libye. Pour obtenir cette évolution des mentalités et des interprétations de la loi, la nécessité d'un débat ne se fait que plus intense.

La question qui se pose est donc de savoir comment créer ce débat, qui ne resterait donc pas cantonné à quelques cercles restreints. L'expert Schneider cite en exemple le processus suivi lors de l'élaboration du dernier concept de l'OTAN[1]. Une participation des parlementaires plus active serait à souhaiter, à l'exemple du Livre blanc français de la défense de 2008[2]. L'organisation de débats et d'échanges sur Internet est recommandée par les Verts[3]. Pour le député Paul Schäfer, cette discussion devrait être menée avec les soldats, mais aussi avec les civils contribuant à l'action extérieure allemande[4]. Toutefois le déroulement d'une telle discussion provoquerait très probablement des échanges houleux, voire tendus. En effet, même dans les cercles d'experts, il n'y a pas de vision commune de ce que serait une stratégie de sécurité et de défense répondant aux questions relatives à l'emploi de la *Bundeswehr*[5]. L'expert Theissen de la *DGAP* précise en outre que ces divergences sont également présentes au sein du gouvernement[6].

De la responsabilité de la classe politique dans la faiblesse du débat public

Afin de pouvoir créer ce débat, il convient aussi de comprendre les raisons de son absence. La culture de retenue[7] à l'égard de l'outil militaire et le traumatisme issu de la Seconde Guerre mondiale peuvent évidemment être cités. Cependant, la classe politique ne semble pas être exempte de tout reproche en la matière. Pour une journaliste de *Der Spiegel*[8], à l'exception de l'ancien ministre Karl-Theodor zu Guttenberg, une profonde réticence des

---

extérieures, parce qu'il y a peut-être déjà une interprétation trop extensive de la réalité de la contrainte."

[1] *Ibid.*, pp. 48-53.

[2] "Quelle défense pour l'Europe ? Un bilan, des perspectives", conférence, organisée par l'Institut Goethe, Europartenaires et la *Friedrich Ebert Stiftung*, 16 Juin 2008 Paris, 71 p., p. 56.

[3] Site Internet du groupe parlementaire des verts : http://www.gruene-bundestag.de/themen/sicherheitspolitik/ressortuebergreifende-friedens-und-sicherheits strategie.html

[4] Borzillo Laurent, *La Bundeswehr,* tome II, *op. cit.*, pp. 29-33.

[5] *Ibidem,* pp. 54-60.

[6] *Ibid.*

[7] *Ibid.*, pp. 48-53.

[8] *Ibid.*, pp. 10-12. Source anonyme, Journaliste à *Der Spiegel,* spécialiste sur les questions de défense et sur la *Bundeswehr*, entretien réalisé en mars 2012.

politiques existerait quant au fait de développer un large et profond débat public sur les questions de défense et de stratégie. Les propos de la députée Susanne Kastner, relatifs à sa vision selon laquelle un débat ayant pour objectif une définition des zones sensibles pour la sécurité de l'Allemagne[9] ne pourrait évoluer que négativement, consolident cette hypothèse. Cette analyse de la faiblesse des actions menées par la classe politique est partagée tant par le colonel Claus Wessel-Tolvig que par Henning Riecke[10].

Une autre origine de l'absence réside sans doute dans la vision des relations internationales de la majeure partie de la classe politique allemande. Les propos de l'expert Reinhold[11] et le point de vue de Stephan Martens[12] attestent d'une vision des relations internationales où prédomine une conception de la résolution des conflits, qui rejette tout emploi ou presque de l'instrument militaire. Il semblerait que la classe politique allemande ait une vision strictement lockienne des relations internationales. Cela va de pair avec un rejet de la notion de puissance selon Stephan Martens et de l'utilisation de la géopolitique. Cette analyse est également partagée par l'officier allemand expert au *MGFA*, cité précédemment[13]. L'élaboration d'une stratégie globale de sécurité et de défense impliquant de penser les rapports de force sur la scène mondiale avec ces outils peut constituer un blocage pour nombre d'hommes et de femmes politiques allemands. Le rapport sur la stratégie du gouvernement allemand quant aux matières premières publié en 2010, est un autre exemple de cela. Confié à la seule rédaction du ministère de l'Économie, il ne fait aucune mention de la sécurisation des voies d'approvisionnement ou des routes commerciales, face à des menaces telles que la piraterie, et ne mentionne nullement la *Bundeswehr,* ou ne serait-ce que des forces de sécurité[14]. Autre élément au sein de la classe politique qui est un frein à l'instauration d'un débat de longue haleine, le « régionalisme » des dirigeants allemands pourrait constituer un obstacle non négligeable. Dans l'entretien qu'il a accordé, l'expert du *FDP*[15] estime que, à cause de son histoire, l'Allemagne a toujours été centrée sur l'Europe, compte tenu des menaces l'entourant. Par conséquent la situation actuelle, résultant d'une disparition de toute menace

---

9 À l'image de l'arc de crise du Livre blanc français de 2008.

10 Borzillo Laurent, *La Bundeswehr,* tome II, *op. cit.,* pp. 143-147. Riecke Henning, *op. cit.,* p. 4.

11 *Ibid.,* pp. 17-24.

12 Martens Stephan, "Allemagne puissance – mythe et réalité", *Allemagne d'Aujourd'hui*, N°192, avril-juin 2010, pp. 84-104.

13 Borzillo Laurent, *La Bundeswehr, tome II, op. cit.,* pp. 72-76.

14 Ministère fédéral de l'économie et de la technologie, *Rohstoffsstrategie der Bundesregierung, Sicherung einer nachhaltigen Rohstoffversorgung Deutschlands mit nicht-energetischen mineralischen Rohstoffen*, 2010, 27 p.

15 Borzillo Laurent, *La Bundeswehr*, tome II, *op. cit.,* pp. 17-24.

en Europe pour elle et de sa dépendance aux exportations est une nouveauté pour ses dirigeants, qui n'auraient pas adapté leur outil de lecture.

Selon l'expert Richter, le faible nombre de spécialiste en questions militaires et de défense au sein de l'actuelle assemblée siégeant au *Reichstag* constitue une autre explication de l'état actuel du débat public en Allemagne sur ces sujets. Selon lui, sur les 620 députés de la dix-septième législature, seuls cinq à six connaîtraient suffisamment bien les dossiers liés aux forces armées[1]. L'analyse des compositions des commissions des Affaires étrangères et de la défense tend à corroborer cette observation.

Commission de la défense du *Bundestag*
Nombre de députés présents depuis plus de huit ans au sein de la commission lors de leur réélection

2002	12, dont six de la *CDU/CSU*, quatre du *SPD*, un des Verts et un du *FDP*.
2005	10, dont quatre de la *CDU/CSU,* cinq du *SPD*, un des Verts.
2009	5, dont deux de la CDU/CSU et trois du SPD.

Commission de la défense du *Bundestag*

	Nombre de députés au sein de la commission	Nombre de députés présents lors de la législature précédente	Nombre de nouveaux députés au sein de la commission	Pourcentage de députés présents lors de la législature précédente
1998	**38** 17 *SPD* 14 *CDU/CSU* 3 Verts 2 *FDP* 2 *PDS*	**29** 13 *SPD* 11 *CDU/CSU* 2 Verts 2 *FDP* 1 *PDS*	**9** 4 *SPD* 3 *CDU/CSU* 1 Vert 1 *PDS*	**77 %** *SPD :* 76,5 % *CDU :* 78,5 % Verts : 66 % *FDP :* 100 % *PDS :* 50 %
2002	**30** 13 *SPD* 12 *CDU/CSU* 3 Verts 2 *FDP*	**17** 7 *SPD* 7 *CDU/CSU* 1 Vert 1 *FDP*	**13** 6 *SPD* 5 *CDU/CSU* 2 Verts 1 *FDP*	**56 %** *SPD :* 53,5 % *CDU :* 58 % Verts : 33 % *FDP :* 50 %
2005	**31** 11 *SPD* 11 *CDU/CSU* 2 Verts 3 *FDP* 3 *Die Linke*	**18** 9 *SPD* 6 *CDU/CSU* 2 Verts	**13** 2 *SPD* 5 *CDU/CSU* 3 *FDP* 3 *Die Linke*	**58 %** *SPD :* 81,8 % *CDU :* 54,5 % Verts : 100 % *FDP :* aucun *Die Linke :* aucun
	34 8 *SPD*	**14** 3 *SPD*	**20** 5 *SPD*	**41 %** *SPD :* 37,5 %

[1] *Ibid.*, pp. 43-47.

2009	13 *CDU/CSU* 4 Verts 5 *FDP* 4 *Die Linke*	6 *CDU/CSU* 1 Vert 2 *FDP* 2 *Die Linke*	7 *CDU/CSU* 3 Verts 3 *FDP* 2 *Die Linke*	*CDU* : 46 % Verts : 25 % *FDP* : 40 % *Die Linke* : 50 %

En 1998, au sein de la première, 77 % des députés qui la composaient s'y trouvaient déjà en 1994. C'était le cas pour 75 % des députés *SPD* de la commission, pour 80 % de leurs collègues de la *CDU,* et de l'ensemble des députés du *FDP*. En 2009, seuls 41 % des membres de la commission s'y trouvaient lors de la précédente législature : 37,5 % des députés du *SPD*, 45 % des députés de la *CDU*, 40 % des députés du *FDP* et 25 % des députés Verts. L'évolution du nombre de députés siégeant dans la commission depuis plus de huit ans est éloquente. En 2002, douze parlementaires prenaient part aux travaux de la commission depuis 1994, soit depuis deux mandats : six députés *CDU*, quatre *SPD*, un Vert, et un libéral. En 2005, ce nombre était de dix : quatre députés *CDU*, cinq députés *SPD*, et un député Vert. En 2009, on ne dénombre plus que cinq membres de la commission y siégeant depuis plus de huit ans : deux parlementaires de la *CDU* et trois du *SPD*.

Commission des Affaires étrangères du *Bundestag*

	Nombre de députés au sein de la commission	Nombre de députés présents lors de la législature précédente	Nombre de nouveaux députés au sein de la commission	Pourcentage de députés présents lors de la législature précédente
1998	**39** 17 *SPD* 14 *CDU/CSU* 3 Verts 2 *FDP* 2 *PDS*	**35** 14 *SPD* 14 *CDU/CSU* 3 Verts 3 *FDP* 1 *PDS*	**4** 3 *SPD* 1 *PDS*	**89 %** *SPD* : 82 % *CDU* : 100 % Verts : 100 % *FDP* : 100 % *PDS* : 50 %
2002	**37** 16 *SPD* 15 *CDU/CSU* 3 Verts 3 *FDP*	**10** 7 *SPD* 3 *CDU/CSU* 3 Vert 3 *FDP*	**27** 9 *SPD* 12 *CDU/CSU* 3 Verts 3 *FDP*	**27 %** *SPD* : 43,8 % *CDU* : 20 % Verts : aucun *FDP* : aucun
2005	**36** 13 *SPD* 13 *CDU/CSU* 3 Verts 4 *FDP* 3 *Die Linke*	**15** 8 *SPD* 5 *CDU/CSU* 2 Verts	**21** 5 *SPD* 8 *CDU/CSU* 3 Verts 3 *FDP* 3 *Die Linke*	**41 %** *SPD* : 61 % *CDU* : 38 % Verts : aucun *FDP* : 50 % *Die Linke* : aucun
	37	**19**	**18**	**51 %**

2009	9 *SPD* 13 *CDU/CSU* 4 Verts 6 *FDP* 3 *Die Linke*	9 *SPD* 9 *CDU/CSU* 2 Vert 1 *FDP* 1 *Die Linke*	5 *SPD* 4 *CDU/CSU* 2 Verts 5 *FDP* 2 *Die Linke*	*SPD :* 44 % *CDU :* 69 % Verts : 50 % *FDP :* 17 % *Die Linke :* 30 %

Dans le cas de la commission des Affaires étrangères si le taux d'anciens députés a subi une augmentation entre 2005 et 2009, il reste loin de celui de 1998. Ces données mettent clairement en évidence une baisse notable des experts en question de défense et en politique étrangère. Cela ne peut qu'avoir un impact négatif sur l'instauration d'un débat sur les questions stratégiques, débat pourtant plus que nécessaire. Dans l'entretien réalisé avec lui pour ce travail, l'expert Theissen se révèle pessimiste quant à la situation actuelle, évoquant une phase d'hiver dans la réflexion stratégique allemande[1].

[1] *Ibid.,* pp. 54-60.

CONCLUSION

Dix ans d'opérations et de réformes successives ont considérablement changé l'outil de défense allemand tel qu'il était à la veille de l'intervention au Kosovo. L'Allemagne dispose-t-elle pour autant d'un outil efficace, utilisable et pouvant s'appuyer sur une volonté d'emploi de la part des politiques ?

L'opération *Jadid* ainsi que les missions accomplies par les *KSK* démontrent que l'image de « croix rouge renforcée » ne correspond plus à la *Bundeswehr*. Les soldats allemands ont prouvé qu'ils pouvaient efficacement participer à de rudes opérations, tout autant que leurs homologues d'autres armées. Néanmoins il convient de rappeler qu'en Afghanistan, la majorité des militaires allemands est restée cantonnée dans les camps de base. Il est donc plus approprié de conclure sur cet aspect des forces armées allemandes en évoquant la présence au sein de celles-ci d'un certain nombre de soldats ayant démontré leurs compétences pour des missions risquées. Quant à la majeure partie des troupes allemandes, le doute peut subsister. L'emploi des soldats de la *Bundeswehr* est soumis par ailleurs aux aléas et contraintes des *caveats* et des contenus des mandats. Ceux-ci peuvent amoindrir fortement l'efficacité de la participation de la *Bundeswehr* à des opérations, ainsi que cela a pu être le cas en Afghanistan par le passé ou lors de l'opération Eufor RDC.

Passé un examen approfondi, certaines opérations *a priori* réussies de la *Bundeswehr* peuvent être critiquées quant à leur utilité, même si, il convient de garder à l'esprit qu'il s'agit d'intervention internationale, ne dépendant donc pas du seul bon vouloir de Berlin. La composante maritime de la FINUL n'a guère jusqu'ici démontré le caractère indispensable de sa présence, au regard de son efficacité dans la lutte contre les trafics d'armes à destination en majeure partie du *Hezbollah*. En outre, le « succès » d'Eufor RDC, et donc de la participation allemande, résulte partiellement de la fortune, le résultat des élections n'ayant été *in fine* que faiblement contesté. Quant à l'opération Atalanta, sa réussite actuelle contre la piraterie n'a pas encore garanti le déclin définitif et irrémédiable de cette dernière à long terme.

Dans l'analyse des opérations, de l'occasion de lancement, de leurs moyens et de leurs objectifs, les exemples afghans et congolais révèlent un certain défaut d'analyse de la part des gouvernements allemands. Cette « défaillance » se retrouve également dans la gestion de la crise libyenne avec une analyse focalisée sur les conséquences d'une intervention militaire, mais négligeant celles-ci en cas d'absence d'intervention. L'attitude du gouvernement fédéral vis-à-vis de la crise au Sahel et au Mali en 2012, et ce, jusqu'à l'intervention française en janvier 2013, constitue un autre exemple peu flatteur de cette « défaillance ». À l'échelon gouvernemental, la persistance de mésentente entre ministères nuit en outre au bon déroulement des actions de la *Bundeswehr* et de l'Allemagne lors d'opération. Ces mésententes sont également présentes lors de l'élaboration de documents de réflexion. Les querelles de chapelle, d'autorité et de compétence peuvent être observées dans le cadre de l'opération Atalanta, en Afghanistan avec la mise en œuvre du concept de sécurité en réseau, ainsi que lors de la rédaction du Livre blanc de 2006. Même les principes directeurs de la politique de défense de 2011 et la stratégie allemande quant aux matières premières, malgré toutes les données pertinentes qu'ils peuvent contenir, n'en demeurent pas moins des réflexions menées unilatéralement par un ministère en particulier, respectivement le ministère de la Défense et le ministère de l'Économie.

Bien que conduites par souci d'adéquation de la structure et des moyens de la *Bundeswehr* avec ses nouvelles missions et opérations extérieures, les réformes des forces armées allemandes ne semblent pas être entièrement en accord avec ses besoins. Réclamée par plusieurs commissions de réflexions, au nom de la réorientation de la *Bundeswehr* vers les opérations extérieures, la suspension de la conscription n'a été réalisée que du fait de l'état des finances. Certes, une certaine influence des opérations sur les réformes existe. Cependant celle-ci peut avoir un effet négatif, la *Bundeswehr* étant modifiée afin d'être plus efficace pour des opérations en cours, voire achevées, et non pour celles à venir. Pour autant, il est à noter un rejet des enseignements de la contre-insurrection en Afghanistan et une absence de prise en compte de l'augmentation du rôle des sociétés de sécurité privée. De plus, malgré l'importance des routes maritimes pour l'Allemagne, la marine allemande semble destinée quant à elle, à rester le parent pauvre des forces armées allemandes.

La politique d'équipement de la *Bundeswehr* constitue un autre exemple de la faiblesse de l'influence des opérations extérieures sur les réformes et réorientations de ces dernières années. Le cas de la version allemande du Tigre, qui aux dires de la plupart des experts, reste un appareil antichar, illustre cela. De manière générale, les commandes de matériel sont régulièrement faites sans tenir compte du format des forces armées allemandes pour les années correspondantes à l'arrivée des nouveaux matériels au sein des régiments. La lourdeur administrative et la lenteur des programmes d'équipements sont régulièrement fustigées, ainsi que les analyses sur lesquelles ils sont amorcés. Le récent scandale quant à l'acquisition de drones de « haute altitude longue endurance » ne fait que se rajouter aux violentes polémiques que les projets d'hélicoptères Tigre et d'avion transporteur A400M avaient déjà jusqu'ici suscité[1]es. S'agissant du

[1] DPA, "Bruchlandung für Drohnen-Projekt Euro Hawk", *Süddeutsche Zeitung*, 15 mai 2013.

format retenu pour l'armée, ce dernier diffère nettement du modèle n°4 du rapport de l'inspecteur général Volker Wieker, qui était présenté comme étant celui le plus orienté vers les opérations extérieures et la projection de forces. Or officiellement, la nouvelle orientation de la *Bundeswehr* est fondamentalement tournée vers les opérations extérieures. Malgré cet objectif, on peut constater également qu'aucune région de possibles interventions n'est définie, à l'image de l'arc de crise du Livre blanc français de la défense de 2008. Le ministre actuel de la défense, par ses déclarations, souhaite visiblement aller dans cette voie mais ces déclarations ne semblent pas avoir eu jusqu'à présent d'échos suffisants.

Un des défauts structurels de la nouvelle orientation vient de l'absence de débat sur les questions de défense touchant l'opinion publique, mais également une part suffisante de la classe politique allemande. La polémique suscitée par l'interview du président Horst Köhler, qui ne reprenait qu'une analyse présente dans le Livre blanc de 2006, souligne avec force la portée restreinte des documents de défense. Ceci s'explique par l'absence de participation des parlementaires aux travaux d'élaboration de tels documents, par la diminution du nombre d'anciens députés au sein des commissions de défense et des Affaires étrangères, ainsi que par le peu d'intérêt pour ces thématiques et une certaine méconnaissance qui semble prédominer au sein de la classe politique allemande. Ministre des Affaires étrangères lors des débuts de la République de Weimar, Walther Rathenau estimait que les « *Allemands connaissaient très bien les cartes, mais que le monde leur était étranger*[1] ». Cette absence de véritable participation des députés aux documents relatifs à la politique de défense et de sécurité est particulièrement dommageable en Allemagne à cause de son système de contrôle parlementaire. Ce qui pose problème n'est donc pas tant la *Parlamentsbeteiligungsgesetz* que le peu d'appétence des députés pour cette politique.

Cette attitude de la classe politique allemande pourrait *a priori* s'expliquer par celle de l'opinion allemande à l'égard de cette thématique et des opérations extérieures. Nous n'avons pas eu le temps de traiter dans cet ouvrage du mythe ou de la réalité du « désintérêt amical[2] » de la population allemande à l'encontre de la *Bundeswehr*. Certaines études du *SOWI* permettent de remettre en cause ce jugement. La question de l'ancrage des forces armées allemandes au sein de la population n'en demeure pas moins un des fondements pour leur avenir. Le monument pour les soldats tombés en opérations et la question des vétérans n'en étant que des sujets annexes, le

---

http://www.sueddeutsche.de/politik/verteidigung-bruchlandung-fuer-drohnen-projekt-euro-hawk-1.1672780

[1] "*Die Deutschen kennen wohl die Landkarte, aber der Globus ist Ihnen fremd.*"

[2] Propos jadis tenus par le président fédéral Horst Köhler : "*Freundliches Desinteresse*".

principal sujet qui en découle est celui de l'impact de la réputation de la *Bundeswehr* au sein de l'opinion sur son recrutement et sur ses futurs engagements à l'étranger. Ces difficultés ou interrogations sur et de la *Bundeswehr,* ont par ailleurs un impact sur les relations de l'Allemagne avec ses partenaires au sein de l'UE et de l'OTAN. Cet autre sujet qui n'a pu être traité mériterait de l'être avec soin, tout comme le précédent.

Malgré le peu d'appétence des hommes politiques pour les sujets de défense et le faible nombre d'experts parlementaires au *Bundestag* sur ces thématiques, certains veulent croire que l'instauration d'un débat est possible. Pour appuyer ses propos abondant dans ce sens, un officier français cite le cas de la suspension de la conscription qui, il y a encore quelques mois, aurait été inimaginable. Cet optimisme convient d'être atténué, même si certaines données pourraient jouer en faveur non seulement d'un retour en grâce de l'Allemagne auprès de ses alliés mais aussi en faveur de la pénétration du débat sur les questions stratégiques dans la sphère publique. Ainsi qu'il a été évoqué, l'isolement allemand à la suite de la décision du 17 mars est assez proche de celui de 1991 et 1992, lorsque Bonn reconnut la Croatie unilatéralement puis refusa de participer aux missions de maintien et de rétablissement de la paix. Passée une période que l'on peut qualifier de pénitence, l'Allemagne contribua sans hésiter à la *SFOR,* enclenchant le début d'une aire de multiplication des opérations extérieures allemandes, qui connut son apogée sous le chancelier Gerhard Schröder. Peut-on imaginer un scénario identique pour l'avenir ? L'envoi d'unités de batterie anti-missiles *Patriot* à la frontière turco-syrienne à la fin de l'année 2012 et celui de formateurs et de soldats au Mali au printemps 2013 pourraient accréditer cette hypothèse. Il convient néanmoins de prendre en compte la réalité de ces interventions. La forte probabilité de non-emploi des batteries stationnées en Turquie a certainement contribué au « zèle » du gouvernement allemand lors de l'envoi de celles-ci[1]. La participation allemande au Mali est, quant à elle, bien modeste, au regard de celles d'autres pays européens tels que la République tchèque[2].

Malheureusement, l'absence de débat empêche l'instauration d'un climat serein sur le sujet en Allemagne faisant perpétuellement craindre malgré les réformes de professionnalisation, la non-participation allemande à des

---

[1] Pour rappel, ces unités ne sont déployées qu'à titre défensif. Les pays européens et les États-Unis ne souhaitant pas intervenir militairement en Syrie, seule une attaque syrienne, délibérée et clairement identifiée, à l'encontre de la Turquie, forcerait ces derniers à réagir. Cela entraînerait certainement une inversion notable du rapport de force entre les rebelles et le régime de Bachar al-Assad, ce qui irait donc à l'encontre des intérêts de celui-ci.

[2] Il convient cependant de ne point oublier que l'Allemagne dénombre encore plus de 4 300 soldats en Afghanistan, à l'inverse de la France qui a achevé le retrait de ces troupes.

missions cadrant néanmoins avec ses intérêts et objectifs de politique étrangère. La réforme actuelle pourrait donc bien s'achever sur un perfectionnement d'un outil de la politique extérieure allemande qui resterait cependant *in fine* en retrait.

> « *Si l'avenir dépend de tout ce qui existe à présent, et de la manière dont nous sommes placés dans ce présent – c'est-à-dire de ce que nous pouvons – il dépend aussi de ce que nous voulons.*[1] »

[1] Clouet Louis-Marie, Marchetti Andreas, *L'Europe et le monde en 2020. Essai de prospective franco-allemande*, Presses universitaires du Septentrion, 2011, 312 p. Citation de Gaston Berger.

Les extraits ci-dessous sont issus de certaines interviews réalisées dans le cadre de la campagne de terrain effectuée pour le travail de recherche. Elles proviennent du second tome de ce travail, intitulé *La Bundeswehr*, tome II*: de la pertinence des réformes à l'aune des opérations extérieures de la dernière décennie. Annexes*, disponible dans certaines bibliothèques et centres de recherche[1]. Il est à prendre en compte que les déclarations des diverses personnes interrogées n'engagent qu'elles-mêmes et non les institutions auxquelles elles pourraient être rattachées. Les entretiens avec les experts évoqués ci-après ayant été réalisés en allemand, les extraits ici présentés ne sont que des traductions partielles des discussions menées. S'agissant de traductions libres et adaptées de l'auteur, toute personne souhaitant reprendre les propos des personnes citées ci-dessous, est priée de se référer aux exemplaires originaux disponibles dans les bibliothèques et centres de recherche indiqués précédemment, afin d'éviter toute interprétation erronée.

Interviews d'experts de diverses institutions

1) *Expert de la fondation Konrad Adenauer (FKA) pour la politique étrangère et la politique de sécurité. 14 février 2012.* ***Source anonyme*** *dénommée "**expert Richter**"* [2]

Question

Existe-t-il un partenariat ou une forte coopération *de facto* entre les bureaux étrangers de la fondation et la *Bundeswehr* ? Si oui, en plus des thèmes relevant de l'*Innere Führung* et des relations entre les militaires et les hommes politiques, d'autres sujets ou thématiques font-ils l'objet de collaboration entre la fondation et les forces armées allemandes ?

Expert Richter

Fondamentalement il n'existe pas de coopération entre la fondation et la *Bundeswehr* qui soit institutionnalisée. En tant qu'organisation, nous n'avons pas d'agenda prévoyant précisément ce que nous comptons faire à long terme dans tel ou tel pays. J'attends par là un programme établissant

[1] Institut des Hautes Études de la Défense nationale (Ihedn), centre de documentation de l'École militaire, centre interdisciplinaire d'études et de recherches sur l'Allemagne, bibliothèque de l'Institut d'études politiques d'Aix-en-Provence, bibliothèque de l'Assemblée nationale.

[2] Il s'agit d'un nom d'emprunt, l'interlocuteur ayant souhaité garder son anonymat.

exhaustivement l'ensemble de nos interlocuteurs ou de nos groupes cibles, ainsi que la gamme des mesures et actions que nous comptons mettre en œuvre précisément sur plusieurs années. Nous ne faisons que des conférences ou des séminaires régulièrement. [...] Moi-même, qui suis compétent pour la politique de sécurité au sein de la FKA, n'ai en fait pas d'interlocuteurs spécifiques au sein de la *Bundeswehr*. Il s'agit seulement de relations privées. Les coopérations sont spontanées et dépendent des thèmes de nos activités en réalité. [...] Je m'entretiens régulièrement avec des membres du ministère de la défense [...] mais cela n'est pas une obligation pour moi.

Question

Pour en revenir aux bureaux présents à l'étranger, les contacts sont-ils exclusivement avec les missions militaires des ambassades ou bien n'obéissent-ils à aucune règle en particulier ?

Expert Richter

Pour ce qui est de ces bureaux, je n'ai pas d'expérience en la matière. [...] De ce que je sais, les relations et échanges sont d'ordre aléatoire. Dans les faits, ce sont la politique et la ligne de conduite choisies par le directeur du bureau qui déterminent les relations entre ce bureau et la *Bundeswehr*. Certains travaillent ainsi beaucoup avec celle-ci. Parmi eux, certains ne travaillent qu'avec la mission militaire et invitent régulièrement des membres de celle-ci. D'autres ont une approche plus marquée par les politiques de développement et invitent plus aisément des diplomates que des militaires. Chaque bureau décide par lui-même le degré de coopération qu'il entretient avec la *Bundeswehr* [...]. Nous avons bien sûr les cas à part des pays dans lesquels la *Bundeswehr* est déployée. [...] En Afghanistan et dans les Balkans notre coopération avec les forces armées est en effet différente et plus étroite. Le chef du bureau de Kaboul le Dr. Khalatbari, en place depuis plusieurs années, a toujours entretenu d'importants liens avec nos forces armées, notamment avec le commandant du *RC North*, tentant lorsque cela était possible de coordonner le travail de la fondation avec celui de la *Bundeswehr* [...].

Question

[...] Il n'existe donc pas de collaboration étroite avec les *Provincial Reconstructions Teams* ?

Expert Richter

Pas à ma connaissance. [...] Nous sommes la fondation Konrad Adenauer : nos bureaux à l'étranger n'ont pas vocation à aider la *Bundeswehr*. Nous le pouvons mais ce n'est pas notre vocation. En outre nous sommes financés avant tout par le ministère de la coopération et du développement. Or les relations entre experts issus de ces deux domaines (défense et aide au développement) ne sont pas toujours au beau fixe. […] Nos objectifs sont par ailleurs différents : notre tâche est de favoriser la démocratie, l'émergence de partis politiques et d'une société civile, alors que la *Bundeswehr* se charge de la sécurité et de la formation des forces armées.

Question

[…] Comment pourrait-on concrètement renforcer le lien armée-nation en Allemagne, de telle manière que les opérations extérieures sont mieux comprises et acceptées par l'opinion publique ?

Expert Richter

C'est la question à un million d'euros. […] Une solution consisterait à aborder les véritables questions telles que celle relative au nucléaire et à bannir sur de tels sujets tout discours populiste. Malheureusement en Allemagne, il n'existe pas de débat stratégique étendu. La Rééducation des Alliés après la deuxième Guerre mondiale a été un vrai succès. Elle a développé chez nous un profond pacifisme. Au sein de la population la croyance est largement répandue malheureusement qu'au moyen de négociations et de financements toute crise peut être dénouée. Il y a des problèmes de par le monde pour lesquels nous avons besoin cependant de recourir à l'outil militaire. Or ceci n'est pas encore accepté par notre société. Avec la suspension de la conscription cela risque de s'aggraver selon moi […]. En vérité, les citoyens ont peu de compréhension pour la chose militaire. Il s'agit là d'un énorme défi pour l'Allemagne et sa politique de sécurité et de défense, qui consiste à créer des ponts entre la *Bundeswehr* et la société, ainsi qu'à maintenir ces liens fragiles.

Question

Combien de députés sont réellement des experts de la politique de sécurité et des Affaires militaires selon vous ?

Expert Richter

À mes yeux, seuls cinq à six députés sont réellement des experts sur ces questions. Et bien évidemment ceci est insuffisant pour développer un fort intérêt de nos concitoyens pour ces thématiques. Mais nous abordons là un cercle vicieux. Les citoyens ne s'intéressant pas à ces sujets, il devient inutile et peu rentable pour les députés de s'y consacrer. […]

Question

[…] Dans une publication de la FKA, intitulée "*Empfehlungen für eine aktive deutsche Außenpolitik*" – "*Recommandations pour une politique étrangère allemande active*" – une modification de la

Parlamentsbeteiligungsgesetz est fortement suggérée. Est-ce pour autant réalisable ?

Expert Richter

Vous êtes à juste titre sceptique. Il est intéressant de noter que cette proposition vient du bureau du député *CDU* Andreas Schockenhoff. [...] Cette volonté de modifier la loi résulte d'une analyse selon laquelle le parlement serait un frein en cas de volonté politique du gouvernement de prendre part à une intervention. Notez qu'aucun mandat n'a cependant déjà été rejeté par le *Bundestag* [...]. On peut sans difficulté réunir en peu de temps les députés pour un vote portant sur l'adoption d'un mandat si nécessaire. Notre système est en fait très proche des systèmes anglais et italien. Or ceux-ci ne sont pas fustigés et ne se voient pas reprochés d'être un obstacle en cas de nécessité d'une prompte intervention militaire. Lors de la crise libyenne, la décision allemande fut une erreur. L'origine de celle-ci ne vient pas pourtant de notre législation, mais du manque de volonté du gouvernement fédéral et de la classe politique allemande [...].

2) *Expert pour les questions de défense et de sécurité au sein de la fondation Friedrich Ebert (Friedrich Ebert Stiftung, FES). Mars 2012.* ***Source anonyme*** *dénommée* "***expert Schneider***"[1].

Question

Existe-t-il une coopération entre la *Bundeswehr* et les bureaux de la fondation, présent dans d'autres pays ? Existe-t-il par exemple à l'étranger des séminaires sur l'*Innere Führung* ciblant des membres des forces armées de pays partenaires, pour lesquels la fondation sollicite la venue d'officiers de la *Bundeswehr* ?

Expert Schneider

C'est rarement le cas. Il n'existe pas de partenariat établi. [...]. En ce qui concerne l'*Innere Führung*, nous n'organisons qu'occasionnellement des manifestations sur cette thématique en invitant des personnes du ministère de la défense. [...] Pour en revenir aux bureaux à l'étranger, tout dépend véritablement du chef du bureau, de ses propres analyses et méthodes [...].

Question

[...] Nombre de soldats allemands se plaignent du fait que personne ne soit en mesure, ou ne prenne le temps, de leur expliquer les raisons de leur engagement dans l'Hindu Kush. Existe-t-il des conférences en Afghanistan

---

[1] Il s'agit d'un nom d'emprunt, l'interlocuteur ayant souhaité garder son anonymat.

ou en Ouzbékistan sur les raisons de l'intervention avec pour public cible des soldats allemands ?

Expert Schneider

[...] Non. Toutefois de tels séminaires sont organisés en Allemagne avec soit des intervenants issus de la *Bundeswehr,* soit un public de militaires. En outre, dans le cadre de la formation politique[1] la fondation organise de nombreux événements en partenariat avec la *Bundeswehr.*

Question

L'application du concept de sécurité en réseau[2] et des *PRT* ne s'est-elle pas révélée être un échec ? Selon plusieurs rapports, il y aurait un important déficit de coopération entre les ministères ainsi qu'entre les militaires et le personnel des ONG.

Expert Schneider

Je dirais oui... L'origine du problème vient du fait que jusqu'ici l'approche de la mise en application de ce concept n'a été pensée qu'à partir d'un échelon opératif. La collaboration entre militaires et civils ainsi qu'entre les ONG et les militaires n'a été mise en application qu'en Afghanistan. L'absence de planification et d'analyse commune de la situation ici en Allemagne est en grande partie responsable des défaillances rencontrées par la suite à l'échelon opératif. Qui plus est, les échanges entre ministères sont loin d'être intenses [...]. Des décisions sont souvent prises sans consulter les organismes civils présents sur place, avec qui il faudrait collaborer [...]. Le concept de sécurité en réseau est devenu en fait un mot-valise, employé régulièrement dans les discussions politiques mais qui n'a pas de réelle application. Sa mise en œuvre n'a été jusqu'ici que partielle.

Question

[...] Une modification de la *Parlamentsbeteiligungsgesetz* est-elle nécessaire ?

Expert Schneider

Cette loi fut un immense progrès à mes yeux. Elle est particulièrement importante pour que l'intervention bénéficie de l'approbation des citoyens. [...] Les critiques que j'entends souvent de la part d'interlocuteurs français sont largement erronées. Cette loi n'a jamais empêché l'adoption d'un mandat autorisant une intervention militaire [...]. La participation du parlement contribue à la légitimité de celle-ci et ne gêne en rien l'efficacité d'une opération. Si des difficultés ayant pour origine les limitations

---

[1] *Politische Bildung.*

[2] *Vernetzte Sicherheit.*

imposées par le mandat viennent à être mises à jour, des discussions sont alors menées avec le commandement de la *Bundeswehr* pour y remédier. [...] La loi comporte par ailleurs des clauses permettant une opération rapide et un vote du mandat *a posteriori* : en cas de prise d'otage, de situations dans lesquelles la vie d'individus est gravement menacée, ou encore de crimes contre l'humanité [...]. La *Parlamentsbeteiligungsgesetz* n'est pas à l'origine de l'attitude adoptée par le gouvernement allemand. Le gouvernement aurait pu prendre la décision inverse, convaincre une majorité de parlementaires au *Bundestag* et envoyer la *Bundeswehr* participer à l'intervention. Des unités allemandes se trouvaient d'ailleurs à l'époque en Méditerranée, au large des côtes libyenne. Elles auraient pu y rester et prendre part à *Odyssey Dawn*. Les clauses de cette loi permettent une grande marge de manœuvre, impliquant une palette importante d'options diverses. Le problème venait du choix du gouvernement, dont la prise de position fut trop longue et dont la cohérence peut être critiquée [...].

Question

Pensez-vous qu'il existe un manque de réflexions et de débats sur les questions stratégiques de sécurité et de défense en Allemagne [...] ?

Expert Schneider

Dans l'ensemble le débat en Allemagne est assez faible. Cela concerne également les discussions sur l'évolution des rapports de puissance, tout comme les implications d'un environnement dominé par la multipolarité. Ces thèmes sont malheureusement abordés de manière approfondie que dans quelques cercles très restreints [...].

Question

Comment ce débat pourrait-il être renforcé et promu ?

Expert Schneider

De nombreuses personnes ou politiques souhaitent un tel renforcement depuis des années, néanmoins notre culture de la retenue rend difficile de conduire des discussions poussées sur ces sujets. Des termes tels que "puissance", "militaire", "affrontement" ont une connotation plus négativement que dans d'autres pays. [...] Cependant la retenue sur de tels thèmes est aussi une bonne chose mais cela ne doit pas cependant empêcher d'aborder ceux-ci et d'en débattre. [...] Tout repose selon moi entre les mains des politiques et des médias. Nous avons ainsi de très bons journalistes, qui effectuent d'excellentes analyses, mais ce que nous n'avons pas c'est le lien entre les experts des médias et la majorité de la population [...].

Question

Actuellement certaines personnes évoquent la possibilité pour l'Allemagne de se doter d'un nouveau Livre blanc de la défense (soit en 2013, soit en 2014). Afin de densifier le débat, favoriser la participation des députés au processus d'élaboration ne constituerait-il pas une solution ?

Expert Schneider

Cela n'apporterait qu'une aide limitée. Pour le moment le processus, empêtré dans des procédures complexes, demeure entre les mains de quelques institutions. Je souhaiterais volontiers que nous puissions mener des discussions telles qu'il y en a eu lors de l'adoption du nouveau concept de l'OTAN : des discussions relatives à l'ensemble des sujets eurent lieu. [...] Dans tous les pays membres, d'intenses discussions furent menées. Le processus fut ouvert et public, ce qui est essentiel selon moi : toutes les institutions et les citoyens le souhaitant ont pu prendre part à la discussion. Nous avons même eu des échanges très pertinents sur Internet. Or c'est ainsi que l'on obtient une forte légitimité [...].

Question

Pensez-vous que la *Bundeswehr* peut évoluer en armée capable d'accomplir de nombreuses opérations à l'étranger à un rythme important ? La réforme n'a-t-elle pas tendance à transformer celle-ci en armée d'opérations sans pour autant lui donner d'objectifs clairs quant aux contenus et aux formes de ces futures missions ?

Expert Schneider

La *Bundeswehr* est déjà une armée en opération, capable d'accomplir diverses opérations de différents niveaux d'intensité. Le problème est qu'il n'existe pas de dialogue stratégique en Allemagne. Nous ne nous interrogeons pas sur les potentielles interventions futures auxquelles nous risquons d'être confrontés et auxquelles il conviendrait d'adapter la *Bundeswehr*. En lieu et place nous préparons et modifions la *Bundeswehr* de telle sorte qu'elle soit en mesure de prendre part à une intervention semblable à celle menée actuellement en Afghanistan. Or celle-ci touche à sa fin et nous ne prendrons pas part à une telle mission avant longtemps. C'est une erreur que nous avons déjà faite par le passé. Lors de la phase dite de "Transformation", nous avions adapté la *Bundeswehr* à des interventions semblables à celles menées dans les Balkans [...] Nous n'arrivons pas à penser à la prochaine génération d'intervention. [...] Si l'on observe l'opération Atalanta, on peut en conclure qu'il s'agit d'un modèle d'opération pour nous à l'avenir. Voyez-vous pour autant une adaptation de la *Bundeswehr* en lien [...] ?

Question

Quelle sera l'attitude de l'Allemagne en cas de nouvelle intervention militaire ? Je songe à une possible intervention en Libye, en Syrie ou en Somalie, pays dans lesquels une opération à vocation humanitaire tout comme une mission de combat pourrait être mise en œuvre prochainement.

Expert Schneider

Le problème essentiel réside justement dans l'imprévisibilité de notre attitude face à ces crises. [...] La politique intérieure influence les décisions relatives à la politique étrangère dans chaque pays. Mais en Allemagne cette influence est trop forte. La question première avec le gouvernement allemand en devient presque de se renseigner avant tout sur la date des prochaines élections. Et c'est cela qui irrite tant nos partenaires. Pour eux notre politique extérieure est par trop dépendante des aléas de notre vie politique intérieure. Une opération en Libye aurait dû être soutenue par l'ensemble des experts en défense, si l'on se fonde sur notre dernier Livre blanc. Mais ce ne fut pas le cas, à cause des élections régionales et du *FDP*. Pour cette raison il est très problématique et presque impossible de prédire l'attitude allemande en cas de nouvelles crises semblables à la Libye [...].

3) *Expert à la Deutsche Gesellschaft für Auswärtige Politik (DGAP). 12 mars 2012.* ***Source anonyme*** *dénommée* "***expert Theissen***"[1]

Question

[...] Pensez-vous que l'Allemagne ait besoin d'un conseil de sécurité aux compétences élargies et comportant plus de membres, ainsi que le groupe parlementaire de la *CDU/CSU* a pu le proposer par le passé ?

Expert Theissen

Il existe déjà un conseil fédéral de sécurité. La question est de savoir si ce dernier peut être assimilé à un conseil restreint centralisant les décisions relatives aux politiques de défense et de sécurité, à l'instar du *National Security Council* qui existe aux États-Unis. À mon avis non. [...] Depuis plusieurs années néanmoins, le groupe parlementaire de la *CDU/CSU* ainsi Wolfgang Ischinger[2] promeuvent une "mutation" du conseil fédéral de sécurité en un organe proche de son homologue américain. Le vice-président de la *DGAP* Fritjof von Nordenskjöld soutient une telle modification, et l'a défendu récemment dans un article intitulé "Alle Macht dem Kanzler"[3] [...]. Or en Allemagne les compétences sont fortement divisées et réparties, instaurant un véritable équilibre des pouvoirs. Notre système a été créé pour

[1] Il s'agit d'un nom d'emprunt, l'interlocuteur ayant souhaité garder son anonymat.

[2] Président de la conférence de Munich sur la sécurité.

[3] "Tous les pouvoirs entre les mains du chancelier".

prévenir toute concentration de pouvoir, contrairement aux systèmes politiques français ou américains. [...] Un élargissement du conseil avec l'intégration de plusieurs acteurs favoriserait des analyses plus exhaustives. Toutefois les décisions devant parfois être prises rapidement, comment cet impératif de temps serait-il alors concilié avec une prise en compte de l'ensemble des points de vue et données ? Un élargissement pourrait donc entraîner un risque de blocage [...].

Question

D'après un chercheur de la fondation Friedrich Ebert, Monsieur Christos Katsioulis, la réforme actuelle revient à transformer la *Bundeswehr* en armée d'intervention, caractérisée par une absence de description des formats et modalités de ses futures opérations[1]. Elle ne sait pas par exemple pour quel type d'opérations extérieures elle doit se préparer et s'entraîner. Partagez-vous cette analyse ?

Expert Theissen

[...] L'impulsion d'origine de la réforme actuelle fut la situation financière [...]. Toutefois, depuis sa prise de fonction le ministre de Maizière tente de corriger cela et de donner des fondements d'analyse stratégique à la réforme. Est-ce crédible ? Certes l'objectif d'amélioration de notre outil militaire semble clair. Les conséquences que cela implique le sont-elles pour autant ? [...] Nous avons ici une contradiction : d'un côté on souhaite avoir des documents officiels tels que les principes directeurs, et de l'autre le gouvernement refuse vivement de décrire de possibles scénarii d'interventions. N'oubliez pas cependant que même en cas de description, de tels documents se doivent de rester très flexibles. [...] Vous devez prendre en compte le fait qu'il n'existe pas d'unité, ni au sein du gouvernement, ni dans l'ensemble de la communauté des experts de défense en Allemagne, concernant la question du moment opportun du recours aux forces armées. Concernant la réforme, même sans scénarii identifiés de possibles interventions, je ne pense pas qu'une *Bundeswehr* plus efficiente et apte aux interventions soit un mauvais calcul. Cela ne peut donner que plus d'options au gouvernement en cas de crise. Est-ce que cet objectif sera atteint d'ici quelques années ? Etant donné la situation financière, des doutes peuvent être émis [...].

Question

Croyez-vous que l'Allemagne prendra part à l'avenir à plus d'interventions militaires en Afrique, compte tenu des événements en Somalie et dans le Sahel ?

---

[1] Katsioulis Christos, Müller-Henning Marius, *op. cit.*, pp. 43-44.

Expert Theissen

A priori il s'agit de zones régionales dans lesquels nous allons avoir dans les années à venir une montée des interventions. Sous quel format je l'ignore. S'agissant d'éventuels déploiements de la *Bundeswehr* je resterai très circonspect, y compris pour d'autres régions de par le monde. Du fait de notre intervention en Afghanistan, je doute fort qu'une future participation de la *Bundeswehr* à une opération dans une contrée puisse avoir lieu, si aucun intérêt allemand aisément identifiable par l'opinion, ne venait à être affecté par les événements se déroulant dans cette dernière. […] Bien évidemment un processus de définition des intérêts allemands vis-à-vis de l'Afghanistan, de l'Afrique et d'autres régions du monde serait plus que pertinent. Mais cela sera-t-il fait ? Je ne le crois pas, du moins pas avant quelques temps. […] Pour moi nous nous trouvons actuellement dans une phase d'hiver de la pensée stratégique en Allemagne […].

Question

La *Parlamentsbeteiligungsgesetz* devrait-elle être aménagée, voire modifiée selon vous ?

Expert Theissen

Vous avez des arguments en faveur et d'autres en défaveur. […] Pour moi elle ne pose pas d'inconvénient à une décision exécutive. L'encadrement trop rigide des interventions (nombre de soldats, intitulé détaillé de la mission, description des moyens mis en œuvre et de la zone exclusive d'intervention, *etc.*) peut néanmoins engendrer d'éventuelles entraves. La situation sécuritaire pouvant rapidement évoluer, un besoin d'augmentation de troupes peut s'avérer nécessaire et urgent. Or un nouveau mandat nécessite du temps. […] Un autre problème potentiel est celui d'un affaiblissement de notre crédibilité et de notre réputation de fiabilité chez nos alliés. On peut imaginer qu'une opération soit décidée à l'échelon européen, puis soit modifiée lors de l'adoption du mandat du *Bundestag*, afin par exemple d'obtenir une majorité lors du vote. C'est la raison pour laquelle certains experts ou politiques se déclarent en faveur d'une modification. Corollaire de cette proposition, un droit de rappel des troupes engagées du Bundestag est évoqué par les partisans de celle-ci […].

Question

Ne serait-il pas judicieux que dans un Livre blanc par exemple, l'Allemagne identifie les régions où elle possède d'importants intérêts et où une détérioration de la situation sécuritaire pourrait considérablement impacter sur ces mêmes intérêts ? Ceci non pas dans l'objectif de recourir à un déploiement automatique de la *Bundeswehr*, mais dans celui de suivre avec vigilance les situations de ces régions, afin de pouvoir au mieux influencer leur évolution sans recourir si possible à une intervention militaire et en préparant au mieux la *Bundeswehr* à une projection dans cette région dans le cas où cela s'avérerait pertinent ?

Expert Theissen

Le processus décrit serait souhaitable en effet. Un tel processus permettrait par ailleurs de créer un sentiment de fiabilité chez nos alliés. Mais ce n'est que lorsqu'une décision s'avère nécessaire, que l'on peut juger de la valeur réelle d'un tel document [...].

Question

Estimez-vous que l'Allemagne souffre d'un manque de débat sur les questions stratégiques dans les domaines de la défense et de la sécurité ? Si oui, quelles mesures devraient être prises afin de changer cela selon vous ?

Expert Theissen

Le débat existe en Allemagne. Cependant il ne touche pas l'opinion publique. Il n'est mené qu'au sein de cercles restreints de dirigeants [...]. Est-ce aisé pour autant de porter un tel débat sur la place publique ? Regardez le retrait de l'ancien président fédéral Horst Köhler. Pourtant le fait qu'un pays ait des intérêts économiques est évident, y compris à l'échelle planétaire, sans compter que la liberté et la sécurité des voies commerciales sont vitales pour l'Allemagne, étant donné le fonctionnement de notre économie. [...] En fait le problème est d'ordre politique et plus particulièrement concerne la volonté politique d'accepter de défendre des intérêts économiques, en recourant éventuellement à des moyens militaires. [...] Le débat existe mais est-il suffisamment présent dans l'espace public et bénéficie-t-il de suffisamment de publicité ? Non. Existe-t-il par ailleurs un consensus sur les questions stratégiques essentielles en Allemagne ? Non. En avons-nous besoin ? Oui [...].

4) *Expert à l'Institut d'histoire militaire de la Bundeswehr (MGFA), spécialiste sur l'intervention afghane. 12 mars 2012.* ***Source anonyme*** *dénommée "**expert Reiter**"*[1]

Question

[...] Il y a quelques mois, *Der Spiegel* narrait les événements ayant amené à la participation de l'Allemagne à l'intervention internationale en Afghanistan. Or selon des journalistes de ce dernier, cette opération s'apparentait plus à une aventure personnelle de la République fédérale[2]. Le chancelier Schröder aurait de lui-même proposé la mise sur pied d'une importante mission de reconstruction et d'instauration de la démocratie et ce

[1] Il s'agit d'un nom d'emprunt, l'interlocuteur ayant souhaité garder son anonymat.

[2] Beste Ralf, Demmer Ulrike *et al.*, "Ein Deutscher Krieg", *op. cit.*

en l'absence de toute demande américaine. Partagez-vous ces jugements et analyses ?

Expert Reiter

[...] Deux points doivent être pris en compte. Le gouvernement fédéral insista à l'époque fortement sur les termes de solidarité entre alliés, particulièrement le chancelier et le ministre des Affaires étrangères. Il adopta une position mettant nettement en avant sa volonté de soutenir les Américains, y compris en Afghanistan [...]. Ce fut un moment très important pour l'Allemagne, car initialement il ne s'agissait pas de l'Afghanistan en tant que tel mais de l'appui ou non à donner aux Américains dans leurs opérations. Au début celle-ci n'eut pas lieu au sein de l'*Isaf*, qui ne fut mis en place d'ailleurs que quelques mois plus tard. [...] La première contribution s'effectua dans le cadre de l'opération *Enduring Fredom* avec cette nouveauté pour nous, *id est* la participation et l'utilisation des forces spéciales. C'était totalement nouveau pour nous [...]. Nous ne l'aurions jamais fait sans le 11 septembre 2011. Parallèlement à l'opération *Enduring Freedom*, les Nations Unies furent à l'origine d'une initiative légitimant l'action des Américains en Afghanistan. Lors de cette phase, le gouvernement fédéral chercha très clairement à paraître tel un allié particulièrement fiable pour les États-Unis.

[...] Mon impression est qu'à l'époque, dans l'ensemble des pays européens les informations sur l'Afghanistan étaient très limitées, et ce au moment même où de promptes décisions devaient être prises. Il n'y avait alors aucun dispositif permettant aux politiques de s'appuyer sur une analyse précise des forces en présence dans le pays et des relations que celles-ci entretenaient entre elles. [...] La conférence de Bonn fut organisée peu de temps après, créant une dynamique en lien avec le lancement de l'*Isaf*. Mais à l'époque l'*Isaf* n'avait rien d'une mission de l'OTAN. Il s'agissait d'une classique et modeste mission de maintien de la paix, qui avait pour tâche de soutenir le gouvernement de transition. Parallèlement la traque des terroristes était menée par les troupes affectées à l'opération *Enduring Freedom*. Il est donc injuste de prétendre que l'Allemagne se soit lancée dans une aventure qu'elle aurait elle-même initiée. Les décisions prises par le gouvernement Schröder étaient semblables à celles de ses homologues. [...] Vous devez également prendre en compte le fait qu'à l'époque, au début de l'année 2002, la principale menace venait non pas des *Taliban* mais de l'Alliance du Nord et des seigneurs de guerre.

Se poser la question de savoir comment l'Allemagne aurait pu mieux agir est faux. La vraie question est de savoir comment nous devons réagir lors de la prochaine intervention. Quelle serait notre stratégie de sortie ? Quels scénarii d'évolutions de la situation doit-on prévoir ? [...] Voici les leçons à tirer de l'expérience afghane. Songez qu'en 2001 les Américains voulaient absolument aller en Afghanistan. Or personne n'imaginait que l'opération durerait aussi longtemps. Avec du recul, on peut dire que les objectifs d'alors, dont celui de l'instauration d'une démocratie, étaient totalement irréalistes. Toutefois personne à l'époque ne l'avait ou n'avait pu le montrer et l'expliquer [...].

Question

Mais à l'époque pourtant, il y avait des spécialistes de l'Afghanistan en Allemagne ?

Expert Reiter

[...] En effet. Mais une décision prompte devant être prise, aucun des experts ne fut sollicité avant la décision. [...] Le problème est le suivant : comment peut-on concilier la consultation de spécialistes sur le sujet et la nécessité de prendre une décision avec célérité ? Selon moi il n'y a pas eu d'analyse complète sur les possibilités et les limites d'une intervention [...].

Question

[...] Est-ce que la réalité des missions des troupes de combat en Afghanistan demeure encore dissimulée ou du moins omise à l'opinion publique allemande ?

Expert Reiter

Cela a beaucoup changé. Jusqu'en 2008, il y avait cette image d'opération humanitaire. Depuis 2008 des tabous sont tombés tel le terme de guerre. Il est très facile en outre de s'informer sur la situation en Afghanistan. Nombre de rapports très réalistes de soldats sont disponibles. Des discussions et manifestations régulières sont menées et organisées. On parle désormais même de vétérans. Il existe des blogs sur l'Afghanistan, des séries criminelles évoquant l'opération, des films, des livres... Le problème est qu'en Occident l'opinion publique se désintéresse de ces thèmes, ou ne s'en préoccupe qu'en cas de pertes au sein de ses forces armées [...].

Question

La doctrine de contre-insurrection est-elle véritablement appliquée ? Selon Philipp Münch, le recours à des moyens et des méthodes de guerre conventionnelle prédominerait. Il y aurait un recours abusif aux blindés, alors même que ces derniers diminuent l'agilité, la rapidité et la capacité de surprise dans un relief tel qu'en Afghanistan, plus particulièrement dans le Nord du pays.

Expert Reiter

Cela a évolué. Depuis la mise en application de cette doctrine par les Américains, la *Bundeswehr* l'a assimilée tant bien que mal. Mais le terme reste tabou en Allemagne car il signifie la fin de l'intervention aux objectifs strictement humanitaires et de reconstruction. Par ailleurs étant donné qu'après 2014, nous ne prendrons plus part à des combats, cela constitue un thème révolu pour les gens [...].

Question

Au début des années 2000, l'Allemagne possédait déjà le concept de sécurité en réseau ainsi que celui de prévention de crise, qui comportent des aspects assez proches de ceux de la contre-insurrection, mise en part en ce qui concerne l'emploi de l'outil militaire. Lors de l'introduction de celle-ci en Afghanistan, y a-t-il eu une déclinaison allemande de cette doctrine ou une simple reprise de ce que les Américains appliquaient ?

Expert Reiter

La *Bundeswehr* a simplement repris ce que les Américains avaient développé. Il n'en demeure pas moins vrai que le concept ayant initié les *PRT* était déjà très proche de la doctrine de COIN[1]. [...] La *Bundeswehr* ne fut donc pas surprise par l'introduction de cette tactique. Néanmoins, dans la pratique elle a des difficultés à atteindre les objectifs de la COIN pour plusieurs raisons. La coordination de l'ensemble des diverses troupes qui composent l'*Isaf* en est une, troupes comportant aussi les forces afghanes [...]. Au sein de la *Bundeswehr* on s'est donc astreint à réfléchir sur la COIN, sans pour autant développer notre propre version de celle-ci.

Question :

Comment les troupes perçoivent-elles les débats qui se tiennent au *Bundestag* sur l'intervention ? Selon quelques analystes, la plupart des politiciens adopteraient des positions populistes et électoralistes lors de ces débats. Cela ne représente-t-il pas un danger de baisse de moral pour les troupes ?

Expert Reiter

La majorité des députés connaissent l'Afghanistan et la situation sécuritaire qui y règne à partir des journaux allemands. Ce n'est pas facile de devenir un expert de ce pays. [...] Certains députés le sont pourtant et sont reconnus comme tels. Ce sont des personnes ayant servi au sein de la *Bundeswehr* ou étant membre de la réserve. [...] Il est vrai que le stéréotype du député qui vient sur le théâtre d'opération durant une heure afin de rencontrer les soldats originaires de sa circonscription et qui repart immédiatement après pour l'Allemagne reste vivace [...].

---

[1] Contre-insurrection.

Question

Le concept de *PRT* et les actions civilo-militaires sont-ils un succès ? Pour beaucoup d'experts, il y aurait un déficit patent de coopération entre ministères.

Expert Reiter

Dans les faits, il existe d'importantes difficultés à coordonner les forces sur place. Il n'y a pas de direction centralisée et unique. Par conséquent des difficultés entre les ministères peuvent intervenir. Chacun a ses propres objectifs. Mais des changements ont eu lieu et continuent d'avoir lieu. En outre, cela dépend des individus en poste. [...] Actuellement les *PRT* sont commandées par un tandem, un civil du ministère des Affaires étrangères et un militaire, chacun ayant les mêmes pouvoirs. Bien sûr une meilleure coordination est nécessaire, mais vous devez également prendre en compte l'impact éventuel des relations humaines [...].

Question

Récemment le ministre de la défense, Thomas de Maizière, a estimé qu'à l'avenir la *Bundeswehr* prendrait probablement part à bien plus d'opérations se déroulant hors du territoire allemand. Quel est votre avis sur cet avenir éventuel de la *Bundeswehr* ? Est-ce crédible ? Estimez-vous que l'opinion publique allemande est prête à un tel scénario ?

Expert Reiter

Cela dépend. Selon l'opération, la définition et l'identification claire des objectifs, avec par exemple une mise en avant de l'intention de porter assistance à une population en danger, on peut éventuellement avoir un large soutien de l'opinion publique. [...] La crise libyenne a pâti du ressenti actuel concernant l'intervention en Afghanistan au sein de la population allemande. L'expérience afghane a en outre fortement influencé notre processus de décision. Désormais nous nous posons avec plus d'acuité les questions relatives aux buts à atteindre sur place, et aux belligérants. Or en Libye ces questions ne bénéficiaient pas forcément de réponses claires, en particulier en ce qui concerne les rebelles. [...] Du fait de l'expérience afghane, nous sommes désormais à la croisée des chemins. Nous pourrions développer une culture stratégique avec une définition précise de nos intérêts dans le monde, à l'instar de la France et du Royaume-Uni. Mais le scandale Köhler rend ce scénario peut crédible. Ce n'est pas la voie qui est empruntée pour l'heure. Nous pouvons sinon nous spécialiser et ne réaliser que des actions humanitaires : subventionner des projets, apporter une aide et un soutien lors de catastrophe, *etc*... Nous allons certainement d'après moi poursuivre une voie médiane, faite de fortes pressions occasionnelles de nos alliés et de progrès de notre côté, nous rapprochant peu à peu de la première possibilité que j'ai décrite. [...] L'Afghanistan restera en cela une véritable césure pour la *Bundeswehr* et notre culture de politique de défense [...].

Question

Existe-t-il des réflexions quant à un possible emploi de société de sécurité/militaire privée ? Officiellement une écrasante majorité des politiques et des experts allemands sont contre un tel emploi. Pourtant le gouvernement allemand a déjà eu recours à ces entreprises, en Afghanistan ou encore en République Démocratique du Congo, principalement à des firmes spécialisées en logistique mais aussi à des entreprises de sécurité.

Expert Reiter

D'après ce que je sais, il n'y a aucune réflexion approfondie menée sur cette question. Pour ma part j'estime que les moyens et capacités exécutives doivent rester entre les mains de l'État.

5) *Chercheur à l'Institut de sciences sociales de la Bundeswehr (Sozialwissenschaftliches Institut der Bundeswehr). 22 mars 2012.* ***M. Rüdiger Fiebig***

Question

Comment les citoyens allemands perçoivent l'évolution de la *Bundeswehr*, en tant qu'armée appelée à participer de plus en plus à des opérations extérieures, et ce, même si cela s'effectue sans que des intérêts allemands soient en jeu[1] ?

R. Fiebig

Fondamentalement, l'opinion publique a conscience du fait que la *Bundeswehr* est un instrument dont l'objectif est d'assurer la sécurité et la défense du pays, et qu'elle peut avoir à accomplir celui-ci également en étant déployée à l'étranger. [...] Ceci est aisé à observer si l'on prend l'opération Atalanta, qui jouie d'un fort soutien depuis plusieurs années. Il s'agit là d'une opération dont les objectifs sont clairement identifiables et aisés à justifier : la lutte contre la piraterie, la sécurisation des voies commerciales et la préservation des intérêts allemands. Ces trois éléments se lient parfaitement et forment un argumentaire cohérent aux yeux de l'opinion. Pour ce qui concerne l'opération en Afghanistan, l'approbation de l'opinion n'a cessé de diminuer ces dernières années. Le problème vient que l'on n'arrive plus à lier aisément l'opération et la défense des intérêts allemands, surtout au regard du nombre de tués allemands [...].

---

[1] Propos du ministre allemand de la Défense Thomas de Maizière.

Question

Pensez-vous toutefois qu'une opération pourrait bénéficier d'un soutien de l'opinion si d'aventure aucun intérêt allemand ne venait à être en jeu ?

R. Fiebig

A priori oui, mais d'autres considérations peuvent jouer un rôle : d'ordre humanitaire par exemple, lorsqu'il s'agit d'empêcher un génocide... il s'agit là de thèmes que l'opinion identifie très facilement et comprend. [...] Il doit simplement y avoir un lien identifiable. Cela est observable dans les enquêtes d'opinion réalisées, lorsque l'on demande aux personnes pour quelles raisons selon eux la *Bundeswehr* devrait intervenir à l'étranger. Parmi les réponses, différentes options d'intervention sont soumises à la critique et au jugement des sondés ainsi que diverses régions du monde. Or on observe que plus on s'éloigne de l'Allemagne, plus l'approbation à l'égard d'une éventuelle intervention se réduit progressivement [...].

Question

En Libye, avant que l'intervention n'en vienne à évoluer en "*Regime change*", il s'agissait très clairement d'une opération à objectif humanitaire, pouvant qui plus est se prévaloir du soutien des Nations Unies et de la Ligue arabe. Pourtant l'opinion allemande fut majoritairement contre. Comment expliquez-vous ce paradoxe ?

R. Fiebig

[...] Une part non négligeable de la réticence de l'opinion peut s'expliquer par le rôle actif que notre aviation aurait pu jouer en cas de participation à une intervention. De manière générale, plus une intervention comporte d'aspects militaires, plus le scepticisme à son encontre au sein de la population allemande va grandissant. [...] Rapidement, le gouvernement s'était positionné contre toute participation militaire, tout comme dans le passé lors des demandes de recours à des avions *Awacs*. Cette décision, un brin populiste, a eu pour corollaire d'exclure d'entrée diverses options envisageables. Pour en revenir à l'opinion publique, compte tenu de l'image des opérations en Afghanistan qui imprègne ses perceptions en la matière, elle s'est focalisée plus sur les aspects militaires d'une intervention en Libye que sur ceux d'ordre humanitaire. En outre, la volonté de savoir exactement avec quel camp nous nous engagions fut très présente en Allemagne. La prompte décision franco-britannique d'intervention fut une surprise considérable pour nous. Par ailleurs, côté allemand, nombreux se rappellent encore que lors de l'opération au Kosovo, les partisans de l'opération avaient promis qu'en trois semaines, tout serait réglé... Treize ans plus tard, nous y sommes encore. Pour l'opinion, savoir à l'avance quand les soldats rentreront, est devenu essentiel [...].

*6) Expert pour les politiques de défense au sein du groupe parlementaire du FDP au Bundestag, 21 mars 2012. **Source anonyme** dénommée "**expert Reinhold**"*[1]

Question

De nombreux articles et prises de position d'experts soulignent régulièrement la faiblesse des débats relatifs aux questions stratégiques dans les domaines de la défense et de la sécurité en Allemagne. Partagez-vous ces analyses ?

Expert Reinhold

Au vu des dernières mesures prises par le gouvernement en matière de défense (suspension de la conscription, élaboration de nouveaux principes directeurs de notre politique de défense), force est de constater l'intensité avec laquelle ces questions sont débattues. Toutefois ceci n'est vrai que dans des cercles restreints de la population. Dans l'ensemble de celle-ci, mais aussi de la classe politique, en général on se soucie plutôt des politiques intérieures, financières ou encore budgétaires [...] et bien moins de celles relatives à la sécurité ou aux Affaires étrangères. Par ailleurs il faut noter qu'à l'exception de *Die Linke*, un certain consensus se dégage au sein de la classe politique allemande sur ces thématiques, consensus où une forte culture de la retenue vis-à-vis du recours aux forces armées prévaut. Nous sommes très attachés à la recherche de compromis satisfaisant l'ensemble des parties en présence lors d'une crise, et récusons toute action pouvant être perçue telle une imposition des intérêts de certains au détriment de tiers. Il existe de nombreux exemples où de telles actions ont engendré à moyen/long terme une détérioration et non une amélioration de la situation initiale. En Allemagne, nous jouissons d'un intense et riche débat sur ces questions grâce aux experts des groupes parlementaires, du gouvernement, mais aussi aux chercheurs d'institutions telles que la *SWP* ou la *DGAP* [...].

Il s'agit là d'un point de vue très personnel, mais à bien regarder, l'Allemagne a toujours été très centrée sur l'Europe au cours de son histoire. C'était déjà le cas avec le saint empire romain germanique, qui était à travers sa composition et son fonctionnement focalisé sur sa politique intérieure et parfois au mieux sur des questions européennes. [...] Pour les États nations, le morcellement des pouvoirs en Allemagne était un avantage et a durablement empêché la formation d'une nation correspondante à l'ensemble des peuples vivant alors dans le saint empire romain germanique. Suite à l'instauration de l'empire allemand à la fin du XIXe siècle, deux guerres mondiales eurent lieu, qui ont conduit l'Allemagne et l'ensemble des belligérants à la catastrophe. Le traumatisme issu de ces expériences est la cause de l'absence de pensée stratégique globale au sein des cercles

[1] Il s'agit d'un nom d'emprunt, l'interlocuteur ayant souhaité garder son anonymat.

militaires en Allemagne et de l'élaboration d'une approche particulière de résolution des crises, qui diffère de celles de pays alliés et proches tels que la France et le Royaume-Uni [...].

Question

Dans le dernier Livre blanc de la défense ainsi que dans les principes directeurs de 2011, un recours aux forces armées afin de garantir des intérêts économiques était évoqué. De quels intérêts étaient-ils question ? Quelles régions du globe – et pas seulement d'un point de vue économique – devraient faire l'objet d'un suivi allemand attentif selon vous, compte tenu des intérêts allemands s'y trouvant et de l'éventuelle pertinence d'un recours à la *Bundeswehr du* fait du contexte sécuritaire de celle-ci ?

Expert Reinhold

Les réponses à vos questions sont dépendantes de notre vision stratégique fondamentalement différente de celle, à titre d'exemple de la France [...]. De part son histoire et en qualité d'ancienne puissance coloniale, la France se focalise sur d'autres thèmes et régions que nous : Afrique du Nord, Côte d'Ivoire... Le recours à un déploiement de forces armées sur un sol étranger est perçu différemment en Allemagne [...].

A priori, on peut aisément conclure que la Méditerranée, la mer Baltique ou encore le lien transatlantique constituent des régions et des sujets hautement stratégiques pour la République fédérale. La différence avec nos alliés est que d'entrée de jeu lors d'une crise, nous avons recours avant tout à des moyens d'ordre civil et à une analyse, où l'emploi de la force n'est abordée qu'en cas d'ultime recours [...]. La Seconde Guerre mondiale a démontré nettement en Allemagne que l'outil militaire se révélait incapable de défendre la population et que l'utilisation de celui-ci ne pouvait que conduire à l'échec [...]. Aujourd'hui l'Allemagne n'est qu'une puissance européenne moyenne. Or cette puissance est le résultat de notre potentiel économique et de notre influence diplomatique et politique, mais non de nos capacités militaires [...].

Concernant l'attitude allemande quant aux interventions, certains fustigent régulièrement la loi de participation parlementaire[1], celle-ci représentant pour eux un obstacle, responsable de ce manque d'allant de l'Allemagne pour les interventions militaires. Ceci est totalement infondé à mes yeux. Afin d'obtenir l'accord du parlement, vous n'avez qu'à disposer d'arguments solides et fondés, justifiant le recours aux forces armées. Cela signifie que vous devez démontrer l'échec de l'emploi de tous les moyens civils à votre disposition et présenter en cas de recours à la *Bundeswehr* une ébauche argumentée de stratégie de sortie des troupes. N'oubliez pas que la loi de 2005 permet sans difficulté de réunir le parlement en urgence si le

[1] *Das Parlamentsbeteiligungsgesetz.*

besoin s'en fait sentir. Les déclarations de membres du gouvernement mettant donc en accusation cette loi – responsables selon eux de la fébrilité allemande quant à la participation de la *Bundeswehr* à des opérations extérieures – sont donc sans fondement [...].

Ainsi que je l'ai mentionné, nous avons une approche et une conception différentes en ce qui concerne le recours à l'outil militaire. Par ailleurs, même en cas d'emploi de la *Bundeswehr*, certains aspects inhérents aux interventions militaires à l'étranger nous sont encore peu familiers. J'ai cependant le sentiment qu'une nette évolution a eu lieu depuis 2007, particulièrement suite aux combats et accrochages rudes en Afghanistan durant l'année 2009 [...].

J'ose espérer que l'expérience douloureuse de la crise libyenne – douloureuse pour l'ensemble des parties – aura servi de leçons à tous et qu'à l'avenir nous aurons entre alliés des consultations plus approfondies et une meilleure coordination [...]. Cet épisode pourrait constituer une opportunité et une chance, favorisant sur le moyen/long terme la rédaction commune d'un Livre blanc. Il pourrait s'agir par exemple d'établir et de répertorier les lieux où nos intérêts sont convergents et où nous pourrions donc compter les uns sur les autres sans restrictions ou presque. Une telle action permettrait de déterminer ainsi où et quand les groupements tactiques européens formeraient une option crédible. En outre, les discussions liées à un tel projet pourraient se tenir entre les parlements nationaux. Cela serait alors une avancée considérable en direction d'une politique européenne commune de défense.

Question

A posteriori et au vu des événements qui se sont déroulés depuis, quel jugement portez-vous sur la crise libyenne et la décision allemande de s'abstenir lors du vote au conseil de sécurité ?

Expert Reinhold

Selon moi, l'Allemagne disposait de doutes conséquents, justifiant pleinement sa décision. [...] Peu de temps avant la reconnaissance des rebelles par le président Nicolas Sarkozy, les rebelles étaient apparemment sur le point de remporter la victoire. Or, peu de temps après cette reconnaissance de la part du gouvernement français, les rebelles perdirent du terrain et les forces loyalistes prirent nettement l'avantage. Etant donné que votre président s'était fortement engagé auprès des rebelles, il annonça qu'une intervention militaire était nécessaire. L'éventualité d'un massacre en cas de prise de Benghazi fut alors utilisée comme principal argument moral, justifiant une intervention militaire instaurant une zone d'exclusion aérienne afin de protéger la population. Une intervention militaire très éloignée dans les discours d'alors d'une opération visant à changer de régime politique à

Tripoli... Or si le Colonel avait vaincu les rebelles, Monsieur Sarkozy se serait retrouvé dans une situation difficile [...].

Recourir à des arguments moraux lors de l'emploi des forces armées constitue une erreur et est par trop risqué selon moi. Par ailleurs la surinterprétation du mandat onusien pour la Libye qui eut lieu ultérieurement, a pour conséquence de disqualifier tout argument moral à l'avenir ainsi que de renvoyer dans l'ombre le mise en place de la responsabilité de protéger. Regardez la situation en Syrie : des milliers d'individus sont tués et il ne se passe rien car la Chine et la Russie compte tenu de l'expérience libyenne bloquent toute mesure, et encore plus toute résolution robuste du conseil de sécurité. Nous nous trouvons face à un dommage collatéral de l'opération en Libye [...].

Dans l'analyse de la pertinence d'une intervention militaire, de nombreux arguments ne relevant pas de la morale sont bien plus justes et valables que ceux issus de celle-ci, sans compter que leur non-prise en compte est généralement bien plus lourd de conséquence [...]. À l'époque nous avions et avons toujours en Allemagne de sérieux doutes quant aux rebelles. Sont-ils vraiment des victimes aux intentions démocratiques ? [...] L'évolution actuelle montre que cela est discutable : il n'est pas certain que les droits de l'homme et la démocratie sont capitals à leur yeux. Pour le moment nous sommes dans le flou [...]. Pour en venir sur l'abstention allemande au Conseil de sécurité, nous aurions pu voter pour cette résolution, mais tout aussitôt après on nous aurait demandé pourquoi nous ne prenions pas part à l'opération militaire. [...] Et cette question aurait été posée dès que les belligérants en seraient arrivés à l'épuisement de leur stock de munitions et à la limite de leurs capacités. [...] C'est ce que nous avons vécu lors d'Eufor Tchad. Du fait du besoin d'unanimité au sein du conseil de l'Union européenne, l'Allemagne avait voté pour cette opération tout en déclarant clairement ne pas souhaiter y participer. Cela fut au début accepté. Mais une fois que l'on s'aperçut qu'un soutien allemand serait plus que nécessaire, nous avons été durement critiqués pour notre absence de participation [...]. La question qui se pose, est donc de savoir si une abstention basée sur des doutes justifiés comporte plus de conséquence qu'un vote en faveur d'une intervention militaire, et ce alors même que vous annoncez l'absence de contribution de votre part à celle-ci [...]. Il est encore difficile de savoir si la décision prise lors de la crise libyenne fut bonne ou mauvaise. Nous en saurons plus dans cinq ans. Si la situation libyenne, en particulier la situation économique, ne s'améliore pas, nous risquons alors de voir naître un nouvel Afghanistan dans notre voisinage proche [...].

Question

Comment, à titre personnel, voyez-vous le rôle de l'Allemagne sur la scène internationale ? Comment évoluera, selon vous, la position allemande au sein du Conseil de sécurité, particulièrement suite à la crise libyenne ?

Certes on ne peut que constater une surinterprétation flagrante des objectifs de la résolution de la part de la coalition, toutefois il convient de ne pas oublier le soutien de la Ligue arabe à cette même résolution.

Expert Reinhold

Seul un pays arabe a vraiment participé à l'opération. [...] Nous sommes des experts en politique de sécurité, si vous commencez à vous laisser dicter entièrement par la morale et les droits de l'homme et que vous suivez une application élargie de la responsabilité de protéger, tentant ainsi de la faire respecter partout dans le monde, dans ce cas, bon courage ! Si tel est le cas, pourquoi la France n'intervient-elle pas dans d'autres régions du globe ? Dans les faits tant la France que l'Allemagne passent des contrats et des accords avec des gouvernements peu suspect de sympathie envers les valeurs et principes démocratiques. Les exemples de l'Arabie saoudite et du Bahreïn illustrent parfaitement cela. Le point sur lequel je souhaite attirer votre attention est celui du recours à des arguments de morale. Ceci ne devrait être effectué qu'avec une extrême prudence [...]. La morale étant tributaire de notre culture, elle peut différer selon les pays que vous prenez.

Pourquoi par exemple ne faites-vous rien contre les exactions russes en Tchétchénie ? [...] En Syrie nous ignorons pour le moment qui compose l'opposition. Les chrétiens de Syrie nous rapportent ainsi, qu'en cas de victoire rebelle ils craignent d'être l'objet de tueries. Comment pouvons-nous déterminer sans erreur qui sont les *Bad Guys* ? En Libye, d'anciens partisans de Kadhafi seraient torturés en prison selon certaines sources [...].

L'Afghanistan et l'Irak nous ont montré qu'il était sans espoir et erroné de vouloir transposer à travers une application du *Nation Building* nos modes de vie et cultures occidentales dans d'autres régions du monde [...].

Question

En France, il y a eu cette impression, qu'en cas de non intervention il y aurait plus de morts, étant donné les intentions du colonel Kadhafi. Inversement, du fait de la diversité religieuse dominante en Syrie, la majeure partie des experts internationaux estime qu'une intervention militaire engendrerait une plus grande instabilité et favoriserait le développement d'une guerre civile à l'image de celle qu'a connu le Liban.

Expert Reinhold

Mais en disant ceci vous justifiez une absence d'intervention militaire en vous servant d'arguments de *realpolitik*. Comprenez-moi bien : le fait de recourir à ceux-ci est parfaitement compréhensible et sensé. Mais vous ne pouvez pas d'un côté intervenir militairement dans un pays en invoquant des arguments moraux et ensuite prétendre que pour un autre pays malgré la pertinence d'arguments semblables, des raisons de *realpolitik* justifient une absence d'intervention. [...] On en arrive à une situation où celui qui a les moyens et les capacités nécessaires fait ce qu'il veut indépendamment du droit, en se servant de quelques arguments relevant de la morale. De quel droit alors dénoncez-vous l'attitude et les actions du gouvernement russe en Tchétchénie ou encore ceux de la Chine au Tibet ? [...] Il s'agit in fine de l'application du droit du plus fort. Or les implications de ce dernier droit sont évidemment extrêmement dangereux [...].

2. Interviews d'officiers d'état-major de l'Armée française, disposant d'une expertise certaine sur les forces armées allemandes, du fait des différentes fonctions qu'ils ont eues et ont encore.

1) *Officier d'état-major français. 29 février 2012.* ***Source anonyme*** *dénommée* "***officier Leroy***" [1]

En début d'entretien, L'officier Leroy souhaita mettre l'accent sur l'influence encore déterminante de la seconde Guerre mondiale et de la Guerre froide sur la classe politique allemande. Néanmoins il souligna par ailleurs l'arrivée d'une nouvelle génération de politiques tels que l'ancien ministre de la défense Karl-Theodor von und zu Guttenberg.

Question

Par rapport à ce point que vous venez de souligner, estimez-vous que des changements de mentalité et d'approche sont à prévoir au sein de la classe politique allemande ?

Officier Leroy

Oui, compte tenu de l'arrivée d'une génération de dirigeants décomplexés vis-à-vis du passé. Le référentiel issu de la seconde Guerre mondiale et de la Guerre froide sur lequel la *Bundeswehr* s'est bâtie, évolue peu à peu. Il faut sur ce sujet, que l'Allemagne mette en place un nouveau référentiel cohérent et complet sur lequel elle ferait reposer ses décisions politiques. Là, on n'y est pas encore. La réforme de la *Bundeswehr* est à mon avis un épiphénomène d'une profonde évolution sociétale, qui est en train de prendre pied en Allemagne depuis quelques années et qui va encore durer un bon moment avant d'atteindre une situation stable. [...] L'utilisation nouvelle du concept d'intérêt national illustre bien cette évolution. [...] Il y a quinze à vingt ans cela aurait été impossible. Il y a encore trois ans, sa simple évocation avait contribué grandement à la démission de l'ancien président Köhler. Aujourd'hui, il s'agit d'une thématique abordée avec beaucoup moins de complexes dans le débat public.

[1] Il s'agit d'un nom d'emprunt, l'interlocuteur ayant souhaité garder son anonymat.

Question

Estimez-vous crédibles les moyens financiers alloués, compte tenu des objectifs de la réforme ? Certains experts pointent un budget trop étriqué. La réforme est-elle réalisable ?

Officier Leroy

L'Allemagne est un pays qui se croit pauvre. [...] Quand on regarde la dette actuelle de l'Allemagne, on s'aperçoit qu'il s'agit d'une dette d'avenir, liée en grande partie à la réunification et donc à la remise à niveau de l'Est de l'Allemagne. Nous parlons donc d'une dette saine [...]. Le point intéressant est que ce modèle-là de *Bundeswehr* a été légitimé au départ à la fois à partir de la prise en compte de données géostratégiques et des contraintes financières. Or j'observe maintenant que l'on ne parle plus de ces dernières. J'observe que les huit milliards d'économies, imposées initialement à Monsieur zu Guttenberg, ont disparu des radars. [...] Par contre, on est en train de légitimer de plus en plus la taille de la *Bundeswehr* du fait de contraintes démographiques. C'est un discours que Monsieur de Maizière a initié il y a plus de six mois de cela. [...] Cela revient à expliquer, que ce n'est pas l'armée que l'on peut se payer, mais l'armée que l'on peut se permettre d'alimenter en termes de ressources humaines. Pour moi, si la contrainte économique existait au départ, elle existe de moins en moins désormais [...]. Il manque surtout à la nation allemande la réécriture d'un véritable Livre blanc qui définirait les objectifs politiques, déclinés ensuite en contrats opérationnels puis en maquettes d'armée. [...] Dans le cas présent, on a mis les modalités concourantes avant de réfléchir aux questions dans quels buts et pour quoi faire. [...] J'observe également que toutes ces questions de fond ne sont pas dans le débat public actuellement, mais qu'elles sont soulevées par Monsieur de Maizière, qui procède par petites touches avec des phrases, des idées, au fil d'une pédagogie de la répétition, définissant ainsi peu à peu un modèle général. C'est par exemple lorsqu'il dit que la prospérité crée la responsabilité. Cela signifie évidemment une responsabilité vis-à-vis de l'extérieur. Quand il parle de l'intérêt national ou qu'il efface la contrainte économique. Je pense qu'il a en tête un modèle global, mais qui pour l'instant n'est pas défini. Je crois que la vraie nécessité première serait que l'Allemagne réécrive un Livre blanc, peut-être d'ailleurs dans une dynamique commune avec la France, puisque nous allons nous y atteler à partir du second semestre 2012. [...] Là, nous adaptons encore en Allemagne un modèle du passé, qui était cohérent, avec le contexte géostratégique présent. Toutefois la mise en cohérence avec ce nouveau contexte géostratégique n'est pas encore faite [...].

Question

[...] Dans une récente déclaration, le ministre Thomas de Maizière a critiqué fortement l'état de "bonne à tout faire" dans lequel la *Bundeswehr* serait tombée dans le cadre des opérations extérieures. Ceci serait dû au manque de personnel civil à disposition de la part des autres ministères, principalement des ministères de la coopération et des Affaires étrangères, mais aussi au fait que pour les politiques, démontrer un fort engagement dans une région est plus facilement réalisable par l'envoi de forces armées que par celui d'experts civils, difficiles à motiver pour ces zones-là.

Officier Leroy

Les militaires ne doivent pas être la "bonne à tout faire" de l'action extérieure de l'Allemagne. Un grand responsable français a même posé publiquement la question : est-ce que la *Bundeswehr* veut être autre chose qu'une croix rouge renforcée ? Le débat est là. Il y a un débat entre ministères en Allemagne. J'observe que nous avons beaucoup de chance en France avec la qualité de notre travail interministériel, et nos organismes supraministériels qui existent et qui font travailler les ministères entre eux. Je pense au secrétariat général pour la défense et la sécurité nationale qui n'existe pas en Allemagne. Il y a cette logique du *Ressortprinzip* où chacun est responsable de son affaire. On a énormément de mal à travailler en interministériel alors que les sujets le sont de plus en plus pourtant. Je cite par exemple la cyberdéfense. Il se trouve que c'est le ministère de l'Intérieur qui s'est accaparé le sujet, mais bien évidemment il y a des responsabilités partout. Or les gens ne se parlent pas, ou alors qu'avec difficultés, surtout depuis que l'on a étendu la notion de défense à celle de sécurité, englobant du coup les responsabilités du ministère de l'Intérieur, du ministère du Budget, de la Défense et des Affaires étrangères. Il y a des gens qui doivent travailler ensemble sur cette politique, et en Allemagne c'est plus difficile qu'ailleurs [...].

Question

Les coopérations entre ministères seraient-elles donc sujettes à de réguliers disfonctionnements, voire inefficaces ? Le concept de sécurité en réseau est-il un échec ?

Officier Leroy

Non. Je pense qu'ils ont trouvé un bon nom, en fait une transposition nationale de la "*Global Approach*" [...] mais il lui reste encore à trouver un objectif et à avoir du corps, et ceci participe à cette capacité d'avoir un véritable Livre blanc. Pour ne rien vous cacher, quand la France a décidé de lancer l'écriture de son document préparatoire pour le futur Livre blanc vers octobre/novembre de l'année dernière, un questionnaire d'une quinzaine de questions a été envoyé à la partie anglaise et à la partie allemande pour leur demander *grosso modo* quelle était leur vision de l'état du monde dangereux. [...] Réponse éminemment interministérielle. Quand le questionnaire est arrivé en Allemagne, il a été transmis à la chancellerie. [...] Or immédiatement un manque de volonté à mettre la main dans le cambouis interministériel fut dévoilé. Le papier fut renvoyé à l'attaché de défense à Paris. Celui-ci le renvoya à la direction politique du ministère de la défense allemand, en demandant une réponse coordonnée interministérielle. Visiblement ce dernier ne souhaitait pas revivre l'expérience du dernier Livre blanc, où en fin de compte, de par les difficultés à faire travailler ensemble les différents ministères, c'était pratiquement la chancellerie qui avait écrit celui-ci [...].

Question

Selon vous, serait-il préférable et judicieux que la *Parlamentbeteiligungsgesetz* soit modifiée ?

Officier Leroy

C'est une décision qui appartient aux Allemands. Ceci dit, cela n'empêche pas de donner son avis. La *Bundeswehr* est une armée parlementaire et fière de l'être. Maintenant il faut prendre en compte les conséquences de cela. La meilleure illustration sort de la bouche du secrétaire d'État Monsieur Beemelmans lorsqu'on lui pose la question : quelle est la différence entre la France et l'Allemagne dans la prise de décision d'action militaire extérieure ? Sa réponse est simple : quatre semaines. Il faut quatre semaines, car il faut l'aval du *Bundestag* et un consensus entre les partis avant seulement de pouvoir commencer la planification des opérations. [...] Je pense qu'il serait intéressant que les politiques allemands revisitent les réelles contraintes de la Loi fondamentale et de la loi sur les opérations extérieures, parce qu'il y a peut-être déjà une interprétation trop extensive de la réalité de la contrainte. Après cela revient au parlement allemand de décider, mais il faut bien qu'il prenne en compte cette contrainte des quatre semaines. Nous ignorons de quoi l'avenir sera fait. Mais dans les bouleversements stratégiques que nous vivons aujourd'hui, on se rend compte que la notion d'événement abrupt est très présente. Le besoin de la rapidité de la réponse militaire est là. C'est la seule chose de sûr : on ne sait pas de quoi l'avenir sera fait, mais les décisions doivent pouvoir être prises rapidement. Est-ce que l'Allemagne accepte d'affronter l'avenir avec ces quatre semaines de retard ? C'est au peuple allemand d'y répondre [...].

Question

[...] C'est dit de manière très abrupte mais les Allemands ne donnent-ils pas l'impression de devoir régulièrement rattraper leurs erreurs ? Suite à son abstention au conseil de sécurité lors du vote portant sur la résolution 1973, l'Allemagne a finalement décidé d'envoyer des *Awacs* en Afghanistan et ce alors même que quelques semaines plus tôt elle les rappelait.

Officier Leroy

Oui mais je pense que les Allemands sont à un stade, où ils se rendent compte que cela ne peut plus durer comme cela. [...] Il faut repenser la pensée stratégique allemande. [...] Il y a vraiment cette volonté de répondre à la question : Allemagne, que veux-tu être ? Veux-tu être une immense Suisse ? Et l'action dans ce domaine de Monsieur de Maizière va dans le bon sens. [...] L'Allemagne est sur le point de tourner une page de son histoire [...]. Elle est sur le point de guérir d'une forme de syndrome de Peter Pan, "la Nation qui ne voulait pas grandir".

Question

Estimez-vous qu'il y a un manque de débat public en Allemagne sur les questions stratégiques et sécurité ?

Officier Leroy

Oui bien sûr [...]. La *Bundeswehr* est une bonne armée. Donc le problème est vraiment entre l'opinion publique et la classe politique allemande. Il faut que le débat soit mis sur la table et que l'Allemagne repense sa position stratégique dans ce monde dangereux. [...] Je pense que jusqu'aux chocs des citernes de Kunduz et de la Libye, l'opinion publique et la classe politique n'avaient pas compris que l'on avait changé de monde. Depuis ces événements, une réflexion a enfin débuté. Je suis donc optimiste en ce qui concerne l'avenir.

2) *Officier d'état-major français. 20 mars 2012.* ***Source anonyme*** *dénommée "****Officier Nguyen****"*[1]

Question

Le soldat allemand en opération coûte-t-il plus cher que ses homologues français ou anglais ? Selon des rapports, non seulement il coûte plus cher mais le nombre de personnes le soutenant serait de trente à quarante individus, alors qu'en comparaison un combattant français n'est soutenu que par une dizaine de personnes.

Officier Nguyen

Non. Je ne peux cependant raisonner que par expériences personnelles [...]. Honnêtement je ne crois pas cette assertion. On est à peu près équivalent. [...] Si on voudrait faire une comparaison, à partir de ce que j'ai vu, entre le soldat allemand et le soldat français, on n'a pas de différence en matière de soutien. Je ne vois pas où il y aurait plus de personnel de soutien côté allemand [...]. Qui plus est se pose la question de la manière de compter. Qu'inclut-on dans le décompte ? En termes de logistique, on fait

[1] Il s'agit d'un nom d'emprunt, l'interlocuteur ayant souhaité garder son anonymat.

pratiquement la même chose. Pour ce qui est de la santé aussi [...]. Je n'ai pas de chiffre mais je ne vois pas pourquoi le soldat allemand coûterait plus cher. [...] C'est la première fois que j'entends cela. [...] Après cela dépend de ce que l'on comptabilise dans les coûts d'une opération. [...] En outre, en termes de volume engagé, on est actuellement équivalent. On engage de notre côté 7 500 hommes sur les théâtres d'opération. Actuellement ils en ont 7 200 [...].

Question

[...] Les hommes ne souffrent-ils pas également d'un manque de pragmatisme et parallèlement d'un dogmatisme concernant l'application absolue du règlement ?

Officier Nguyen

Oui. C'est extrêmement rigide. Mais l'Allemand a besoin de règles. S'il les a, il est content et s'il n'en a pas, il en veut [...]. C'est presque génétique. Et des fois cela dérive complètement à l'excès. [...] Cela nous arrive aussi d'avoir nos propres limitations parfois aussi un peu absurdes. Mais en ce qui les concerne eux, cela va un petit peu plus loin [...].

Question

[...] Politiquement, pensez-vous que dans les mois à venir les Allemands participeront à des opérations en Afrique du Nord (au Sahel, en Libye) voire en Syrie ?

Officier Nguyen

On peut dire tout et son contraire mais on peut observer que la grande prudence sur la Libye a provoqué de forts débats au sein de la classe politique allemande. Et le ministre allemand de la défense pose de très bonnes questions. Il les pose au peuple allemand. On peut les résumer ainsi : Allemagne, que veux-tu faire de ta puissance ? Que veux-tu faire de ton armée ? Et le ministre le fait avec une rhétorique extrêmement logique. Nous sommes une grande puissance économique, nous dépendons du commerce extérieur, nous avons besoin de posséder un accès à des ressources, de jouir de la liberté de circulation. Il en tire tout un schéma logique. [...] Je pense que leur absence en Libye restera dans le futur plus l'exception que la règle. À l'avenir [...], ils ne seront pas absents, j'en suis convaincu. Ils ne seront jamais absents. Après ils raisonnent avec leur logique, et la forme de leur engagement en découlera. Ainsi au Liban, ils participent à *UNIFIL* mais en ne prenant en charge que la partie maritime. En Afghanistan ils sont dans le *RC North* et non à l'Est ou au Sud. [...] Ils prendront toujours part aux opérations, mais sous la forme la plus maligne et adaptée pour eux. Ils seront toujours présents à une place adaptée et intelligente [...].

Question

[…] Certes mais côté français par exemple, on sait plus ou moins d'avance où l'on risque d'intervenir. Le Livre blanc de 2008 avait identifié l'arc de crise, or que cela soit à travers Atalanta, la guerre en Libye ou encore les tensions actuelles au Moyen-Orient, l'analyse du Livre blanc a été confortée.

Officier Nguyen

Nous, nous avons une conscience et une logique universelles et mondiales […] et cela se traduit matériellement par notre présence sur toutes les mers du globe par des points d'appuis ou par des territoires de souveraineté française […]. Eux, d'une certaine manière, ils découvrent qu'ils sont une grande puissance et qu'ils seront obligés de participer. Et c'est tout le cœur du débat que pose le ministre de la défense. C'est un gros enjeu pour eux effectivement de définir leurs intérêts. Mais ceci dit, ils sont capables d'avancées inimaginables. Le service national qui était sacré, a disparu et on n'en parle plus. Les forces spéciales ne sont pas remises en cause alors que pendant longtemps elles étaient un sujet tabou. L'intervention au large des côtes d'Israël est une autre illustration de ces pas considérables qu'ils peuvent accomplir […]. Il y a des tas de pseudo tabou, qui en fait ne le sont pas et sautent peu à peu. […] Toutes ces avancées se font. Il y en a bien plus que l'on imagine parce qu'on ne les perçoit pas toujours quand elles se font et il y en aura d'autres. […] Rappelez-vous que l'Allemagne est un pays continental, n'ayant pas de DOM-TOM. […] Ce qui va les pousser en avant, c'est leur statut de leader européen et leur impératif de liberté de commerce international […].

Question

Comment jugez-vous l'application de la COIN par la *Bundeswehr* ? Les soldats ne sont-ils pas trop surprotégés au détriment de l'efficacité de cette doctrine, tel que le Lieutenant-colonel Galula l'a pensée ?

Officier Nguyen

À mon avis, tout cela […] c'est du vent. Il s'agit juste de faire croire que l'on fait de la COIN mais dans les faits on en est loin. […] Tout ce qui se passe, c'est des créations de postes avancés avec parfois cette idée de créer des liens avec les autochtones, ce qui au mieux se traduit par une *choura* et une école construite. Quant à l'aspect dur de la COIN, à savoir la traque et la destruction de l'ennemi, il se résume à l'arrestation des quelques quidams dans le meilleur des cas. […] Dans tous les reportages, on entend des échanges de tirs, des bombardements, mais *quid* du bilan ? […] Au moindre truc, où l'on est pris à partie, on riposte. Côté américain, on riposte à tout. […] Au final on annonce qu'il y a eu trois personnes abattues. Effectivement il y en a lorsque certains tentent de progresser à travers les montagnes de nuits. Ceux-là sont abattus au moyen des hélicoptères. Mais qui fait vraiment le bilan ? En fait ce sont les forces spéciales américaines qui font de la liquidation ciblée [...], qui parfois dérapent. [...] Mais globalement, c'est ainsi qu'ils font leur bilan et qu'ils ont nettoyé. Et ils ont nettoyé pas mal. [...] Pour en revenir aux Allemands, de toute manière toutes les forces armées classiques, elles ronronnent dans leur *FOB*[1]. C'est ça la vérité. Il y a tellement de gens qui sont autour du combattant que du coup, des combattants, il n'y en a pas beaucoup. [...] Et on ne les envoie pas comme les commandos de chasse en Algérie. Ils ne partent pas de nuit, faire de la traque et éliminer l'autre. On cherche toujours la comparaison avec l'Algérie et l'Indochine. Mais on n'y est pas du tout.

Question

En somme, il n'y a pas d'application des principes de Galula ?

Officier Nguyen

On en parle beaucoup. Mais cela reste des paroles. [...] Les Américains ont traduit ceci à leur manière avec leur triptyque sécurité, gouvernance et développement. Or que remarque-t-on ? Question sécurité, c'est plutôt positif. Aucun poste allié n'est tombé depuis dix ans. L'insurrection est dérisoire [...], il n'y a pas d'armée talibane. Ce ne sont que des sommes de luttes locales de pouvoir qui se traduisent par des petits coups d'épingles à droite et à gauche, auxquelles on peut rajouter quelques affaires d'*IED*[2] dues à des trafics. S'agissant du développement, [...] cela a beaucoup progressé, notamment les routes et les écoles, ou encore l'électricité [...]. C'est la gouvernance qui est un énorme échec et les Américains le reconnaissent. [...] C'est là où on n'y arrive pas. Et la vraie faiblesse de l'action occidentale, elle est là. [...] La solution aurait été de doubler les postes des civils afghans de la même manière que nous l'avons fait pour les militaires en charge d'un commandement, c'est-à-dire faire du *Mentoring* administratif. Mais personne n'a été envoyé là-dedans pour de nombreuses raisons. [...] Pour en revenir derechef sur la *Bundeswehr*, ils ne font pas de traque [...].

Question

Ne faudrait-il pas former des officiers de telle manière qu'ils connaissent suffisamment le pays, sa culture, voire sa langue et ne faudrait-il pas les laisser en opération durant quelques années – deux à quatre ans – ainsi que le général Reginald Wingate le recommandait à la fin du XIXe siècle ? Y a-t-il des réflexions sur le sujet ?

---

1 *Forward Operating Base.*
2 *Improvised Explosive Device.*

Officier Nguyen

Certainement. Moi je suis convaincu que cela manque. Mais cela manque pour les Allemands, comme pour les autres. Il y a des tentatives [...] notamment américaines à travers leurs *Travel and Engagement Teams*. Ce sont des gens qui ont vocation dans une zone définie, à comprendre et à connaître les enjeux, les rapports de force tribaux, ethniques, *etc* [...]. J'ai pu en croiser et cela ne me semblait pas négatif. De toute façon, c'est la bonne piste, de même que nos SAS en Algérie. Encore une fois, cela revient à travailler sur les trois axes, sécurité, gouvernance et développement. Ceci est un fondamental complètement valable et qui mérite d'être suivi. Mais en pratique, dans la réalité, on ne l'a pas, car effectivement cela suppose de s'investir dans la langue et cela est long. Il faut des gens particuliers. Cela suppose de rester longtemps. Qui va rester longtemps ? [...] Les motivations d'un soldat allemand ne sont pas particulièrement de se rendre en Afghanistan. [...] De toute manière, six mois, c'est sûr, ce n'est pas suffisant. Mais actuellement, je ne nous vois pas dans les armées occidentales prolonger au-delà de ces six mois. Et du fait des pressions des familles que l'on aurait et des répercussions que cela aurait pour les politiques je doute que l'on soit capable de ceci. [...] Après on a ce type de gars avec les attachés défense. Cela signifie toutefois un investissement lourd et il faut que la personne ait le goût du pays. C'est difficile [...]. Mais cela ne peut marcher qu'ainsi si l'on veut véritablement avoir des résultats. C'est-à-dire à travers une compréhension des pays dans lesquels on se trouve. Mais on butte sur l'investissement en temps que cela sous-entend et sur la séparation longue que cela oblige à vivre avec ses proches. Et puis qu'en faire après de ces gens ? À une époque on a formé de nombreux officiers spécialistes de l'ex-Tchécoslovaquie ou encore sur la Serbie et la Croatie. Qu'en fait-on désormais ? On a essayé avec le Dari mais après 2014, à quoi cela pourrait-il servir ? C'est donc véritablement un investissement lourd. Est-ce que l'on est prêt à le faire ? Je ne sais pas. En tout cas, cela apporterait beaucoup. Quant à la *Bundeswehr*, sur un tel sujet, vous n'avez rien [...].

Question

Avez-vous entendu beaucoup de récits de lapidation auxquelles des patrouilles auraient assisté sans rien faire en Afghanistan ?

Officier Nguyen

Non. Aucun. À mon avis ce sont des faits extrêmement rares. Déjà, en ce qui concerne des patrouilles allemandes à pieds on en a très peu ; qui se déplacent de leur camps jusqu'au village voisin encore moins [...].

Question

[…] Avez-vous eu des informations sur la coopération navale entre l'Afrique du Sud et l'Allemagne et savez-vous s'il y a des projets de coopération relatifs à la sécurité dans le golfe d'Aden, compte tenu de la piraterie qui y sévit ?

Officier Nguyen

Oui, cela leur sert de champ de tir. Ils font souvent des exercices communs. Récemment la frégate Lübeck au lieu de remonter le canal de Suez, a fait voile plein Sud, afin de participer à des exercices en coopération avec la marine sud-africaine. Après, en ce qui concerne une coopération entre eux dans le golfe d'Aden, je pense que cela ne les embêterait pas. La marine se débrouille plutôt bien actuellement. Tout le monde intègre assez rapidement que la liberté de commerce a son importance. Cela favorise la marine […]. Quelque part les engagements marins, c'est moins sale. On est sur son propre bateau et non à terre. Ce que l'Allemagne fait au sein de la FINUL. […] Cela permet de revenir à la question : Allemagne, que veux-tu faire de ta marine ? Et à partir d'une réponse, il faut traduire celle-ci en capacités : de commandement et de projection. Mais là, la traduction n'y est pas encore, notamment avec leur petite marine […]. Je pense que la marine allemande a un boulevard devant elle mais ce dernier n'est pas encore traduit. Une autre question à se poser pour eux, est *quid* des points d'appuis ?

Question

[…] Bien que la *Bundeswehr* ne travaille pas officiellement avec elles, certains de ses prestataires confient leur sécurité à des sociétés de sécurité/militaire privée, comme en Afghanistan. Existe-il des réflexions quant aux coopérations indirectes actuelles et possibles entre ces firmes et la *Bundeswehr* ?

Officier Nguyen

[…] Les interactions entre les deux sont rares. Mais il n'y aura aucune réflexion pour condamner cela. C'est une de leurs faiblesses. Il n'y a pas de boîte à idée, s'attardant sur les questions de long terme dans la *Bundeswehr*, parce qu'ils ne s'en sentent pas le mandat ou le droit. […] Ils n'ont pas été mandatés pour cela. Ils suivent donc simplement les règles existantes […]. L'Allemand a besoin de règles, sans cela il est perdu. […] Les qualités de ce système, c'est que cela engendre une machine extrêmement bien huilée. L'inconvénient est le manque d'imagination et de vision […].

Question

[…] Comment est perçue actuellement et suite à l'affaire libyenne la fiabilité allemande par les alliés de celle-ci ?

Officier Nguyen

Les Allemands ont été plus gênés que les autres […]. Ils se sont dit : on avait à peine réussi à sortir de nos oripeaux de la Guerre froide […] et réussi à montrer que nous aussi on est capable d'y aller, que là on vient de se tirer une balle dans le pied tout seul. Ceci alors même que les autres nations telles que la France ou le Royaume-Uni auraient espéré mieux, mais sans plus. Car en fait, on n'a pas été tellement surpris. On savait que l'on pouvait s'y attendre. On sait aussi que l'on peut s'attendre à d'autres choses plus tardivement. Il n'y a pas eu de dégradation du climat. Je pense qu'ils ont eu plus honte de leur attitude, que nous nous ne les avons montrés du doigt. Ce n'était pas un bon signe mais je le vois positivement néanmoins car ils ont perçu qu'ils n'avaient pas été bons. […] Cela n'a pas du tout était considéré comme quelque chose de glorieux en interne. […] Cela me fait dire que si un cas similaire venait à se produire, je doute fortement qu'ils restent sur le côté […].

SOURCES

Documents issus d'organes officiels

Ministère fédéral de l'Économie et de la Technologie, *Rohstoffsstrategie der Bundesregierung, Sicherung einer nachhaltigen Rohstoffversorgung Deutschlands mit nicht-energetischen mineralischen Rohstoffen*, 2010, 27 p.

Ministère fédéral de la Défense, *Livre blanc sur la politique de sécurité de l'Allemagne et sur l'avenir de la Bundeswehr. Résumé*, 2006, 12 p.

http://merln.ndu.edu/whitepapers/Germany2006_Livre_blanc_Resume.pdf

10 Jahre Einsatzführungskommando der Bundeswehr, Bonn, Report-Verl, 2011, 120 p.

Bundesministerium für Verteidigung, *Die Stationierung der Bundeswehr in Deutschland,* octobre 2011, 138 p.

Bundesministerium für Verteidigung, *Dresdner Erlass*, 21 mars 2012.

Ministère fédéral de la Défense, *Les principes directeurs de la politique de défense*, 2011, 20 p.

« Bericht des Generalinspekteurs der Bundeswehr zum Prüfauftrag aus der Kabinettsklausur vom 7. Juni 2010 », 63 p.

Rapport de la commission Weise sur la *Bundeswehr*, "Vom Einsatz her denken konzentration, Flexibilität, Effizienz", octobre 2010, 112 p.

Deutscher Bundestag, *Jahresbericht 2011 des Wehrbeauftragten,* 24 janvier 2012, 80 p.

Revues militaires allemandes

BRIEDIGKEIT Jörg, "Aus erster Hand", *Aktuell. Zeitung für die Bundeswehr,* N° 37/2009, p. 1.

MEYER Berthold, « Vom Ende her denken. Bundeswehrreform und Parteiendemokratie", *Aus Politik und Zeitgeschichte*, n°48/2011, pp. 16-23

PAUL Michael, "Zivil-militärische Interaktion im Auslandseinsatz", *Aus Politik und Zeitgeschichte,* N°48/2009, pp. 29-35.

Aus Politik und Zeitgeschichte, n°48, 2011.

JUETTNER Björn, "Kämpfen in Kunduz", *Y - Das Magazin der Bundeswehr*, 12 avril 2010

Y – Das Magazin der Bundeswehr, n°6/2009, Ministère fédéral de la Défense, p. 49.

BUCH Detlef, "Sinkende Zustimmung der Deutschen zum Afghanistaneinsatz, eine authentische Medienstrategie als Schlüssel zum Erfolg", *Europäische Sicherheit : Politik, Streitkräfte, Wirtschaft, Technik*, N°9/2010, pp. 73-75.

CLEMENT Rolf, "Nur mit einem politischen Konzept machen Auslandseinsätze Sinn : der politische Rahmen fehlt", *Europäische Sicherheit : Politik, Streitkräfte, Wirtschaft, Technik, n°11/2001, pp. 36-37.*

FREITAG Hartmut, "EUFOR-Einsatz in der Demokratischen Republik Kongo", *Europäische Sicherheit : Politik, Streitkräfte, Wirtschaft, Technik*, n°4/ 2007, pp. 65-67.

GUTTENBERG Karl-Theodor zu, "Für eine neue Bundeswehr : einsatzorientiert und zukunftsfähig", *Europäische Sicherheit : Politik, Streitkräfte, Wirtschaft, Technik*, N°1/2011, pp. 16-22.

KRUSSE Josef, RESCHKE Jörg, "Der Vertrag von Lissabon und die Europäische Rüstungsindustrie", *Europäische Sicherheit : Politik, Streitkräfte, Wirtschaft, Technik*, n°7/2010, pp. 14-16.

PUHL Detlef, "Europa im Abstieg ?", *Europäische Sicherheit : Politik, Streitkräfte, Wirtschaft, Technik*, n°4/2011, pp. 20-21.

SCHLUETER Rolf, "EUFOR - der deutsche Beitrag im elften Jahr nach Dayton", *Europäische Sicherheit : Politik, Streitkräfte, Wirtschaft, Technik*, n°6/2006, pp. 79-81.

LIEBETANZ Klaus, "Was will Deutschland am Hindukusch ?", *Gemeinschaft Katholischer Soldaten*, n°277, 2010, pp. 14-16.

FELDMEYER Karl, "Die neue Bundeswehr Von der Verteidigungs- zur Interventionsarmee", *Internationale Politik* , n°6, Juni 2005, pp. 68-75.

SINJEN Svenja, PUGLIERIN Jana, "Sparen als Staatsräson. Zur Debatte über die Bundeswehrreform", *Internationale Politik*, janvier/ février 2011, pp. 56-61.

SELIGER Marco, "Gebt uns noch fünf Jahre", *Loyal – Magazin für Sicherheitspolitik*, n°3/2010, Association des réservistes de la *Bundeswehr*, pp. 7-14.

SELIGER Marco, "Der Gegner befindet sich in der Defensive. Interview mit Generalmajor Hans-Werner Fritz », *Loyal – Magazin für Sicherheitspolitik*, n°3/2011, Association des réservistes de la *Bundeswehr*, pp. 36-37.

SELIGER Marco, "Operation Jadid", *Loyal – Magazin für Sicherheitspolitik*, n°3/2011, Association des réservistes de la *Bundeswehr*, pp. 26-35.

ABI NASR Boutros, "Seeblockade beenden und dem Libanon helfen: Deutsche Marine vor Libanons Küste », *Marine-Forum. Zeitschrift für maritime Fragen*, n°9/2009, pp. 9-10.

SCHNEIDER Karsten, "Die See als Basis für streitkräftegemeinsame Operationen : 48. Historisch-Taktische Tagung der Flotte 2008 "Vom Rand in den Fokus" - ausgewählte Fähigkeiten der Flotte zur maritimen

Auftragserfüllung der Bundeswehr", *Marine-Forum : Zeitschrift für maritime Fragen,* N°4/2008, pp. 3-8.

STOCKFISCH Dieter, "Deutschlands Sicherheit maritime Aspekte globaler Sicherheitspolitik", *Strategie und Technik* : *Streitkräfte, Rüstung, Sicherheit,* n°3/2011, pp. 42-45.

MUENCH Philipp, "Counterinsurgency in der Bundeswehr : Konzeption, Interpretation und Praxis", *S+F Sicherheit und Frieden,* n°4/2010, pp. 211-216.

WILLMANN Anton, "Mission EUFOR "ALTHEA" : Beginn der Transformation", *Truppendienst Bundesheer : Ausbildung, Führung, Einsatz*, n°4/2007, pp. 350-352.

SCHUBERT Volker, « Die Neuausrichtung der Bundeswehr », *Wehrtechnick*, n°3/2011, pp. 18-19.

KATSIOULIS Christos, "Die deutsche Außen- und Sicherheitspolitik nach der Intervention in Libyen", *Zeitschrift : Internationale Politik und Gesellschaft*, n°4/2011, pp. 27-44.

Revues francophones

De WECK Hervé, « La politique de défense allemande », *Revue Militaire Suisse*, juillet 2007.
http://www.revuemilitairesuisse.ch/node/272

DAKOWSKA Dorota, « Des acteurs partisans dans la politique étrangère : Les fondations politiques allemandes », *La revue internationale et stratégique*, n° 55, automne 2004.

HOEFFLER Catherine, « Les réformes des systèmes d'acquisition d'armement en France et en Allemagne : un retour paradoxal des militaires ? », *Revue internationale de politique comparée,* n° 1, 2008, volume 15, p. 133-150.

KATSIOULIS Christos, MUELLER-HENNING Marius, « La politique allemande de défense à la croisée des chemins. Une transformation structurelle de dimension européenne ? », *Diplomatie*, n°49, 2011, pp. 43-48.

« Le rééquilibrage de l'armée de terre allemande », *Doctrine*, numéro spécial, mai 2008.

MANFRASS-SIRJACQUES Françoise, « Le Livre blanc allemand 2006 : une absence de vision d'avenir », *Défense & Stratégie*, n°21/2007, Observatoire européen de la sécurité, pp. 9-14.

MARGUIN Jean, « La privatisation des forces armées : une évolution inéluctable ? », *L'armement*, n°69, mars 2000, pp. 144-150.

MARTENS Stephan, « "Allemagne puissance » – mythe et réalité", *Allemagne d'Aujourd'hui*, n°192, avril-juin 2010, pp. 84-104.

VAILLANT Jérôme, « De l'abstention de l'Allemagne sur la Libye au conseil de sécurité de l'ONU. Entre recherche de l'autonomie de décision et solidarité internationale », *Allemagne d'aujourd'hui,* n°196, avril-juin 2011, pp. 3-6.

PAJON Christophe, STÖBER Jan, « L'économisation de la Bundeswehr : de la modernisation à l'externalisation, en passant par la privatisation ? », *Sécurité globale*, n°8 2009, éditions Choiseul, pp. 99-113.

Presse allemande

Der Tagesspiegel

BIMBAUM Robert, "Bundeswehr; Not am Mann », *Der Tagesspiegel*, 17 mars 2010.

http://www.tagesspiegel.de/politik/deutschland/wehrbeauftragter-bundeswehr-not-am-mann/1720320.html

Süddeutschzeitung

BLECHSCHMIDT Peter, "Private Krieger", *Süddeutsche Zeitung,* 25 juin 2010.

http://www.sueddeutsche.de/politik/deutsche-soeldner-fuer-somalia-private-krieger-1.948842

Außenansicht von General a. D. Naumann, « Ich schäme mich für die Haltung meines Landes », *Süddeutsche Zeitung*, 20 mars 2011.

http://www.sueddeutsche.de/politik/krieg-in-libyen-deutsche-position-ich-schaeme-mich-fuer-die-haltung-meines-landes-1.1074606

FISCHER Joschka, « Deutsche Außenpolitik - eine Farce", *Süddeutsche Zeitung*, 24 mars 2011.

http://www.sueddeutsche.de/politik/streitfall-libyen-einsatz-deutsche-aussenpolitik-eine-farce-1.1075362

DPA, « Bruchlandung für Drohnen-Projekt Euro Hawk », *Süddeutsche Zeitung*, 15 mai 2013.

http://www.sueddeutsche.de/politik/verteidigung-bruchlandung-fuer-drohnen-projekt-euro-hawk-1.1672780

Die Zeit

BITTNER Jochen, « Die Uhr läuft gegen uns », *Die Zeit*, 7 mars 2010. http://www.zeit.de/2010/10/Interview-Ramms/komplettansicht

BLASBERG Anita, WILLEKE Stefan, « Das Kundus-Syndrom », *Die Zeit,* 8 mars 2010.

http://www.zeit.de/2010/10/DOS-Kundus

GASCHKE Susanne, "Armee der Unverstandenen", *Die Zeit*, 4 mars 2010.

http://www.zeit.de/2010/10/Bundeswehr/komplettansicht

GRILL Bartholomaeus, « Sollen deutsche Soldaten in den Kongo ? », *Die Zeit*, 30 mars 2006.

http://www.zeit.de/2006/14/Sollen_deutsche_Soldaten_in_den_Kongo

HORELD Markus, "Westerwelle verhöhnt das libysche Volk", *Die Zeit*, 23 août 2011.
http://www.zeit.de/politik/deutschland/2011-08/westerwelle-libyen

Focus
DPA, « Polizeigewerkschaft kritisiert Afghanistan-Einsatz », *Focus*, 25 avril 2010.
http://www.focus.de/politik/deutschland/konflikte-polizeigewerkschaft-kritisiert-afghanistan-einsatz_aid_501961.html
DPA, « Soldaten für breite Debatte über Afghanistan-Einsatz », *Focus*, 23 décembre 2010.
http://www.focus.de/politik/deutschland/konflikte-soldaten-fuer-breite-debatte-ueber-afghanistan-einsatz_aid_584312.html

Das Parlament
BACKHAUS-MAUL Holger, NAHRLICH Stefan, SPETH Rudolf, "Der diskrete Charme des neuen Bundesfreiwilligendienstes", *Das Parlament*, 28 novembre 2011,
http://www.das-parlament.de/2011/48/Beilage/007.html
APT Wenke, "Herausforderungen für die Personalgewinnung der Bundeswehr", *Das Parlament*, 28 novembre 2011
http://www.das-parlament.de/2011/48/Beilage/004.html

Der Spiegel
AFP, « De Maizière will mehr Soldaten aus Süddeutschland », *Der Spiegel*, 27 mai 2012.
http://www.spiegel.de/politik/deutschland/de-maiziere-will-mehr-soldaten-aus-sueddeutschland-a-835473.html
BESTE Ralf, SCHWENNICKE Christoph, « Der listige Spieß », *Der Spiegel*, 23 mai 2011.
http://www.spiegel.de/spiegel/print/d-78602541.html
BESTE Ralf, DEMMER Ulrike, *et al.*, « Ein Deutscher Krieg », *Der Spiegel*, n°36, 5 septembre 2011, pp. 75-98.
BOELL Heinrich, « Guttenberg hält Bezeichnung, "Krieg" für Treffend », *Der Spiegel*, 15 novembre 2009.
http://www.spiegel.de/politik/deutschland/afghanistan-einsatz-guttenberg-haelt-bezeichnung-krieg-fuer-treffend-a-661429.html
DPA, « Bundeswehr will auch Ausländer aufnehmen », *Der Spiegel*, 12 février 2011.
http://www.spiegel.de/politik/deutschland/0,1518,745230,00.html
DPA, « Stell dir vor, es ist Krieg, und du musst hin », *Der Spiegel*, 12 juin 2011.
http://www.spiegel.de/karriere/berufsstart/0,1518,767777,00.html

DPA, « Opposition wirft Merkel schwere Fehler vor », *Der Spiegel*, 11 août 2011.

http://www.spiegel.de/politik/deutschland/kunduz-bericht-opposition-wirft-merkel-schwere-fehler-vor-a-779714.html

ERDMANN Lisa, « De Maizière will für Reform Milliarden springen lassen », *Der Spiegel*, 18 octobre 2011.

http://www.spiegel.de/politik/deutschland/0,1518,792568,00.html

FISCHER Joschka, « Ein einziges Debakel », *Der Spiegel*, 29 août 2011.

http://www.spiegel.de/spiegel/a-782871.html

FISCHER Sebastian, « De Maizière schrumpft die Armee », *Der Spiegel*, 18 mai 2011.

http://www.spiegel.de/politik/deutschland/0,1518,763273,00.html

GEBAUER Matthias, « Nato drängt zur Offensive gegen Taliban », *Der Spiegel*, 19 novembre 2010.

http://www.spiegel.de/politik/ausland/0,1518,730170,00.html

GEBAUER Matthias, « Augen zu und raus », *Der Spiegel*, 4 juillet 2011.

http://www.spiegel.de/politik/ausland/deutsche-afghanistan-strategie-augen-zu-und-raus-a-772338.html

GEBAUER Matthias, « De Maizière peilt Ende von Unifil-Einsatz an », *Der Spiegel*, 14. Juillet 2011.

http://www.spiegel.de/politik/ausland/0,1518,774516,00.html

GEBAUER Matthias, « KSK-Elitekämpfer verärgert über afghanische Justiz », *Der Spiegel*, 12 août 2011.

http://www.spiegel.de/politik/ausland/0,1518,779963,00.html

GEBAUER Matthias, « Schwerbewaffnete Söldner sollen deutsche Schiffe schützen », *der Spiegel*, 17 août 2011.

http://www.spiegel.de/politik/deutschland/kampf-gegen-piraten-schwerbewaffnete-soeldner-sollen-deutsche-schiffe-schuetzen-a-780816.html

GEBAUER Matthias, « Bundeswehr bleibt einsatzbereit – dank Amerika », *Der Spiegel,* 6 octobre 2011.

http://www.spiegel.de/politik/ausland/nato-treffen-zu-afghanistan-bundeswehr-bleibt-einsatzbereit-dank-amerika-a-790375.html

GEBAUER Matthias, « Zahlen und Hoffen », *Der Spiegel*, 5 décembre 2011.

http://www.spiegel.de/politik/ausland/afghanistan-konferenz-in-bonn-zahlen-und-hoffen-a-801887.html

GEBAUER Matthias, « De Maizière dämpft Hoffnung auf einen schnellen Abzug », *Der Spiegel*, 21 décembre 2011.

http://www.spiegel.de/politik/ausland/blitzbesuch-in-afghanistan-de-maiziere-daempft-hoffnung-auf-einen-schnellen-abzug-a-805156.html

GEBAUER Matthias, « De Maizière macht Soldaten in Afghanistan Mut », *Der Spiegel*, 21 décembre 2011.
http://www.spiegel.de/politik/ausland/blitzvisite-in-kunduz-de-maiziere-macht-soldaten-in-afghanistan-mut-a-805003.html

GEBAUER Matthias, « Wir haben unsere Opferbereitschaft bewiesen », *Der Spiegel*, 23 décembre 2011.
http://www.spiegel.de/politik/ausland/de-maiziere-zum-afghanistan-einsatz-wir-haben-unsere-opferbereitschaft-bewiesen-a-805310.html

GEBAUER Matthias, « De Maizière pocht auf koordinierten Abzug », *Der Spiegel*, 14 mars 2012.
http://www.spiegel.de/politik/ausland/truppenabzug-verteidigungsminister-de-maiziere-in-afghanistan-a-821362.html

GEBAUER Matthias, « Berlin drängt Karzai zu weiteren Reformen », *Der Spiegel*, 15 mars 2012.
http://www.spiegel.de/politik/ausland/deutschland-knuepft-bedingungen-an-afghanistan-abkommen-a-833406.html

GEBAUER Matthias, « EU will Seeräuber auch im Landesinnern jagen », *Der Spiegel*, 26 mars 2012.
http://www.spiegel.de/politik/ausland/eu-will-mission-atalanta-gegen-piraten-auf-strand-ausweiten-a-823845.html

GEBAUER Matthias, « Afghanistans Frauen leiden wie unter den Taliban », *Der Spiegel*, 28 mars 2012.
http://www.spiegel.de/politik/ausland/humans-rights-watch-frauen-in-afghanistan-leiden-wie-unter-taliban-a-824129.html

GEBAUER Matthias, « Wehrbeauftragter rügt Dauereinsatz », *Der Spiegel*, 1er mai 2012.
http://www.spiegel.de/politik/deutschland/wehrbeauftragter-koenigshaus-kritisiert-bundeswehreinsatz-im-kosovo-a-830712.html

GEBAUER Matthias, « Nato sichert erste Route für Afghanistan-Abzug », *Der Spiegel*, 20 mai 2012.
http://www.spiegel.de/politik/ausland/nato-sichert-erste-route-fuer-afghanistan-abzug-ueber-usbekistan-a-834030.html

GEBAUER Matthias, « Kampfhubschrauber kommt Monate zu spät », *Der Spiegel*, 26 juin 2012.
http://www.spiegel.de/politik/ausland/bundeswehr-in-afghanistan-bekommt-kampfhubschrauber-verspaetet-a-841027.html

GEBAUER Matthias, FISCHER Sebastian, « Antreten zum Abmarsch », *Der Spiegel*, 23 juin 2011.
http://www.spiegel.de/politik/ausland/europaeer-in-afghanistan-antreten-zum-abmarsch-a-770142.html

GEBAUER Matthias, GATMANN Florian, « Kampf um die Zwei-Kilometer-Make », *Der Spiegel*, 18 avril 2012.
http://www.spiegel.de/politik/ausland/bundeswehr-einsatz-vor-somalia-streit-um-erweiterung-von-mandat-a-828293.html

HAMMERSTEIN Konstantin von, HOYNG Hans, *et al.*, « Das Afghanistan-Abenteuer », *Der Spiegel*, 20 novembre 2006.
http://www.spiegel.de/spiegel/print/d-49612698.html

HEBEL Christina, « Traumatisierte Soldaten bekommen mehr Entschädigung », *Der Spiegel*, 28 octobre 2011.
http://www.spiegel.de/politik/deutschland/0,1518,794682,00.html

HEBEL Christina, « Stimmung schlecht, Soldaten verunsichert », *Der Spiegel*, 24 janvier 2012.
http://www.spiegel.de/politik/deutschland/0,1518,811020,00.html

HEBEL Christina, « Kabinett beschließt Bundeswehrreform-Begleitgesetz », *Der Spiegel*, 15 février 2012.
http://www.spiegel.de/politik/deutschland/0,1518,815545,00.html

HENGST Björn, « Afghanen betrachten Nato-Soldaten als Besatzer », *Der Spiegel*, 18 octobre 2011.
http://www.spiegel.de/politik/ausland/krieg-gegen-taliban-afghanen-betrachten-nato-soldaten-als-besatzer-a-792351.html

HENGST Björn, « Bundeswehr leitet Rückzug aus Afghanistan ein », *Der Spiegel*, 13 décembre 2011.
http://www.spiegel.de/politik/ausland/einsatz-am-hindukusch-bundeswehr-leitet-rueckzug-aus-afghanistan-ein-a-803425.html

HENGST Björn, « Soldatenverband wirft Merkel mangelndes Engagement vor », *Der Spiegel*, 29 mai 2012.
http://www.spiegel.de/politik/deutschland/bundeswehrverband-kritisiert-bisherige-umsetzung-der-bundeswehrreform-a-835615.html

KAISER Stefan, "Rösler erhöht den Druck auf Westerwelle", *Der Spiegel*, 28 août 2011.
http://www.spiegel.de/politik/deutschland/kehrtwende-zum-libyen-jein-roesler-erhoeht-den-druck-auf-westerwelle-a-782932.html

KAZIM Hasnaim, "Taliban säen mit Magnetbomben Terrorangst", *Der Spiegel*, 14 septembre 2011.
http://www.spiegel.de/politik/ausland/strategiewechsel-taliban-saeen-mit-magnetbomben-terrorangst-a-786120.html

KAZIM Hasnain, " Offiziere halten " Tiger " für unbrauchbar ", *Der Spiegel*, 28 juin 2012.
http://www.spiegel.de/politik/ausland/bundeswehr-kampfhubschrauber-tiger-fuer-afghanistan-ungeeignet-a-841475.html

KORGE Johannes, "Der geheime Krieg der Elitesoldaten", *Der Spiegel*, 11 août 2011.
http://www.spiegel.de/politik/ausland/0,1518,777002,00.html

KORGE Johannes, REINBOLD Fabian, "Ex-Kommandeur McChrystal pangert US-Strategie an", *Der Spiegel*, 7 octobre 2011.
http://www.spiegel.de/politik/ausland/afghanistan-mission-ex-kommandeur-mcchrystal-prangert-us-strategie-an-a-790470.html

LANGER Annette, "Die Bundeswehr könnte für immer hier bleiben", *Der Spiegel*, 3 décembre 2011.
http://www.spiegel.de/politik/ausland/0,1518,801526,00.html

MEDICK Veit, "Westerwelles roter Freund", *Der Spiegel*, 24 mars 2011.
http://www.spiegel.de/politik/deutschland/steinmeier-verteidigt-libyen-jein-westerwelles-roter-freund-a-753013.html

MEDICK Veit, WEILAND Severin, "Die Jeinsager-Koalition" *Der Spiegel*, 18 mars 2011.
http://www.spiegel.de/politik/deutschland/streit-um-deutsches-libyen-votum-die-jeinsager-koalition-a-751812.html

MEIRITZ Annett, REIMANN Anna, SIMONS Stefan, VOLKERY Carsten, "Wo Kohl recht hat – und wo nicht", *Der Spiegel*, 25 août 2011.
http://www.spiegel.de/politik/ausland/merkels-aussenpolitik-wo-kohl-recht-hat-und-wo-nicht-a-782331.html

NELLES Roland, "Sarkozys Triumph, Merkels Blamage", *Der Spiegel*, 22 août 2011.
http://www.spiegel.de/politik/ausland/rebellen-in-tripolis-sarkozys-triumph-merkels-blamage-a-781671.html

PETERS Katharina, "Cohn-Bendit attackiert Grünen-Spitze" *Der Spiegel*, 30 août 2011.
http://www.spiegel.de/politik/deutschland/debatte-um-libyen-enthaltung-cohn-bendit-attackiert-gruenen-spitze-a-783460.html

REIMANN Anna, "Wehrbeauftragter fordert Panzerwagen mit Roboterarm", *Der Spiegel*, 3 juin 2011.
http://www.spiegel.de/politik/ausland/tote-soldaten-in-afghanistan-wehrbeauftragter-fordert-panzerwagen-mit-roboterarm-a-766347.html

REIMANN Anna, "De Maizière will Schwerpunkt in Berlin", *Der Spiegel*, 10 octobre 2011.
http://www.spiegel.de/politik/deutschland/0,1518,790833,00.html

REINBOLD Fabian, "Ex-General erklärt Afghanistan-Einsatz für gescheitert", *Der Spiegel*, 7 octobre 2011.
http://www.spiegel.de/politik/deutschland/bundeswehr-am-hindukusch-ex-general-erklaert-afghanistan-einsatz-fuer-gescheitert-a-790422.html

REINBOLD Fabian, "Bundestag verlängert Anti-Piraten-Mission", *Der Spiegel*, 1 décembre 2011.
http://www.spiegel.de/politik/ausland/0,1518,801183,00.html

STANEK Julia, "Kampfschwimmer der Bundeswehr sollen Piratenschiffe lahm legen", *Der Spiegel*, 4 mars 2012.
http://www.spiegel.de/politik/deutschland/somalia-kampfschwimmer-der-bundeswehr-sollen-piratenschiffe-lahmlegen-a-819182.html

SCHRODER Alwin, "Ausbau von Kasernen kostet 1,2 Milliarden Euro", *Der Spiegel*, 2 mars 2011.

http://www.spiegel.de/politik/deutschland/bundeswehrreform-ausbau-von-kasernen-kostet-1-2-milliarden-euro-a-818749.html

SCHRÖDER Alwin, "Bundeswehr bleibt ein Jahr länger im Kosovo", *Der Spiegel*, 25 mai 2012.
http://www.spiegel.de/politik/deutschland/kfor-einsatz-bundeswehr-bleibt-ein-jahr-laenger-im-kosovo-a-835183.html

SCHULTZ Stefan, "Bundeswehr-Studie warnt vor dramatischer Ölkrise", *Der Spiegel*, 31 août 2010.
http://www.spiegel.de/wirtschaft/soziales/rohstoffknappheit-bundeswehr-studie-warnt-vor-dramatischer-oelkrise-a-714878.html

TERNIEDEN Hendrik, "Deutsche Fregatte versenkt kleine Piratenboote", *Der Spiegel*, 10 juin 2011.
http://www.spiegel.de/panorama/indischer-ozean-deutsche-fregatte-versenkt-kleine-piratenboote-a-768026.html

TRENKAMP Oliver, "Unwillige Freiwillige", *Der Spiegel*, 25 septembre 2011.
http://www.spiegel.de/politik/deutschland/0,1518,788293,00.html

WEILAND Severin, "Westerwelles peinliche Libyen-Show", *Der Spiegel*, 23 août 2011.
http://www.spiegel.de/politik/deutschland/deutsche-aussenpolitik-westerwelles-peinliche-libyen-show-a-781813.html

WEILAND Severin, GATHMANN Florian, MEDICK Veit, "Koalition der Kämpfer", *Der Spiegel*, 22 mars 2011.
http://www.spiegel.de/politik/deutschland/militaereinsatz-in-libyen-koalition-der-kaempfer-a-752488.html

WEILAND Severin, NELLES Roland, "Berlin lässt seine Verbündeten alleine kämpfen", *Der Spiegel*, 18 mars 2011.
http://www.spiegel.de/politik/deutschland/libyen-einsatz-berlin-laesst-seine-verbuendeten-alleine-kaempfen-a-751673.html

WEILAND Severin, WITTROCK Philipp, "Wie es zu dem deutschen Jein kam", *Der Spiegel*, 23 mars 2011.
http://www.spiegel.de/politik/deutschland/libyen-enthaltung-in-der-uno-wie-es-zu-dem-deutschen-jein-kam-a-752676.html

WEILAND Severin, WITTROCK Philipp, "Merkels Minus-Minister", *Der Spiegel*, 25 août 2011.
http://www.spiegel.de/politik/deutschland/kritik-an-deutscher-aussenpolitik-merkels-minus-minister-a-782401.html

"Borniertester Außenminister seit von Ribbentrop", *Der Spiegel*, 22 avril 2011.
http://www.spiegel.de/politik/deutschland/kritik-an-westerwelle-borniertester-aussenminister-seit-von-ribbentrop-a-758504.html

"Radikalere Bundeswehrreform nötig als angenommen", *Der Spiegel*, 2 avril 2011.
http://www.spiegel.de/politik/deutschland/0,1518,754706,00.html

"Schwerer Fehler von historischer Dimension", *Der Spiegel*, 26 mars 2011.
http://www.spiegel.de/politik/deutschland/kritik-an-deutscher-libyen-politik-schwerer-fehler-von-historischer-dimension-a-753271.html
"Uhr Weniger U-Boote, weniger Panzer, weniger Kampfjets", *Der Spiegel,* 22 avril 2011.
http://www.spiegel.de/politik/deutschland/0,1518,758644,00.html

Presse française

Le Monde
APFEL Lars, Lieutenant-colonel "Les militaires trompés par l'approche globale", *Le Monde*, 24 avril 2012.

Le Figaro
BOUILHET Alexandrine, "L'OTAN double ses effectifs en Afghanistan" *Le Figaro*, 8 juin 2006.
http://www.lefigaro.fr/international/2006/06/08/01003-20060608ARTFIG90086-l_otan_double_ses_effectifs_en_afghanistan.php
MASRET Damien, "La santé mentale des soldats en mission" *Le Figaro*, 14 mars 2012.
http://sante.lefigaro.fr/actualite/2012/03/14/17746-sante-mentale-soldats-mission

L'Express
AFP, "Afghanistan : les attaques des Taliban, un message à l'Occident", *L'Express*, 16 avril 2012.
http://www.lexpress.fr/actualite/monde/asie/afghanistan-les-attaques-des-talibans-un-message-a-l-occident_1104837.html
"Hamid Karzaï en visite médicale et diplomatique à Berlin", *L'Express,* 27 mai 2012.
http://www.lexpress.fr/actualite/indiscrets/hamid-karzai-en-visite-medicale-et-diplomatique-a-berlin_1118766.html

Le Point
AFP, "Les discussions avec le Pakistan sur les convois de l'Otan piétinent", *Le Point,* 20 mai 2012.
http://www.lepoint.fr/monde/les-discussions-avec-le-pakistan-sur-les-convois-de-l-otan-pietinent-20-05-2012-1463353_24.php
GUISNEL Jean, "L'armée afghane conduira les raids nocturnes", *Le Point*, 9 avril 2012.
http://www.lepoint.fr/chroniqueurs-du-point/jean-guisnel/l-armee-afghane-conduira-les-raids-nocturnes-09-04-2012-1449720_53.php

Études de fondations et de centre de recherches

Think Tanks allemands

Auslandseinsätze der Bundeswehr. Leitfragen, Entscheidungsspielräume und Lehren, Stiftung Wissenschaft und Politik, Berlin, Mair Stefan, 2007, 109 p.

Politische Bildung für Soldatinnen und Soldaten. Die Zusammenarbeit der Friedrich-Ebert-Stiftung mit der Bundeswehr, fondation Friedrich Ebert, Bonn, 2009, 24 p.

KELLER Patrick, "Argumente für Afghanistan : Ein Leitfaden durch die deutsche Debatte", *Ausgabe* N°66, juin 2009, fondation Konrad Adenauer, 8 p.

KELLER Patrick, "Die Strategische Neuausrichtung der Bundeswehr. Zehn Thesen zu den Verteidigungspolitischen Richtlinien", *Ausgabe 92*, Konrad Adenauer Stiftung, juin 2011.

KELLER Patrick, "Zukunft der Wehrpflicht – "5 plus 1". Was leistet der neue Grundwehrdienst ?", Contribution lors d'une conférence, mars 2010.

http://www.kas.de/wf/de/33.18966/

"KELLER Patrick, "Zukunft der Wehrpflicht", Konrad Adenauer Stiftung, 4 mars 2010

http://www.kas.de/wf/de/33.18966/

KELLER Patrick, "Nichttraditionelle Herausforderungen für deutsche Sicherheitspolitik", Konrad Adenauer Stiftung, 8 juin 2011.

http://www.kas.de/wf/de/33.23050/

Perspektive 2020. Empfehlungen für eine aktive deutsche Außenpolitik, Konrad Adenauer Stiftung, 2011, 111 p.

Comité d'études des relations franco-allemandes

MEIERS Franz Joseph, "La politique allemande de sécurité et de défense : Équilibrer durablement les attentes extérieures et les contraintes intérieures", *Note du Cerfa 41,* février *2007,* Comité d'études des relations franco-allemandes, 14 p.

STARK Hans, "La politique étrangère allemande : entre polarisation et politisation", *Note du Cerfa 60*, Comité d'études des relations franco-allemandes, janvier 2009, 19 p.

KAIM Markus, "L'engagement militaire allemand en Afghanistan. Conditions, évaluations, perspectives", *Note du Cerfa,* n° 76, Comité d'études des relations franco-allemandes, juillet 2010, 23 p.

MEIERS Franz-Josef, "La réorganisation de la Bundeswehr. La quadrature du cercle", *Note du Cerfa,* n° 87, juin 2011, Comité d'études des relations franco-allemandes, 29 p.

MOELLER Almut, "L'Allemagne face au printemps arabe", *Note du cerfa*, n°88, comité d'études des relations franco-allemandes, juin 2011, 25 p.

EHRHART Hans-Georg, "L'interaction civilo-militaire dans la politique de sécurité allemande : le cas de l'Afghanistan", *Note du Cerfa*, n°91, 2011, Comité d'études des relations franco-allemandes, 33 p.

RIECKE Henning, "La culture stratégique de la politique étrangère allemande", *Note du Cerfa* n°90, novembre 2011, 29 p.

MARCHETTI Andreas, CLOUET Louis-Marie, "Incertitudes sur la PSDC - Une nécessaire réflexion franco-allemande", *Visions franco-allemandes*, n°19, Comité d'études des relations franco-allemandes juillet 2011, 29 p.

Fondation pour la recherche stratégique

MARRET Jean-Luc, "Les actions civilo-militaires allemandes : entre inhibitions et humanitarisme", *Note de la FRS*, fondation pour la recherche stratégique, 12 février 2007, 14 p.

BOYER Yves, LE GLOANNEC Anne-Marie, "La coopération franco-allemande en matière de défense : jusqu'où l'Allemagne peut-elle aller ?", *Note de la FRS*, Fondation pour la recherche stratégique, 14 juin 2007, 7 p.

Institut Français des Relations Internationales

LEBOEUF Aline, "Entre développement et sécurité : les interventions allemande en crise" *Focus stratégique*, n°13, Institut Français des Relations Internationales, janvier 2009, 51 p.

MAULNY Jean-Pierre, "L'Union européenne et le défi de la réduction des budgets de défense", *Les notes de l'IRIS*, Institut des relations internationales et stratégiques, septembre 2010, 14 p.

Sites Internet

Sites Internet du ministère de la défense

http://www.defense.gouv.fr/das/relations-internationales/l-europe-de-la-defense/la-capacite-de-l-ue-a-agir/capacites-militaires/(language)/fre-FR#SearchText=pooling and sharing#xtcr=1

http://www.defense.gouv.fr/operations/afghanistan/cartes/cartes-d-afghanistan

Site des missions allemandes en France

http://www.allemagne.diplo.de/Vertretung/frankreich/fr/03-cidal/09-dossiers/afghanistan/01-objectifs-missions-seite.html

Sites Internet de la Bundeswehr

http://www.einsatz.bundeswehr.de/portal/a/einsatzbw/!ut/p/c4/LcgxDoA gDEbhs3gBurt5C3UhP1q0gRQTqiScXgfzpu_RSl-KRw6YFEWmmZZ NxtBcaDt7Fq2w_hHJbs75X 2ydHeJxQqUa1InG4qUi0pWm4QWiPd-F/

http://www.bundeswehr.de/portal/a/bwde/!ut/p/c4/04_SB8K8xLLM9MS SzPy8xBz9CP3I5EyrpHK9pPKUVL 3UzLzixNSSKiirpKoqMSMnNU-_INtRE QD2RLYK/

http://www.marine.de/portal/a/marine/!ut/p/c4/FcdBDkBADAXQs7hAu7 dzC-w6U vxMdYQOidMjb_V45I_LhUUCxcW452FCm27a5C DJUdVMSeGnxKNUHTPs_6oIdd5z17zDAddG/http://www.bundeswehr.de/ portal/a/bwde/!ut/p/c4/04_SB8K8xLLM9MSSzPy8xBz9CP3I5EyrpHK9pP KUVL3UzLzixNSSKiirpKoqMSMnNU-_INtREQD2RLYK/

http://www.einsatz.bundeswehr.de/portal/a/einsatzbw/!ut/p/c4/LYxRC4J AEIT_0a0XxVFvmi-99lL2EqtutnTuybkmSD--E5yBgZkPBh6QLPjlDpWD oIc7VA2f6tnUc0tPYhlRl1TxoxN5v02kCxl8dW8UHhUFbutRS6YJQrqmkii n7CJqiGYIUf1KphgTMdxCldmysG6fbbK_ozucc7dzWXkprjD0ff4HHtEVl A!!/

Sites Internet d'organisations régionales

Site de l'OTAN :
http://www.nato.int/nato_static/assets/pdf/pdf_2011_01/2011_02_13BBB0C 1D42F4D0D886C390E9F14EBF3_ISAF-placemat-3Feb2011.pdf

Conseil de l'Europe, la protection des minorités nationales, 20 février 2004 :
http://www.coe.int/t/dghl/monitoring/minorities/3_fcnmdocs/PDF_1st_SR_ BiH_fr.pdf

Sites Internet d'opérations militaires

Site de la FIAS :
http://www.isaf.nato.int/troop-numbers-and-contributions/germany/index. php

Site internet d'Eufor Althea :
http://www.euforbih.org/index.php?option=com_content&view=section&id =10&Itemid=141

Sites Internet du groupe parlementaire des Verts allemands

http://www.gruene-bundestag.de/themen/sicherheitspolitik/ressort uebergreifende-friedens-und-sicherheitsstrategie.html

http://www.gruene-bundestag.de/themen/sicherheitspolitik/bundeswehr reform-reloaded.html

http://www.gruene-bundestag.de/themen/sicherheitspolitik/kein-frieden-mit-dieser-sicherheitspolitik.html

http://www.gruene-bundestag.de/themen/internationale-politik/aufstaende -in -der-arabischen-welt.html

Divers

HENNING Dietmar, WAGNER Kurt, "Le nouveau rôle de l'armée allemande", *World Socialist*, 20 novembre 2006.

http://www.wsws.org/francais/News/2006/novembre06/201106_ArmeAlle.shtml

VAILLANT Jérôme, "L'Allemagne se révèle incapable d'une politique étrangère digne de ce nom", *Toute l'Europe*, 21 mars 2011.

http://www.touteleurope.eu/fr/actions/relations-exterieures/politique-etrangere-et-de-defense/analyses-et-opinions/analyses-vue-detaillee/afficher/fiche/5163/t/44096/from/2381/breve/jerome-vaillant-lallemagne-se-revele-incapable-dune-politique-etrangere-digne-de-ce-nom.html?cHash=0af7f5e124

DEWITZ Christian, "Ein Lackmustest für die Bundeswehr", 19 novembre 2012.

http://www.bundeswehr-journal.de/2012/ein-lackmustest-fur-die-bundeswehr/

Blogs

MERCHET Jean-Dominique, "Par quelle route quitter l'Afghanistan ?", *Marianne2*, 13 avril 2012.

http://www.marianne2.fr/blogsecretdefense/Par-quelle-route-quitter-l-Afghanistan_a575.html

SCHLOMACH Gerrit F., "La nouvelle doctrine militaire de l'Allemagne", Fondation Robert Schuman, 9 juin 2003.

http://www.robert-schuman.eu/question_europe.php?num=sy-94

HELLEFORTH Heinz Michael, "La Transformation de la Bundeswehr : Réforme, relance ou révolution de la défense allemande ?", 2008

http://www.european-security.com/n_index.php?id=5752

WIEGOLD Thomas, "Im Rahmen der Gewerbeordnung gegen Piraten", *Augengeradeaus*, 12 mars 2012.

http://augengeradeaus.net/2012/03/im-rahmen-der-gewerbeordnung-gegen-piraten/

WIEGOLD Thomas, "Under new Management: PRT Kundus", *Augengeradeaus*, 15 novembre 2012.

http://augengeradeaus.net/2012/11/under-new-management-prt-kundus/

WIEGOLD Thomas, "Deutsche Tiger in Afghanistan uneingeschränkt einsatzbereit", *Augengeradeaus*, 31 janvier 2013.

http://augengeradeaus.net/2013/01/deutsche-tiger-in-afghanistan-uneingeschrankt-einsatzbereit/

WIEGOLD Thomas, "Deutschland legt vor: 600 bis 800 Soldaten nach 2014 in Afghanistan", *Augengeradeaus*, 18 avril 2013.

http://augengeradeaus.net/2013/04/deutschland-legt-vor-600-bis-800-soldaten-nach-2014-in-afghanistan/

Blog du journaliste Nicolas Gros-Verheyde

GROS-VERHEYDE Nicolas, "Somalie, la première opération maritime pour l'Europe de la défense ?", *Bruxelles2*, 18 août 2008.

http://www.bruxelles2.eu/piraterie-maritime/somalie-la-premiere-operation-maritime-pour-leurope-de-la-defense.html

GROS-VERHEYDE Nicolas, "L'opération Atalanta anti-pirates. Dispositif européen et tiers", *Bruxelles2*, 21 décembre 2008.

http://bruxelles2.over-blog.com/article-25965985.html

GROS-VERHEYDE Nicolas, "Berlin s'interroge sur l'avenir de l'Airbus A400M. Londres aussi !", *Bruxelles2*, 2 mars 2009.

http://www.bruxelles2.eu/marches-de-defense/a400m/berlinsinterrogesurlavenirdelairbusa400m-londresaussi.html

GROS-VERHEYDE Nicolas, "Les interventions allemandes de crise, en crise ?", *Bruxelles2*, 19 mars 2009.

http://www.bruxelles2.eu/defense-ue/armees-europeennes/lesinterventions allemandesdecriseencrise.html

GROS-VERHEYDE Nicolas, "L'Airbus A400M : la cause… les causes du retard", *Bruxelles2*, 30 avril 2009.

http://bruxelles2.over-blog.com/article-l-airbus-a400m-la-cause-les-causes-du-retard-dossier--40700136.html

GROS-VERHEYDE Nicolas, "L'A400M sort du tunnel : termes de l'accord et 'nuages' futurs", *Bruxelles2*, 8 mars 2010.

http://www.bruxelles2.eu/marches-de-defense/a400m/la400msortdutunnel termesdelac cordetnuagesfuturs.html

GROS-VERHEYDE Nicolas, "Allemands et Suédois prennent l'initiative", *Bruxelles2*, 30 novembre 2010.

http://www.bruxelles2.eu/defense-ue/capacites-milit-%E2%80%93-exercices-ue/allem ands-et-suedois-prennent-linitiative.html

GROS-VERHEYDE Nicolas, "L'Allemagne approuve le contrat des A400M mais revend certains appareils", *Bruxelles2*, 26 janvier 2011.

http://www.bruxelles2.eu/marches-de-defense/a400m/lallemagne-signe-le-contrat-des-a400m-et-revend-certains-appareils.html

GROS-VERHEYDE Nicolas, "Des 'petits pays' bien utiles à l'Europe…", *Bruxelles2*, 24 février 2011.

http://www.bruxelles2.eu/defense-ue/defense-ue-droit-doctrine-politique/ des-%c2%ab -petits-pays-%c2%bb-bien-utiles-a-leurope.html

GROS-VERHEYDE Nicolas, "La Bundeswehr ça va, ça vient…", *Bruxelles2,* 22 mars 2011.

http://www.bruxelles2.eu/zones/orient-afghanistan-pakistan/la-bundeswehr-ca-va-ca-vient.html

GROS-VERHEYDE Nicolas, "La petite bombe de Christian Schmidt ",*Bruxelles2*, 26 septembre 2011

http://www.bruxelles2.eu/defense-ue/armees-europeennes/la-petite-bombe-de-christian -schmidt.html

GROS-VERHEYDE Nicolas, "Achtung ! Sparung, sparen", *Bruxelles2*, 19 octobre 2011.
http://www.bruxelles2.eu/defense-ue/armees-europeennes/achtung-sparen.html

GROS-VERHEYDE Nicolas, "L'opération Eunavfor Atalanta en dessous de la ligne rouge début 2012", *Bruxelles2*, 22 novembre 2011.
http://www.bruxelles2.eu/piraterie-maritime/l-operation-eunavfor-atalanta-atteint-le-point-critique.html

GROS-VERHEYDE Nicolas, "L'Allemagne croit en la mission anti-piraterie de l'UE", *Bruxelles2*, 24 novembre 2011.
http://www.bruxelles2.eu/piraterie-maritime/l-allemagne-croit-en-la-mission-anti-piraterie-de-l-ue.html

GROS-VERHEYDE Nicolas, "Comment la nomination du directeur de l'AED a échoué (au premier tour)", *Bruxelles2*, 16 décembre 2010.
http://www.bruxelles2.eu/defense-ue/defense-ue-droit-doctrine-politique/comment-la-nomination-du-directeur-de-laed-a-echoue-au-premier-tour.html

GROS-VERHEYDE Nicolas, "Le Lübeck force les pirates à abandonner un de leurs bateaux-mères", *Bruxelles2*, 21 janvier 2011.
http://www.bruxelles2.eu/piraterie-maritime/le-lubeck-force-les-pirates-a-abandonner-un-de-leurs-bateaux-meres.html

GROS-VERHEYDE Nicolas, "La nouvelle bataille d'Ulm. Les Allemands cherchent à fourguer leur FHQ", *Bruxelles2*, 7 février 2012.
http://www.bruxelles2.eu/defense-ue/capacites-milit-%E2%80%93-exercices-ue/les-allemands-cherchent-a-fourguer-leur-fhq-dulm.html

GROS-VERHEYDE Nicolas, "Plus de 1000 pirates poursuivis en justice depuis 2006, dernier bilan", *Bruxelles2*, 21 février 2012.
http://www.bruxelles2.eu/piraterie-maritime/plus-de-1000-pirates-poursuivis-en-justice-depuis-2006-dernier-bilan.html

GROS-VERHEYDE Nicolas, "L'extension d'Eunavfor Atalanta publié au JO", *Bruxelles2*, 27 mars 2012.
http://www.bruxelles2.eu/piraterie-maritime/lextension-deunavfor-atalanta-publiee-au-jo.html

GROS-VERHEYDE Nicolas, "L'Allemagne maintient son engagement au Kosovo. La réserve en alerte", *Bruxelles2*, 7 mai 2012.
http://www.bruxelles2.eu/defense-ue/armees-europeennes/lallemagne-maintient-son engagement-au-kosovo-la-reserve-en-alerte.html

GROS-VERHEYDE Nicolas, "À Chicago, définir une nouvelle mission en Afghanistan après 2014", *Bruxelles2*, 11 mai 2012.
http://www.bruxelles2.eu/zones/orient-afghanistan-pakistan/a-chicago-definir-une-nouvelle-mission-en-afghanistan-apres-2014.html

GROS-VERHEYDE Nicolas, "Le Battlegroup en renfort pour la mission Althea en Bosnie", *Bruxelles2*, 18 mai 2012.

http://www.bruxelles2.eu/zones/bosnie-kosovo/le-battlegroup-en-renfort-pour-mission-althea-en-bosnie.html

DUSAUTOY Mieszko, "La transition politique doit se terminer en Somalie, ou alors on sanctionne, disent les 27", *Bruxelles2*, 14 mai 2012.

http://www.bruxelles2.eu/zones/somalie-ouganda/la-transition-politique-doit-se-terminer-en-somalie-ou-alors-on-sanctionne-disent-les-27.html

DUSAUTOY Mieszko, "Le Somaliland indépendant demande sa reconnaissance par l'UE", *Bruxelles2*, 23 mars 2012.

http://www.bruxelles2.eu/zones/somalie-ouganda/le-somaliland-independant-demande-sa-reconnaissance-par-lue.html

Conférences

"Quelle défense pour l'Europe ? Un bilan, des perspectives" conférence, Institut Goethe, organisée par Europartenaires et la Friedrich Ebert Stiftung 16 Juin 2008 Paris 71 p.

Schneider Karsten, "Deutschland - Die See als Basis für streitkräftegemeinsame Operationen", 48. Historisch-Taktische Tagung der Flotte, 2008.

http://www.globaldefence.net/artikel-analysen/6898-deutschland-die-see-als-basis-fuer-streitkraeftegemeinsame-operationen.html

Deutsche Marinen in Afrika, 2011, 51. Historisch-Taktische Tagung der Flotte vom 11. bis 13. Januar 2011 im Congress Centrum Damp, 336 p.

Baasner Frank, conférence : regards croisés franco-allemands sur l'espace euro-méditerranéen, jeudi 6 octobre 2011, Institut d'Études Politiques d'Aix-en-Provence. Directeur de l'Institut franco-allemand de Ludwigsburg.

Discours

BECK Ernest-Reinhard, "Deutschland ist und bleibt ein verlässlicher, starker Bündnispartner", *CDU/CSU*, 25 mars 2011.

http://www.cducsu.de/Titel__rede_deutschland_ist_und_bleibt_ein_verlaesslicher_starker_buendnispartner/TabID__1/SubTabID__2/InhaltTypID__2/InhaltID__18345/Inhalte.aspx

BRANDL Reinhard, "Qualifizierten Nachwuchs für die Bundeswehr finden", CDU/CSU, 23 novembre 2011.

http://www.cducsu.de/Titel__rede_qualifizierten_nachwuchs_fuer_die_bundeswehr_finden/TabID__1/SubTabID__2/InhaltTypID__2/InhaltID__20459/Inhalte.aspx

Divers

BORZILLO Laurent, *Afghanistan : actions et rôles des fondations politiques allemandes dans le cadre de la politique extérieure afghane de la République fédérale d'Allemagne,* mémoire de diplôme, Institut d'études politiques d'Aix-en-Provence, sous la direction du Pr Jean-Charles Jauffret et du Pr Daniel-Louis Seiler, 2011, 165 p.

BORZILLO Laurent, *La Bundeswehr,* tome II *: de la pertinence des réformes à l'aune des opérations extérieures de la dernière décennie. Annexes*, mémoire de recherche pour l'obtention du master 2 Histoire militaire, Institut d'études politiques d'Aix-en-Provence, sous la direction du Dr. Dorota Richard, 2012, 163 p.

"Bundeswehr der Zukunft", *Positionspapier,* FDP-Bundestags-fraktion, 2010, 28 p.

Entretiens

Source anonyme, officier supérieur français, ayant participé aux travaux de la commission franco-allemande relative à la création de l'EFA et des hélicoptères Tigre à la fin des années 1990, entretien réalisé en décembre 2011.

Source anonyme, directrice d'un bureau de la fondation Konrad Adenauer dans un pays tiers, ancienne membre de la *GTZ* en Afrique, entretien réalisé en janvier 2012.

Source anonyme, officier supérieur allemand, spécialiste des hélicoptères Tigre, entretien réalisé en janvier 2012.

Source anonyme, officier supérieur français de l'école franco-allemande de formation des équipages Tigre, entretien réalisé en janvier 2012.

Source anonyme, officier d'état-major français de l'école franco-allemande de formation des équipages Tigre, entretien réalisé en janvier 2012.

Source anonyme, officier de l'armée de l'air ayant participé à l'opération Artémis et un officier de la *Luftwaffe*, entretien réalisé en janvier 2012.

Source anonyme, dénommée "expert Richter", collaborateur scientifique au sein de la fondation Konrad Adenauer, spécialisé sur les questions de relations internationales et de défense, entretien réalisé en février 2012.

Source anonyme, dénommée "officier Leroy", officier d'état-major français, entretien réalisé en février 2012.

Source anonymes, officiers d'état-major du ministère fédéral de la défense, entretien réalisé en février 2012.

Colonel Wessel-Tolvig Claus, attaché de défense à l'ambassade du Danemark en Allemagne, entretien réalisé le en février 2012.

Source anonyme dénommée "Officier Nguyen", officier d'état-major français, entretien réalisé en mars 2012.

Source anonyme, officier d'état-major allemand, porte-parole au Centre de commandement des opérations de la *Bundeswehr* (*Einsatzführungskommando der Bundeswehr)*, entretien réalisé en mars 2012.

Source anonyme, officier d'état-major néerlandais, entretien réalisé en mars 2012.

Source anonyme, officier supérieur allemand, collaborateur au projet "*Einsatzarmee Bundeswehr*" au *MGFA,* entretien réalisé en mars 2012.

Source anonyme, dénommée "expert Reiter", chercheur à l'institut de recherche militaire de la Bundeswehr (*Militärgeschichtliches Forschungsamt der Bundeswehr)*, collaborateur du projet de recherche "*Einsatzarmee Bundeswehr*", entretien réalisé en mars 2012.

Source anonyme, député de la *CDU* au *Bundestag*, entretien réalisé en mars 2012.

Source anonyme, dénommée "Expert Reinhold", expert pour les politiques de défense au sein du groupe parlementaire du *FDP* au *Bundestag*, entretien réalisé en mars 2012.

Source anonyme, dénommée "expert Schneider", collaborateur scientifique au sein de la fondation Friedrich Ebert, spécialisé sur les questions de relations internationales et de défense, entretien réalisé en mars 2012.

Source anonyme, dénommée "expert Theissen", spécialiste des questions de défense européenne à la *Deutsche Gesellschaft für Auswärtige Politik,* entretien réalisé en mars 2012.

Source anonyme, directrice de service au ministère fédéral de la coopération économique et du développement, entretien réalisé en mars 2012.

Source anonyme, journaliste à *Der Spiegel,* spécialiste sur les questions de défense et sur la *Bundeswehr*, entretien réalisé en mars 2012.

Sources anonymes, collaborateurs au sein d'une entreprise prestataire dans les domaines de la protection des personnes et de la sécurité en Allemagne et à l'étranger, entretien réalisé en mars 2012.

Fiebig Rüdiger, analyste à l'institut des sciences sociales de la *Bundeswehr* (*Sozialwissenschaftliches Institut der Bundeswehr)*, entretien réalisé le 22 mars 2012.

Dr Kastner Susanne, députée *SPD* au *Bundestag,* présidente de la commission défense du *Bundestag,* entretien réalisé le 22 mars 2012.

Schäfer Paul, député *Die Linke* au *Bundestag*, porte-parole pour les politiques de défense et de désarmement du groupe parlementaire de *Die Linke* au *Bundestag*, entretien réalisé le 29 mars 2012.

Source anonyme, officier d'état-major allemand de la Brigade franco-allemande, entretien réalisé en avril 2012.

Source anonyme, officier d'état-major français de la Brigade franco-allemande, entretien réalisé en avril 2012.

Source anonyme, officier supérieur français, entretien réalisé en avril 2012.

Source anonyme, officier supérieur de la *Bundeswehr* de l'ambassade de la République Fédérale d'Allemagne en France, entretien réalisé en juin 2012.

Lieutenant-colonel Wittkampf, Ulrich, officier de liaison du ministère fédéral de la défense au *Zentrum für Internationale Friedenseinsätze*, entretien réalisé le 2 juillet 2012.

Illustrations

Hcldt (2004), *GTK Boxer side*, Creative Commons-Lizenz, consulté le 29 mai 2013:
http://commons.wikimedia.org/wiki/File:120-2048_IMG.JPG

Kemmerling Stefan (2009), *Plenarsaal des Deutschen Bundestags in Berlin*, Creative Commons-Lizenz, consulté le 29 mai 2013:
http://www.google.de/imgres?q=deutsche+bundestag+plenarsaal&um=1&sa=N&biw=1264&bih=555&hl=fr&tbm=isch&tbnid=joIbEg2EH_iG7M:&imgrefurl=http://de.m.wikipedia.org/wiki/Datei:Plenarsaal_des_Deutschen_Bundestags_Aug_2009.jpg&docid=PynBKRj457sAQM&imgurl=http://upload.wikimedia.org/wikipedia/commons/1/18/Plenarsaal_des_Deutschen_Bundestags_Aug_2009.jpg&w=4256&h=2832&ei=82LLUdnmKeqb0wXo54C4AQ&zoom=1&iact=hc&vpx=103&vpy=257&dur=1961&hovh=183&hovw=275&tx=212&ty=170&page=2&tbnh=148&tbnw=224&start=18&ndsp=24&ved=1t:429,r:31,s:0,i:182

Mass Communication Specialist Seaman Apprentice Shonna Cunningham (2009), *090713-N-0901C-087 ATLANTIC OCEAN The German Navy frigate Emden (F 210) participates in a pass and review during the North Atlantic Council at Sea Day*, consulté le 29 mai 2013:
http://commons.wikimedia.org/wiki/File:FGS_Emden_(F210).jpg

Obskurantist (2011), *Berlin Airshow 2010*, consulté le 29 mai 2013:
http://fr.fotopedia.com/items/flickr-4695723297

BIBLIOGRAPHIE DE RECHERCHE

CLOUET Louis-Maire, MARCHETTI Andreas, L'Europe et le monde 2020. Essai de prospective franco-allemande, Presses universitaires du Septentrion, 2011, 312 p.

SELLIER Jean, SELLIER André, *Atlas des peuples d'Orient, Moyen-Orient Caucase Asie Centrale*, Paris, la découverte, 2004, 206 p.

Livres sur la stratégie

CLAUSEWITZ Karl von, *De la guerre,* Paris, éditions Perrins, 2006, 427 p.

DESPORTES Vincent, *La guerre probable*, édition Economica, 2007, 250 p.

GALULA David, *Contre-insurrection : Théorie et pratique*, édition Economica, 2008, 215 p.

LAWRENCE Thomas Edward, *Guérilla dans le désert*, éditions complexe, 1992, 96 p.

LAWRENCE Thomas Edward, *Les sept piliers de la sagesse*, éditions Gallimard, 1992, 943 p.

LAWRENCE Thomas Edward, *L'Orient en mutation*, dans *Guérilla dans le désert*, éditions complexe, 1992, 96 p.

SERVENT Pierre, *Les guerres modernes racontées aux civils... et aux militaires*, Buchet Chastel, 2009, 300 p.

VEDRINE Hubert, *Dans la mêlée mondiale. 2009-2012*, Fayard, 2012, 513 p.

Livres sur l'Afghanistan

CHALIAND Gérard, *L'impasse afghane,* éditions de l'aube, 2011, 157 p.

JAUFFRET Jean-Charles, *Afghanistan 2001-2010. Chronique d'une non-victoire annoncée,* Paris, éditions Autrement, 2010, 277 p.

BARRY Michael, *Le royaume de l'insolence, l'Afghanistan : 1504-2001*, Flammarion, 2002, 510 p.

Livres sur l'engagement allemand en Afghanistan

SCHWITALLA Arthur, *Afghanistan, jetzt weiß ich erst ...: Gedanken aus meiner Zeit als Kommandeur des Provincial Reconstruction Team FEYZABAD*, Berlin, Hartmann Miles-Verl. 2010, 268 p.

GROSS Heike, "*Das ist auch euer Krieg !*". *Deutsche Soldaten berichten von ihren Einsätze,* Francfort, S. Fischer Verlag GmbH, 2010, 207 p.

Livres sur la politique de défense et étrangère allemande

BOECKENFOERDE, Stephan, *Deutsche Sicherheitspolitik : Herausforderungen, Akteure und Prozesse,* Opladen, Budrich, 2009, 388 p.

PAJON Christophe, *Forces armées et société dans l'Allemagne contemporaine*, édition l'Harmattan, 2003, 428 p.

STARK Hans, *La politique internationale de l'Allemagne. Une puissance malgré elle*, Presses universitaires du Septentrion, 2011, 324 p.

WOELFLE Markus, *Die Auslandseinsätze der Bundeswehr und ihre Auswirkungen auf die Rolle der Bundesrepublik Deutschland im internationalen System*, Bonn, Bernard & Graefe Verlag, 2005, 158 p.

TABLE DES SIGLES ET DES ACRONYMES

BFA	Brigade franco-allemande
BMZ	*Bundesministerium für wirtschaftliche Zusammenarbeit und Entwicklung*, ministère fédéral pour la coopération
CDU	*Parti chrétien-démocrate*
CIMIC	*Civil-Military Co-operation*
CSU	*Parti chrétien-social*
DGAP	*Deutsche Gesellschaft für Auswärtige Politik,* société allemande pour la politique étrangère
EFA	École franco-allemande de formation des équipages Tigre
FDP	*Parti libéral allemand*
FIAS	Force internationale d'assistance et de sécurité
FINUL	Force intérimaire des Nations unies au Liban
FOB	*Forward Operating Base*, base opérationnelle avancée
GIZ	*Deutsche Gesellschaft für Internationale Zusammenarbeit.* Agence de coopération technique allemande pour le développement, financée par le *BMZ*
GTZ	*Gesellschaft für Technische Zusammenarbeit.* Agence de coopération technique allemande pour le développement, financée par le *BMZ*
HAD	Hélicoptère d'appui et de destruction Tigre
HAP	Hélicoptère d'appui et de protection Tigre
IFOR	*Implementation Force*
KFOR	*Kosovo Force*
KfW	*Kreditanstalt für Wiederaufbau*
KHS	*Kampfhubschrauber Tiger.* Hélicoptère Tigre allemand
KSK	*Kommandospezialkräfte.* Forces spéciales allemandes.
LMT	*Liaison and Mentoring Team*
LOT	*Liaison and Observation Team*
MANUA	Mission d'assistance des Nations-Unies en Afghanistan
MGFA	*Militärgeschichtlichforschungsamt der Bundeswehr,* centre de recherche en histoire militaire de la *Bundeswehr*
MONUC	Mission de l'Organisation des Nations-Unies en République Démocratique du Congo
ONU	Organisation des Nations-unies
ORF	*Operational Reserve Forces*
OTAN	Organisation du traité de l'Atlantique Nord
PAM	Programme alimentaire mondial des Nations-unies

PESC	Politique étrangère et de sécurité commune
PESD	Politique européenne de sécurité et de défense
PRT	*Provincial Reconstruction Team*
PSDC	Politique de sécurité et de défense commune
RC North	*Regional Command North,* Commandement régional Nord
RDC	République Démocratique du Congo
SACEUR	*Supreme Allied Commander Europe,* Commandant des forces suprêmes alliées en Europe
SFOR	*Stabilization Force*
SOWI	*Sozialwissenschaftliche Institut der Bundeswehr,* Institut de recherche en sciences sociales de la *Bundeswehr*
SPD:	Parti social-démocrate
VPR	*Verteidigungspolitische Richtlinien.* Principes directeurs de la politique de défense
Zif	*Zentrum für internationale Friedenseinsätze,* Centre pour les opérations internationales de paix

TABLE DES MATIERES

CHAPITRE VI. LA NOUVELLE ORIENTATION DE LA BUNDESWEHR

CHAPITRE VII. LA CRISE LIBYENNE ET LES QUESTIONS QU'ELLE SOULEVE

L'HARMATTAN ITALIA
Via Degli Artisti 15; 10124 Torino

L'HARMATTAN HONGRIE
Könyvesbolt ; Kossuth L. u. 14-16
1053 Budapest

L'HARMATTAN KINSHASA
185, avenue Nyangwe
Commune de Lingwala
Kinshasa, R.D. Congo
(00243) 998697603 ou (00243) 999229662

L'HARMATTAN CONGO
67, av. E. P. Lumumba
Bât. – Congo Pharmacie (Bib. Nat.)
BP2874 Brazzaville
harmattan.congo@yahoo.fr

L'HARMATTAN GUINÉE
Almamya Rue KA 028, en face du restaurant Le Cèdre
OKB agency BP 3470 Conakry
(00224) 60 20 85 08
harmattanguinee@yahoo.fr

L'HARMATTAN CAMEROUN
BP 11486
Face à la SNI, immeuble Don Bosco
Yaoundé
(00237) 99 76 61 66
harmattancam@yahoo.fr

L'HARMATTAN CÔTE D'IVOIRE
Résidence Karl / cité des arts
Abidjan-Cocody 03 BP 1588 Abidjan 03
(00225) 05 77 87 31
etien_nda@yahoo.fr

L'HARMATTAN MAURITANIE
Espace El Kettab du livre francophone
N° 472 avenue du Palais des Congrès
BP 316 Nouakchott
(00222) 63 25 980

L'HARMATTAN SÉNÉGAL
« Villa Rose », rue de Diourbel X G, Point E
BP 45034 Dakar FANN
(00221) 33 825 98 58 / 77 242 25 08
senharmattan@gmail.com

L'HARMATTAN TOGO
1771, Bd du 13 janvier
BP 414 Lomé
Tél : 00 228 2201792
gerry@taama.net

Achevé d'imprimer par Corlet Numérique - 14110 Condé-sur-Noireau
N° d'Imprimeur : 104473 - Dépôt légal : janvier 2014 - *Imprimé en France*